现代教育技术任务驱动教程

◎ 华振兴 刘刚 贾萍 陈卓然 刘秭君 张会萍 编著

清華大學出版社
北京

内 容 简 介

本书分为四部分，共12个技能、28个任务，通过对任务的讲解，实现了现代教育技术相关技能的掌握及理论知识点的学习。本书打破了传统的教学顺序，循序渐进地介绍了现代教育技术概述、多媒体技术及应用、交互式课件制作、信息教育多元化等相关内容，重点突出了各项技能的训练。本书体现了教、学、做相结合的教学模式，每个项目由相应的任务完成，通过任务引入相应的知识点和有关的概念及操作技巧。本书"应用型"特色鲜明，"技能训练"突出，以"任务驱动"为主线，以"学以致用"为原则，注重项目实践，强化学生实际动手能力的培养，特别适合作为普通高等院校师范类专业"教师教育技术"课程的教材，也可作为普通读者的自学和参考用书。

图书在版编目(CIP)数据

现代教育技术任务驱动教程/华振兴等编著. —北京：清华大学出版社，2022.1 (2023.9重印)
ISBN 978-7-302-59258-7

Ⅰ.①现… Ⅱ.①华… Ⅲ.①教育技术学－高等学校－教材 Ⅳ.①G40-057

中国版本图书馆CIP数据核字(2021)第192764号

责任编辑：王 芳
封面设计：刘 键
责任校对：焦丽丽
责任印制：杨 艳

出版发行：清华大学出版社
网 址：http://www.tup.com.cn，http://www.wqbook.com
地 址：北京清华大学学研大厦A座 **邮 编**：100084
社 总 机：010-83470000 **邮 购**：010-62786544
投稿与读者服务：010-62776969，c-service@tup.tsinghua.edu.cn
质量反馈：010-62772015，zhiliang@tup.tsinghua.edu.cn
课件下载：http://www.tup.com.cn，010-83470236

印 装 者：三河市科茂嘉荣印务有限公司
经 销：全国新华书店
开 本：185mm×260mm **印 张**：12.75 **字 数**：312千字
版 次：2022年1月第1版 **印 次**：2023年9月第5次印刷
印 数：4501～5300
定 价：49.00元

产品编号：092476-01

前言

随着互联网与信息技术的飞速发展以及高等院校教育形态的变革，微课、翻转课堂、慕课、在线教学等新的学习形态应运而生，受到广大师生的青睐。本书结合后疫情时代的教学特点，将多种前沿技术进行整合，借鉴了众多多媒体、课件制作、现代教育技术相关教材的宝贵经验，使得本书更适合作为师范类学生通识教育课程的配套教材，亦可用于中小学一线教师的信息技术能力提升培训。

本书图文并茂，以任务驱动为主线，任务选材新颖，讲解细致，既注重基础理论，又有丰富操作的实践，章节内容系统科学，比较全面地运用各种技术，解决学习过程和学习资源等各方面问题。

本书作为师范类学生通识课程使用教材，将较为前沿的学习技术与课件制作技术以任务驱动的形式细致地呈献给读者。参编教师均为具有多年教学经验的一线教师。其中，第一部分由张会萍编写，第二部分由刘刚、陈卓然编写，第三部分由刘秭君、贾萍编写，第四部分由华振兴编写，全书由华振兴负责统稿。

在本书编写过程中，得到了陈卓然副教授的热情关心和悉心指导，在此谨向陈卓然副教授表达衷心的感谢。在本书编写过程中，还得到了吉林师范大学博达学院计算机与信息科学学院、教务处、科研处有关领导和同事的大力支持，在此谨向他们表示诚挚的谢意。

由于时间仓促，加之编者水平有限，书中难免会有不足和疏漏，恳请广大读者批评指正。

编　者

2021 年 4 月

目录

第一部分　现代教育技术概述

我们身处信息时代和人工智能大发展的阶段，在不久的将来，学校的学习环境和学习空间可能会发生巨大的变化。现代教育技术结合当前先进技术的最新发展，全面培养读者现代教育技术的核心能力，尤其是信息技术与教育技术的融合能力。

技能一　认识现代教育技术在教学发展中的必要性

任务1　了解现代教育技术的含义

任务描述

现代教育背景下，教育领域应融入现代教育技术，对计算机教学模式进行优化与创新。学生应通过学习现代教育技术的基础知识，从无到有，从了解到掌握，认识到现代教育技术在现代教学中的重要性，为实践中的学习打下扎实的基础。

任务目标

- 了解现代教育技术的内涵、发展、作用和理论基础。
- 深入学习信息时代教与学的特点。
- 熟悉现代教育技术学研究的领域与发展动态。

知识介绍

一、现代教育技术的基本概念

教育技术是指通过对相关学习过程和资源进行设计、创新应用和有效管理，促进知识发展，调节学习进程，提升学习绩效，践行职业道德规范。

现代教育技术是指运用现代教育理论和现代信息技术，通过对教学过程和资源的设计、开发、利用、管理和评价，实现教学优化的理论和实践，即将互联网中的信息技术以及多媒体演示等科学手段应用在教育领域中的一种教学形式。

现代教育技术以先进的教育思想和教育理论为指导，以信息技术为主要手段，以教与学的过程和资源为研究对象，形成以多媒体和网络技术为基础的信息化环境和数字化的教学资源，以系统科学方法作为方法论基础，运用现代教育理论和现代信息技术，创建、使用、管理教学资源，提高教学绩效。总之，现代教育思想和理论×现代信息技术＝信息化教育，而信息化教育的产物便是教育信息化。

现代教育技术是一门新型的综合学科，它借鉴了许多学科的研究成果。其中哲学、信息论、控制论和系统论为现代教育技术提供了指导思想和科学方法；教育学、教育心理学和教育传播学为现代教育技术提供了最直接的理论依据；生物学、管理学、物理学、电子学和计算机科学等相关学科为现代教育技术提供了技术和应用的基础。但是由于现代教育技术发展还不足百年，自身的理论体系还不够成熟，需要进一步在实践的基础上探索、研究、发展和完善。我们将从学习理论、教学理论、传播理论、系统科学理论四方面进行简明扼要的介绍，如图 1-1 所示。

图 1-1　现代教育技术

1. **学习理论**

学习理论是教育心理学中最重要的理论，是探究人类学习的本质及其形成机制的心理学理论，旨在阐明学习如何发生、有哪些规律、是什么样的过程、如何才能进行有效的学习，并揭示学习过程依据心理、生理机制和规律而形成的理论，对现代教育技术的实施具有重要的指导意义。我们将从行为主义、认知主义、建构主义、人本主义展开介绍。

行为主义的学习理论强调学习是刺激与反应的联结，主张通过强化和模仿来形成和改变行为。在行为主义者看来，环境和条件就如刺激和强化，是学习的两个重要因素，学习等同于行为的结果。行为主义的代表人物是美国的斯金纳（图 1-2），他继承和发展了桑代克（图 1-3）的联结主义学习理论，提出了“刺激—反应—强化”的学习模式，创立了操作性条件作用学说和强化理论，并应用于人类学习的研究。

图 1-2　斯金纳（1904—1990）

美国行为主义心理学家，提出了操作性条件反射学习理论和程序教学的思想。创制了研究动物学习活动的仪器，被称为“斯金纳箱”

图 1-3　桑代克（1874—1949）

美国心理学家，心理学联结主义的建立者和教育心理学体系的创始人。提出了一系列学习的定律，包括练习率和效果律等

认知主义学习理论强调学习是认知结构的建立和组织的过程，重视整体性与发现式学习，即学习者的主体价值，注重解释学习行为的中间过程，学习在于内部认知的变化。现代认知学习理论的代表人物是布鲁纳和奥苏贝尔。对获得新知识的过程，布鲁纳强调，在教学过程中，教师要尽量设计方法，创设有利于学生发现、探究的学习情境，使学习成为一个积极、主动的索取过程；而奥苏贝尔则强调意义接受，在课堂教学中，影响意义接受学习的主要因素是学生的认知结构。

建构主义认为应以学习者为中心。对话、协作、情景、创造等，都应该是科学化、技术化、精确化和程序化的，人的情感、价值被冷落一旁。建构主义的代表人物有皮亚杰和维果茨基。皮亚杰的认知发展理论成为这个学科的典范，他把弗洛伊德的那种随意、缺乏系统性的临床观察变得更加科学化和系统化。维果茨基主要研究儿童发展与教育心理，着重探讨思维和语言、儿童学习与发展的关系问题。

人本主义强调学习者的潜能与价值，关注人的知觉、情感、信念和意图，强调人的本性、尊严、理想和兴趣，以人为本，实现人的全面发展，强调人的价值，重视人的意识所具有的主观性、选择能力和意愿。学习是人的自我实现，是丰满人性的形成。人本主义的主要代表人物是美国著名社会心理学家马斯洛和罗杰斯。

2. 教学理论

教学理论是从教学实践中总结并上升为理论的科学体系。它来自教学实践又指导教学实践，是研究教学客观规律的科学。对教育技术发展有重要影响的教学理论有赞可夫的发展教学理论、布鲁纳的结构-发现教学理论、巴班斯基的教学最优化理论。

(1) 赞可夫的发展教学理论。教学目标确定在学生的“最近发展区”，教学要有一定的难度，要让学生“跳一跳”才能摘到“桃子”。发展教学理论遵循下面五个原则：以高难度进行教学的原则，以高速度进行教学的原则，理论知识起主导作用的原则，使学生理解学习过程的原则，使全班学生包括后进生都得到发展的原则。

(2) 布鲁纳的结构—发现教学理论。学习一门学科最重要的是掌握它的基本结构；任何学科都能够用正确的方式，有效地教授给任何发展阶段的任何儿童；要学得好，必须采用发现法。结构-发现教学理论的不足之处：过分强调教材的基本结构和学习者主观努力的作用，而忽视环境和学习者滋生条件等因素对学习的影响。

(3) 巴班斯基的教学最优化理论。教学过程最优化是指根据培养目标和具体的教学任务，考虑教学的实际，教师指定或选择一个最佳的方案，它能使教师和学生花费最少的必要时间和精力取得最好的效果。最优化的准则包括取得最大限度可能的结果，花费时间最少，花费精力最少，花费经费最少。

3. 传播理论

传播理论对教育技术学的主要贡献在于对教学传播过程所涉及的要素、教学传播过程的基本阶段及其教学传播基本规律的归纳。传播的本质是信息的交流，教育传播是教育者与学习者之间的信息交流活动。

拉斯韦尔模式(5W 模式)中提出教学传播过程中的五要素：传播者(教育者)、信息(教育信息)、媒体(教学媒体)、接受者(受教育者)、效果(教学成果)。戴尔的“经验之塔”指出经验自上而下趋向于抽象、教学活动经验从具体到抽象、使用媒体为抽象概念创造条件、视听经验弥补其他经验不足四个要点。我们将教育传播过程分为确定信息、选择媒体、通道传送、接受解释、评价反馈五个基本阶段。在传播的过程中要遵循共识律、谐振律、选择律、匹配律四个基本规律。

4. 系统科学理论

系统科学是“老三论”和“新三论”的总称,是现代科学研究共同的一般方法论,是现代科学研究共同的一般方法论,是现代自然科学、社会科学、思维科学发展综合的结果。“老三论”包括信息论、系统论、控制论;“新三论”包括耗散结构论、协同论、突变论。系统科学主张把事务、对象看作一个系统,通过对系统的整体研究来分析系统中的成分、结构和功能之间的相互联系,通过信息的传递和反馈来实现某种控制作用,以达到有目的地影响系统的发展并获得最优化的效果。

系统科学理论的三大基本原理:有序原理、反馈原理、整体原理。有序原理重视系统内各要素的合理组织,重视系统的有序程度,发挥系统可能的功能。反馈原理主张只有通过信息反馈,才可能实现有效的控制。没有信息反馈的系统,要实现有效的控制且达到预期的目的是不可能的。整体原理强调整体大于各孤立部分的总和,树立全局、整体的观念,注重发挥系统中各部分的功能,注重发挥各部分相互联系形成结构的功能。

二、现代教育技术的产生和发展

教育发展史上的“四次教育革命”是指专业教师的出现、文字体系的出现、印刷术的出现、现代科学技术在教育中的应用。现代教育技术是教育现代化的重要标志,也是实现教育现代化的重要条件。随着信息技术的高速发展和广泛应用,现代教育技术的发展也十分迅猛,并引起了教育的深刻变革,给教育观念、教学方法和教学组织形式带来了深远的影响。

1. 国外现代教育的发展

国外现代教育技术的发展主要经历了下面五个阶段。

第一阶段:萌芽阶段(19 世纪末),以夸美纽斯的班级教学理论和赫尔巴特的“四阶段教学论”为理论基础,引入了幻灯媒体。

第二阶段:起步阶段(20 世纪初至 20 年代),引入了无声电影、无线电广播媒体,以视觉教育为基础,利用视觉教材作为辅助,使学习活动更为具体化,主张在学校课程中组合运用各种视觉教材,将抽象的概念作具体化呈现。

重大事件:1920 年,美国的一些电影公司向高校提供教学用电影片;1923 年,“美国全国教育协会视觉教学部”在美国正式成立等。

第三阶段:迅速发展阶段(20 世纪 30 年代至 60 年代),这一时期产生了视听教育,无线电广播、有声电影、录音机在教学实际中大量应用。50 年代末到 60 年代初,各种教学机器纷纷问世,同时程序设计广泛开展,程序教学在广泛领域内获得了成功,视听传播的概念和原理引入视听教学领域后,改变了视听领域的实践范畴和理论框架,由只关注教学媒体的使用,转而关注教学信息在整个教学活动的传播过程。直到 60 年代末,由于技术上的局限,教学机器的设计到了穷尽的状态,同时对于相对复杂的教学内容无法处理,于是程序教学一度停顿了下来。

重大事件:1935 年,美国波士顿成立“世界广播大学”,播送多种学科课程;1946 年,美国教育学家艾德加·戴尔提出“经验之塔”理论;1947 年,美国教育协会视觉教学部正式更名为“视听教学部”等。

第四阶段：系统发展阶段(20 世纪 60 年代至 80 年代)，以闭路电视系统和计算机作为媒体，人们将程序教学思想运用到计算机辅助教学中，计算机成了实现程序教学思想的高级程序教学机。由于系统方法在教学媒体设计、个别化学习过程设计和教学系统设计中得到广泛应用，因此，媒体教学技术、个别化教学和教学系统方法三个领域相互交叉，使得教育技术进入快速发展车道。

第五阶段：网络发展阶段(20 世纪 90 年代至今)，互联网时代，现代教育技术进入迅猛发展时期。

2. 国内现代教育的发展

我国现代教育技术的发展分为以下四个阶段。

第一阶段：萌芽阶段(20 世纪 20 年代至 40 年代)，始于电化教育，电影、广播、幻灯片等先进媒体传入中国，媒体教学形式在我国的一些院校出现，"电化教育"的名称被确定，一些电化教育刊物相继出现，标志着我国电化教育的萌芽。

第二阶段：奠基阶段(1949 年至 20 世纪 60 年代中期)，以行为主义为理论依据，采用电影、幻灯片、广播、录音媒体技术。我国电话教育进入了有组织、有领导的发展阶段，在文化和旅游部科学普及局成立了电化教育处，学校购置电教设备，奠定了我国电化教育的基础。1950—1965 年间，从媒体的研制与应用到人员机构的完善，我国的电化教育已走上了稳步发展的道路。

第三阶段：重新起步和快速发展阶段(20 世纪 70 年代至 80 年代)，出现了系统方法智能技术，以行为主义和认知理论为依据，媒体技术采用了电影、幻灯、广播、录音、电视、录像、计算机。1978 年建立和恢复了各级电教机构，电话教育开始了一个迅速发展的新阶段。1980 年先后建立了各级教育电视台、教育音像出版社，1984 年成立了全国第一个电化教育专业，20 世纪 80 年代出现了电化教育更名和再定义的学术争鸣，以音像技术为主，电化教育理论和实践得到迅速发展。

第四阶段：深入发展阶段(20 世纪 90 年代至今)，仍采用系统方法智能技术，理论依据除了行为主义、认知理论，增加了建构主义和人本主义。采用幻灯片、投影、广播、录音、电视、录像、计算机、网络、仿真教学系统等媒体技术，其中以计算机和网络为主，智能技术得到了重视，引入国外教育技术的基本理论，教育技术学科体系初步建立。更名为教育技术，成立教育技术协会，教育技术在学科建设和对外学术交流领域替代了电化教育。我国的教育技术在保留和发扬自身特色的同时，融入了国际教育技术发展的潮流之中。

20 世纪 90 年代—21 世纪 10 年代，中国教育科研网开通，教育部制定了在中小学普及信息技术教育和实施"校校通"工程战略目标。2011 年以后，三通两平台、在线教学、混合学习、翻转课堂等新技术的引进将现代教育技术的发展推入了创新发展的新阶段。

3. 现代教育技术的发展趋势

教育技术的发展经历了由最早期的口耳相传，到文字形成后的简单媒体、视听、网络教育技术，再到现在的现代教育技术。在这些外在形式变化的同时，教学理论、教学手段、教育媒体也在不断地发展着。

现代教育技术的发展趋势主要表现在以下六个方面。

(1) 网络化：在教育网络环境下，教学内容、教学时间、教学地点、教学方式，可以按照学习者的需要进行选择。这种不受空间、时间、地域限制的网络远程教育可以遍及世界每一个有网络的角落,这也使教育真正达到了开放性和普遍性。

(2) 多媒体化:在计算机系统中,多媒体技术是组成两种或两种以上媒体的一种人机交互式信息交流和传播媒体。使用的媒体包括文字、图片、照片、声音、动画和影片等,为人机之间的信息交流提供了全新的手段。多媒体传输表现的多样化和教育影响效果是其他教学系统无法超越的。

(3) 理论研究深入化:重视自身理论基础的研究以及加强将学习理论应用于现代教育技术实际的研究。

(4) 学科间交叉融合:现代教育技术是涉及教育、心理、信息技术等学科的一个交叉学科。

(5) 智能化:重视人工智能在教育中的应用,使教学呈现崭新的面貌。

(6) 应用模式多样化:应用模式灵活多样,有常规模式、多媒体模式、网络模式及虚拟现实模式等。

现代教育技术的前沿发展包括开源硬件、3D 打印、人工智能机器人、虚拟现实、创客机器人、云计算、虚拟社区、头部自探检测、大数据等。

任务 2　现代教育技术的前沿技术应用

任务描述

随着教育信息化进程的不断加快,信息技术教育应用能力已日益成为教学的主导力量,而现代教育技术前沿技术的发展突飞猛进。我们不仅学习如何将信息技术与教育教学深度融合的理论和实践,同时也要与时俱进,掌握前沿技术。

任务目标

- 了解现代教育技术与教学融合的途径。
- 掌握前沿教育技术,并灵活应用。

知识介绍

一、现代教育技术与教育教学融合

2012 年以来,信息技术与教育教学深度融合这个概念凸显出来。北京师范大学何克抗认为其内涵是“改变传统课堂教学结构和构建新型课堂教学结构”,信息技术真正触及教育系统结构性变革,不是只用于改进教学手段和方法这类渐进式的修补,而是在运用技术改善教与学环境、教与学方式的基础上,进一步去实现教育系统的结构性变革。

信息技术与教育教学融合至少包含三个层面。

(1) 信息技术与教学的融合,包括优质资源建设与共享、教学内容更新、教学模式方法变革、教学评价、使用的新常态等。

(2) 信息技术与教育管理的融合,包括教育管理的方法、内容。

(3) 信息技术与教师专业发展的融合,包括变革教师专业发展的内容和教师专业发展的途径等。

信息化学习方式的途径包括：资源利用的学习，利用数字化资源进行情境探究学习；协商合作的学习，利用网络通信，形成网上社群，进行合作式、讨论式的学习；自主发现的学习，借助资源，依赖自主发现、探索性的学习；实践创造的学习，使用信息工具，进行创新性、实践性的问题解决学习。

二、多元化前沿技术及其教育应用

身处信息时代和人工智能大发展阶段，在当前和不久的将来，学校的学习环境和学习空间会发生什么变化？当你希望学习动画、课件和微课等教学工具时，是否会想到使用自己的手机，利用简单的PS功能快捷地完成一个不错的作品？我们通过实践性任务学习，可学会动画、课件、微课、微电影等的制作方法，同时学会利用各种社会性软件学习交流，提升学习效能。

微课是指运用信息技术，按照认知规律，呈现碎片化学习内容、过程及扩展素材的结构化数字资源。其核心组成内容是课堂教学视频（课例片段），同时还包含与该教学主题相关的教学设计、素材课件、教学反思、练习测试及学生反馈、教师点评等辅助性教学资源，它们以一定的组织关系和呈现方式共同“营造”了一个半结构化、主题式的资源单元应用“小环境”。因此，微课既有别于传统单一资源类型的教学课例、教学课件、教学设计、教学反思等教学资源，又是在其基础上继承和发展起来的一种新型教学资源，具有教学时间较短、教学内容较少、资源容量较小、资源组成结构情景化、主题突出、内容具体、草根研究、趣味创作、成果简化、多样传播、反馈及时、针对性强的特点。

慕课（MOOC）是大规模开放在线课程，本质是一种网络在线课程，是一种新的开放教育资源。MOOC课程以教学视频为主，以媒体资源、评价、考试、交流、讨论等为辅，有特定的上课时间，有计划地投放课程内容。学员来自全国甚至全球各地，可以方便地免费注册和学习。国际上三大MOOC平台为coursera、edx、udacity。国内平台包括清华大学的学堂在线 http://www.xuetangx.com/，上海交通大学的好大学在线 http://www.cnmooc.org/home/index.mooc，由网易与高教社携手推出的中国大学MOOC，果壳网提供的果壳网——MOOC学院等。

翻转课堂就是教师提前设计好多样化的学习材料，包括电子教材、微视频、网上研讨等，学习者提前自主学习该学习资料，并反馈学习情况，然后在面对面的课堂上参与同伴和教师的互动活动（释疑、解惑、探究等），并完成学习任务（练习、汇报等）。翻转课程颠覆了教学流程，师生角色发生变化，让每个学生成为最好的自己。每个学习都可以通过自己特定的方式掌握知识，教师可以了解每个学生的发展情况，为因材施教打下基础，及时的反馈使得教师极大地提高了教学的时效性，减少了学生问题的堆积。

技能二　掌握现代教育技术的使用技能

任务1　现代教育技术的应用

任务描述

多媒体课件可以通过生动的画面和形象的演示，给人耳目一新的感觉。掌握利用多媒体课件辅助教学的过程中需要什么样的应用环境，个人计算机的软硬件需要什么样的配置。

任务目标

- 了解多媒体关键技术及应用环境。
- 掌握多媒体个人计算机软硬件配置。

知识介绍

一、多媒体的关键技术及应用

多媒体的关键技术，主要包括数据压缩与解压缩、媒体同步、多媒体网络、超媒体等关键技术。由于多媒体系统需要将不同的媒体数据表示成统一的结构码流，然后对其进行变换、重组和分析处理，以进行进一步的存储、传送、输出和交互控制。所以，多媒体的传统关键技术主要集中在以下四类：数据压缩技术、大规模集成电路（VLSI）制造技术、大容量的光盘存储器（CD-ROM）、实时多任务操作系统。

二、多媒体技术应用环境

随着计算机技术、多媒体技术、通信技术、网络技术等在教育领域的广泛应用，使现代教育技术进入信息化发展新阶段，成为21世纪教育发展的“制高点”。作为重要的教学资源——多媒体教学环境，也受到教育界的普遍重视。近年，国内高校先后建立了各种各样的多媒体教学环境。由于投入不同，配置各异，功能不一，因此其模式和名称也五花八门。但是，无论如何千变万化，归纳起来，不外乎以下几种。

(1) 多媒体综合教室是根据现代教育教学的需求，将多媒体计算机、投影、录音、录像等现代教学媒体结合在一起而建立起来的综合教学系统。普通型多媒体教室包括计算机、影碟机、VGA分配器，话筒、音箱、投影器、视频展示台、激光教鞭等设备，如图1-4所示。网络型多媒体教室由计算机网络设备、操作系统、交互式教学软件平台组成。网络系统包括虚拟仿真教学系统、网络考试系统、课件制作系统等。

(2) 微格教室是在装有摄像、录像系统的特殊教室内，借助媒体进行技能训练和教学研究的教学环境。微格教学也称为“微型教学”，专门训练学生掌握某种技能的小规模教学活动，如图1-5所示。其基本构成包括主控室、微格教室、观摩课评室，如图1-6所示。

图1-4　普通型多媒体教室

图1-5　微格教室

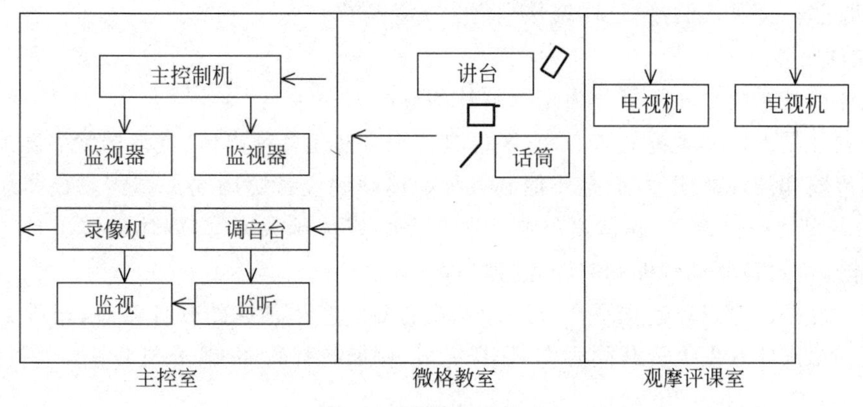

图 1-6　微格教室构成

(3) 数字校园网络是为了满足学校教育教学的需要，将分布在校园不同地点的独立计算机，通过通信线路和网络协议连接起来，以实现资源共享和相互通信的计算机集合。数字校园网络具有开放性、传递信息及时、快捷的特点，能够发布和共享学校资源，提供师生信息交流平台，实现网络办公管理的功能。

此外，多媒体教学应用环境还包括网络学习平台、虚拟仿真学习环境、视频会议系统、移动学习平台环境、数字图书馆、数字博物馆、智慧教室、创客空间等平台。

三、多媒体个人计算机系统(软件＋硬件)

在多媒体计算机之前，传统的微机或个人机处理的信息往往仅限于文字和数字，只能算是计算机应用的初级阶段，同时，由于人机之间的交互只能通过键盘和显示器，所以交流信息的途径缺乏多样性。为了改换人机交互的接口，使计算机能够集声、文、图、像处理于一体，人类发明了有多媒体处理能力的计算机——多媒体个人计算机(Multimedia Personal Computer, MPC)，就是具有了多媒体处理功能的个人计算机，它的硬件结构与一般的个人机并无太大的差别，只不过是多了一些软硬件配置而已。

1. 硬件配置

多媒体硬件系统由主机、多媒体外部设备接口卡和多媒体外部设备构成。MPC 的主机可以是大/中型计算机，也可以是工作站，用得最多的还是微型计算机。一般来说，MPC 的基本硬件结构可以归纳为七部分。

(1) 功能强大、速度快的中央处理器(CPU)。

(2) 可管理、控制各种接口与设备的配置。

(3) 具有一定容量(尽可能大)的存储空间。

(4) 高分辨率显示接口与设备。

(5) 可处理音响的接口与设备。

(5) 可处理图像的接口设备。

(6) 可存放大量数据的配置。

(7) 其他配置。

这样提供的配置是最基本 MPC 的硬件基础，它们构成 MPC 的主机。除此以外，MPC 能扩充的配置还可能包括如下几个方面：光盘驱动器、音频卡、图形加速卡、视频卡、扫描卡、打印机接口、交互控制接口、网络接口等。

2. 软件配置

多媒体软件系统按功能可分为系统软件和应用软件。

系统软件是多媒体系统的核心，它不仅具有综合使用各种媒体、灵活调度多媒体数据进行媒体的传输和处理的能力，而且要控制各种媒体硬件设备协调地工作。多媒体系统软件主要包括多媒体操作系统、媒体素材制作软件及多媒体函数库、多媒体创作工具与开发环境、多媒体外部设备驱动软件和驱动器接口程序等。

应用软件是在多媒体创作平台上设计开发的面向应用领域的软件系统，通常由应用领域的专家和多媒体开发人员共同协作、配合完成，例如教育软件、电子图书等。

任务实施

一、Windows 10 系统的软硬件管理

在计算机运行过程中，系统设备是必不可少的，它把硬件和驱动程序紧密地联系起来，能够保证系统正常高效地工作。系统设备中存放着硬件和设备的信息，用户可以使用“硬件向导”安装、卸载新硬件或配置文件。在设备管理器中会显示计算机上安装的设备并允许更改设备属性，用户还可以为不同的硬件配置创建硬件配置文件。

如果硬件是计算机的“躯壳”，软件就是计算机的“灵魂”，所以操作系统与应用软件和硬件设备协同工作的能力将直接影响到用户的操作体验。Windows 10 操作系统在软件和硬件的管理上进行了诸多的思考和改良。

在 Windows 10 操作系统中，用户可以通过设备管理器方便地查看计算机中硬件设备的属性，从而让用户更进一步地了解计算机的性能，并根据实际需要禁用暂时不需要使用的硬件。

1. 硬件管理

如果用户要查看自己计算机系统上的所有设备，或者需要排除硬件故障、安装新的硬件设备等，可在桌面上右击【此电脑】图标，在弹出的快捷菜单中选择【属性】命令，即可出现【系统】对话框，选择【硬件】选项卡，在【添加新硬件向导】选项组中单击【添加新硬件向导】按钮，打开【添加新硬件向导】对话框，用户可依据提示，正确选择相应信息，即可添加一个新的硬件。

如果对已设置好的某个设备进行改动，可在该选项上右击，在弹出的快捷菜单中选择【停用】或者【卸载】命令。当用户选择【属性】命令时，会出现该设备的【属性】对话框，显示此设备的详细信息，如设备名称、生产商和位置等。【设备状态】列表框中显示该设备的运转情况。

2. 驱动程序管理

通常，操作系统会自动为大多数硬件安装驱动，无须用户安装，但对于主板、显卡等设备，在新安装操作系统时往往需要为其安装厂商提供的最新驱动，这样才能最大限度地发挥硬件性能。此外，当操作系统没有自带某硬件的驱动时，便无法自动为其安装正确的驱动，这就需要手动安装，例如某些声卡，以及打印机、扫描仪等。

3. 应用程序管理

安装好操作系统后,用户还应根据各自实际需要,安装相应的程序。虽然不同应用程序有不同的安装方法,但是大致遵循如下的安装流程:选择安装路径→阅读许可协议→选择附件选项→选择安装组件。

任务2 多媒体课件的制作

任务描述

多媒体课件在教育领域中引起了教育工作者的广泛关注。每一位教育工作者对此都有所了解,但又不是特别清楚。本节就对多媒体课件、多媒体课件的种类、多媒体课件的开发过程做详细的阐述。

任务目标

- 了解多媒体课件的基础知识及素材的基本概念。
- 掌握多媒体课件素材采集、制作和编辑的方法。

知识介绍

一、多媒体课件的相关概念

多媒体课件,简单来说就是老师用来辅助教学的工具,创作人员根据自己的创意,先从总体上对信息进行分类组织,然后把文字、图形、图像、声音、动画、影像等多种媒体素材在时间和空间两方面进行集成,使它们融为一体并赋予它们交互特性,从而制作出各种精彩纷呈的多媒体应用软件产品。多媒体课件就是根据教学大纲的要求和教学的需要,经过严格的教学设计,并以多种媒体的表现方式和超文本结构制作而成的课程软件。

与传统的课件相比,多媒体课件的特点体现在以下几方面。

(1) 交互性:无论是视觉、听觉还是视听媒体,它们的信息传递方式基本上都是单向的,多媒体课件突破了这一限制,实现了双向通信、人机交互,为教学带来了极大的方便。

(2) 集成性:多媒体课件的教学内容与表现形式多样,集文字、图形、图像、声音、动画、视频于一体,在承载信息方面真正实现多媒体化,从而提高了教学效率和质量。

(3) 智能性:多媒体课件具有超文本的动态结构,把计算机的内在运算机制与智能性的外部工作联系起来,能根据学生的反映做出判断,帮助学生制定相应的学习策略,采用不同的学习路径进行学习。

(4) 信息传输网络化:交互类媒体以数字化方式存储、处理信息,经过编码压缩后的信息数据量小,适合网络传播,而且传输及时、可靠、效率高,可实现双向实时传输。

二、多媒体课件的分类

为适用不同的使用对象,传递不同的教学信息,达到不同的教学效果,实现不同的教学功能,多媒体课件大致可分为以下6种类型。

（1）课堂教学型：一般是针对学科教学而开发的，主要解决学科教学中的重点、难点，注重对学生的启发、提示，反映问题解决的过程，主要在课堂上进行教学演示。要求教学内容精炼、屏幕主题突出、文字图形要以较大的方式显示，能按照教学过程逐步深入的开展。

（2）个性化学习型：一般具有完整的知识结构，具有一定的教学过程，能体现教师的教学思想和教学策略，让学生通过设计友好的人机界面进行交互式学习，并提供相应的形成性练习供学生在学习过程中进行自测。

（3）练习测试型：主要通过问题的形式来训练、强化学生某方面的知识和能力。设计时使其具有一定比例的知识点覆盖率，以便全面地训练和考核学生的能力水平。完整的练习测试型课件应具有试题库、自动组卷、自动改卷以及成绩分析等功能。

（4）模拟仿真型：借助计算机图形技术、模拟仿真技术，提供可更改的参数项，当学生输入不同的参数时能随时真实模拟对象的状态和特征，供学生进行模拟实验或探究发现学习使用。常用教学模拟课件有实验模拟、情景模拟、模拟训练等形式，如模拟种子发芽和模拟汽车驾驶等。

（5）教学游戏型：是基于学科的知识内容，寓教于乐，通过游戏的形式，教会学生掌握学科知识，并引发学生的学习兴趣。把知识性、教育性和趣味性融为一体，并将知识的传授和技能的培养融入各种愉快的情景中。

（6）资料工具型：包括工具书、电子字典及各种类型的多媒体素材库等，仅提供某种教学功能或某类教学资料，并无具体的教学内容。也可根据教学需要事先选定有关内容，配合教学人员讲解，在课堂上辅助教学。

另外，根据制作结构，可将多媒体课件分为四种类型：直线型课件、分支型课件、模块化课件、积件型课件。

三、多媒体课件素材及其获取与处理

多媒体课件素材的制作与编辑是多媒体课件开发的基础，素材的好坏将直接影响多媒体课件的质量。掌握多媒体课件素材的基本采集和编辑方法，是多媒体课件创作人员必备的基础知识和应用技能。

1. 多媒体课件素材类型

多媒体课件素材是课件制作中的基本元素，可分为文本、图形、图像、音频、视频和动画等形式。素材可以从网上下载，从其他文件中截取，从资源光盘或资源库中获取，或从电视台录制的电视节目中获取。有些素材是原创作品。

（1）文本以文字和各种专用符号表达的信息形式，是现实生活中使用最广泛的一种信息存储和传递方式。文字包括各种字体、字号、字型、色彩的文本，主要用于对知识的描述性表示，如阐述概念、定义、原理和问题以及显示标题、菜单等。

（2）图形是多媒体课件最基本的要素，通常是指点、线、面及空间的几何图形，又称矢量图。具有体积小、不易失真，简洁直观等特点。

（3）图像是决定一个多媒体课件视觉效果的关键因素，是多媒体课件中最重要的信息表现形式之一。图像是指由像素点阵组成的画面，每个像素的颜色和亮度都由一个数位来描述。

（4）音频是人们用来传递信息、交流感情最方便、最熟悉的方式之一，在多媒体课件中，按其表达形式分为讲解、音乐、效果声三类。音频包括波形音频、CD-DA 音频和 MIDI(Musical Instrument Digital Interface)音频。

(5) 视频指通过摄像机或录像机等设备捕捉的动态画面,具有时序性与丰富的信息内涵,常用于展示事务的发展过程。因其有声有色,所以在多媒体中占有重要的地位。

(6) 动画是利用人的视觉暂留特性,快速播放一系列连续运动变化的图形图像。动画通常是指计算机生成的一系列精致画面(帧),按照一定的顺序演示而形成的动态图像效果。

不同格式的文件用不同的文件扩展名加以区别,表 1-1 列举了一些常用媒体类型文件的扩展名。

表 1-1 常用媒体类型文件扩展名

媒体类型	扩展名	说明
文本	doc	Word 文件
	wps	WPS 文件
	txt	纯文本文件
	wri	写字板文件
	rtf	Rich Txt Format 格式
图形图像	jpg	JPEG 压缩位图文件
	bmp	Windows 位图文件
	gif	图形交换格式文件
	tif	标记图像格式文件
	eps	Post Script 图像文件
音频	mp3	MPEG Layer 3 声音文件
	wav	标准 Windows 声音文件
	wma	微软的 Windows Media Audio 的一种压缩离散文件或流式文件
	mid	乐器数字接口的音乐文件
	aif	Macintosh 平台的声音文件
	vqf	NTT 开发的最新的声音文件,压缩比大于 mp3
视频	rm	Real Audio 和 Real Video 的流媒体文件
	mpg	MPEG 视频文件
	dat	VCD 中的视频文件
动画	gif	图形交换格式文件
	mov	QuickTime 动画文件
	flc(fli)	AutoDesk 的 Animator 文件
	avi	Windows 视频文件
	swf	Macromedia 的 Flash 动画文件

2. 素材的获取与处理

1) 文本素材

文字是计算机中主要的信息处理对象,是非多媒体计算机主要的信息交流方式,处理文字信息是计算机的基本功能。与其他媒体相比,文本有其固有的优点:易处理、占用存储空间少,最适合于计算机的输入、存储、处理和输出操作。

文本采集的主要途径包括以下 4 类。

(1) 直接输入。包括键盘输入、语音输入、手写输入等。

(2) 从网页中提取。在从网页中提取文字时，可以直接复制粘贴。当网页中文字无法复制时，可以在菜单栏【查看】中查看网页源代码菜单项，弹出网页源代码文件，找到需要的内容复制下来即可。

(3) 从数字图书资料中提取。很多数字图书资料都有专门格式，例如 PDF、CAJ、SWF 格式等，可以从这些格式中把文字提取出来。CAJ 格式可以用 CAJ Viewer 打开，PDF 格式可以用 Adobe Reader 打开，SWF 格式可以用 Flashpaper 打开，只要是安装了 Flashplayer 的计算机都可以。

(4) OCR 文字识别软件录入。如果要将文档或图片上无法复制的文字提取出来，或者要将印刷图书资料上的大量文字录入到计算机中，可以先拍成电子图片，再用文字识别软件采集，这比直接用键盘输入的方法效果要高得多。文字识别采集的第一步是扫描、拍摄、抓图、采集图像；第二步是将图片导入到文字识别软件采集文字。

2) 图形图像素材

图像作为多媒体课件中主要的多媒体信息，不仅可以反映图形界面的外观，还可以表达思想，以真实的场景或人物、较强的表现力和感染力合理地表现课件中比较抽象、学生难以理解的知识内容，增强了多媒体课件的教学效果。

常见的图像素材获取方式主要有以下几种。

(1) 通过数码设备，比如单反相机、智能手机来获取图像。

(2) 通过扫描仪获取图像，可以用其来扫描照片、图表等。

(3) 通过屏幕捕捉获取图像，比如利用键盘上自带的 PrintScreen 键捕捉全屏画面，除此之外还可以利用一些专门的抓图软件，比如 Snagit、FScapture 等，它们一般都支持自定义形状获取屏幕图像，然后通过软件对捕捉的图片进行简单编辑。

(4) 通过网络获取图像，可以通过百度、bing 图片等搜索引擎获取图像，或者通过专门的图库网站获取图像，例如国内的视觉中国、国外的 pexels 等。

3) 音频素材

声音是携带信息的非常重要的媒体，在多媒体课件中，声音不仅是对画面的解释和补充，也是使学习者可以清晰掌握教学内容的关键，同时它还能对整个课件起到润色的作用。声音主要分为语言、音乐、声响三大类。语言即说话声音，在多媒体课件中一般称之为解说声音；音乐是指歌声或乐曲声，在多媒体课件中一般作为背景声，用于渲染环境氛围；声响包括自然界中存在的各种声音，在多媒体课件中一般作为使环境更逼真的音响效果使用。

声音的三要素包括音调、响度、音色。采集的三要素由采样频率、量化位数、通道数量构成。采样频率是指计算机每秒钟对声波幅度值样本采样的次数，用来描述声音文件的音质、音调，也是衡量声卡、声音文件的质量标准，计量单位为赫兹(Hz)。量化位数也称量化精度，是描述每个采样点样本值的二进制位数。通道数量也称声道数，是指一次采样所记录产生的声音波形个数。

声音素材的采集方式主要包括以下 4 种。

(1) 利用软件光盘中提供的声音文件。在一些声卡产品的配套光盘中可以提供许多 WAV 或 MIDI 格式的声音文件。

(2) 从因特网中下载声音素材，因特网是声音素材的宝库，既可以从音乐网站下载，也可以到与课件制作内容相关的网站上查找。

(3) 使用话筒录制声音。

(4) 录制计算机播放出的声音，但这些声音文件往往和课件打包在一起，无法找到现成的声音文件，可以用 Windows 自带的录音机程序将其录制下来。

4) 视频素材

视频图像简称视频，是指拍摄、记录和再现真实人物、事物和景物的电视、电影画面，具有很强的表现力与感染力。合理的使用视频图像是增强多媒体课件教学效果的重要途径。

视频素材的采集方法很多，最常用的是视频捕捉卡配合相应的软件采集录像带上的素材。视频捕捉卡采集根据不同的适用环境和不同的技术指标，分为多种规格。在 PC 上通过视频采集卡可以接受来自视频输入端的模拟视频信号，并对该信号进行采集、量化成数字信号，然后压缩编码形成数字视频序列。

5) 动画素材

动画是指用形象和动作连续变化的图形组成具有视觉动态感的图像。动画具有时间延续性、实时性、压缩方法合适、高性能的特点。

计算机动画的种类很多，可以从不同的角度对其分类。例如按空间视觉效果分类，动画可以分为二维动画和三维动画。它们的主要区别在于采用不同的方法获得动画中景物的运动效果。也可以把动画分为实时生成动画和帧动画。其中实时生成动画是一种矢量型的动画，由计算机实时生成并演播；帧动画是由一幅幅连续的画面组成的图像或图形序列，接近于视频的播放机制，这是产生各种动画的基本方法。

专动画素材的制作主要分为：业软件制作、使用素材光盘或从网上获取、使用专业动画软件制作。二维动画制作软件包括 Animator、AnimatorStudio、AnimatorPro、Flash、Authorware、万彩动画大师等。三维动画制作软件最常见的是 3ds Max，虽然它的功能非常强大，但却是一个十分复杂的专业工具，一般用户要想全面、系统地掌握它需要大量的时间和精力。

四、多媒体课件的制作过程

多媒体课件的开发主要包括项目选题、教学设计、课件的结构设计、脚本创作、素材准备、系统集成、教学测评等几个步骤。

1. 项目选题

多媒体课件设计的第一个环节就是选择教学内容和教学范围，明确所要实现的目的和达到的教学目标，确定所制作的课件适合哪类学习者使用。对于那些用常规教学方法就能达到教学目的的教学内容，就没有必要使用计算机辅助教学。对于课程内容比较抽象，难以理解，教师用语言不易描述、某些规律难以捕捉、需要学习者反复联练习的内容等，在条件允许的情况下实施计算机辅助教学。概括而言，根据选题的必要性和可行性来进行。

2. 教学设计

教学设计是多媒体课件制作中的重要环节，课件效果的好坏，是否符合教学需求，关键在于教学设计。多媒体课件的教学设计，就是应用系统的观点和方法，按照教学目标和教学对象的特点，合理选择和设计教学媒体信息，并在系统中有机地组合，形成优化的教学系统结构。其主要包括以下基本工作：教学目标的确定、教学内容的确定、媒体信息的选择、诊断评价的设计。

3. 脚本创作

脚本是多媒体课件设计、制作和使用的联结纽带，也是多媒体课件制作的直接依据。脚本应提供各种教学信息，包括学生的应答、对答的判断、处理和评价以及交互控制方式等内容，同时对课件制作中的各种要求和指示给予明确表示。脚本的编写类似影视剧的编剧，包括以下方面：课程内容如何安排、在何时何处使用哪些媒体、媒体的进出方式如何、课件如何与学生交互、各种要素之间怎样合理搭配才能让衔接流畅自然。

4. 素材准备

素材准备即对多媒体课件中用到的各种素材进行获取和处理加工。根据脚本设计要求进行各种多媒体素材的收集整理和设计开发。素材的准备工作一般主要包括文本的录入、图形图像的制作与后期处理、音频动画的编制和视频的截取等。

5. 系统集成

这是多媒体课件制作的重要环节。选择适当的多媒体课件开发工具，根据脚本的要求和课件表现的内容和形式，把各种准备好的媒体连接、合成，并在不同机器上反复试运行，发现问题及时调试修改。

6. 教学测评

多媒体课件开发完成后应在实际教学中多次使用，让专家和一线教师共同来检测课件各方面性能，对课件信息的呈现、交互性、教学过程控制、素材管理和在线帮助等进行评估，反复修改，已臻完善。

知识拓展

一、数字化学习资源的概念

学习资源是指可用于学习的一切资源，包括信息、人员、资料、设备和技术中介或载体。数字化学习资源是指经过数字化处理，依据学习者特征进行编辑，可以在多媒体计算机上或网络环境下运行的供学习者自主、合作学习的，且可以实现共享的多媒体材料。

数字化学习资源，按其呈现方式不同，大致可以分为数字视频、数字音频、多媒体软件、CD-ROM、网站、电子邮件、在线学习管理系统、计算机模拟、在线讨论、数据文件、数据库等。与数字化学习资源相对应的是非数字化学习资源，包括印刷材料、幻灯片、投影片、电影、电视、录像等。数字化学习资源能够激发学生通过自主、合作、创造的方式来寻找和处理信息，从而使数字化学习成为可能。

数字化学习不仅仅局限于教科书的学习，还可以通过各种形式的多媒体电子读物、各种类型的网上资源、网上教程进行学习，所以数字化学习资源具有如下特点。

(1) 获取的便捷性。利用数字化学习资源的学生可以不受时空和传递呈现方式的限制，通过多种设备，使用各种学习平台获得高质量的课程信息，可以实现方便的信息传送、接收、共享、组织和储存。

(2) 形式的多样性。数字化学习资源以电子数据的形式来表现信息，其主要的媒体呈现形式有文本、图像、声音、动画、视频等，极大地丰富了信息的表现力。除此之外，其友好的交互界面、超文本结构更是极大地方便了学习者的学习，虚拟仿真的应用也更有助于学习者对知识的记忆与理解。

(3) 资源的共享性。任何信息资源都具有共享性，但数字化学习资源的共享性比起其他信息资源的共享性来说相对强一些。其主要表现在，利用电子读物或网络课程实现的资源共享传播面要比普通信息资源共享的传播面大。

(4) 平台的互动性。与以往传统的学习资源相比较，数字化学习资源最大的优势在于其互动性，无论是通过网络媒介进行的学习方式，还是通过光盘等进行的学习方式，其双向交流的方式均得到了越来越多学习者的喜爱，一方面学习者可以通过网络上的交流工具，实现与老师或学生之间的交互；另一方面学习者还可以从学习软件的数据库中寻求问题的答案，同时也可将软件数据库自行更新。

(5) 资源的扩展性。数字化学习资源的扩展性主要表现在以下两个方面：可操作性和可再生性。可操作性是指在数字化学习过程中，既把课程进行数字化处理，同时又把共享的数字化资源融合在课程教学过程中，这些数字化学习能够被评价、修改和再生产，它允许学生和教师用多种先进的数字信息处理方式对它进行运用和再创造。可再生性是指经数字化处理的课程学习能够激发学生主动地参与到学习过程中，学生不再被动地接受信息，而是采用新颖熟练的数字化加工方法，进行知识的整合、再创造进而形成学习者的学习成果。数字化学习的可再生性，不仅能很好地激发学生的创造力，而且能为发挥学生的创造力提供更大的可能。典型的数字化资源如表 1-2 所示。

表 1-2　典型数字化资源的构建

工具类别	常见工具
通信学习工具	微信(WeChat)、QQ、辅导答疑系统、视频会议系统(如 Netmeeting、聊天系统、电子邮件)
信息共享工具	远程屏幕共享系统、服务器文件共享(如 FTP)、检索服务系统(如 Wais、Gopher)、异步合著系统、数字化图书、远程登录(Telnet)
创作学习工具	文字处理工具(如 Word、写字板)、几何画板、作图(如 Photoshop)、制表工具(如 Excel)、建立网站工具(如 Dreamweaver)、支持测评工具

二、数字化学习资源的检索

检索工具是指在互联网上提供信息检索服务的一类网站或服务器，其检索的对象是存在于互联网信息空间中的各类型的网络信息。常用的搜索引擎包括全文搜索引擎(search engine)、目录索引类搜索引擎(YAHOO)、元搜索引擎(meta search engine)。

在检索的过程中可以采用目录分类检索法、关键词搜索法、分类目录加关键词检索法、元搜索引擎检索法、专门搜索引擎站点检索法。检索技巧包括查找对话框法、猜测法、右切断网址法、关键词优先法，还可以使用逻辑运算符“与”“或”“非”、通配符“*”、运算符“NEAR”或“~”。

三、网上交流与资源共享

信息获取的过程中并不全是来自检索，也有很多信息是通过分享得来的。我们平时在网上交流和资源共享时会用到的一些网站、通信工具以及手机 App 等。如微信、QQ、博客、美团、知乎、中国大学 MOOC、360 安全浏览器、IE 浏览器等平台，都可以帮助我们进行信息交流。我们还可以通过各种形式来进行资源共享，如可以以网页的形式分享数据，也可以在公众号平台发布信息，或者以群文件的形式进行资源分享。除此之外，我们还可以通过硬盘、云盘来共享资源，如360云盘、腾讯微云、极速云盘，微盘等云盘，不仅可以通过官方机构、学校或者企业为我们提供资源，广大的网友也成为资源的提供者，极大地丰富了我们的资源。

随着信息化建设的推进，越来越多的优秀网络课程平台相继涌现，如一师一优课、一课一名师、CCtalk、中国大学MOOC、高高手等，基于这些网络课程平台可以进行学习。互联网不仅提供了丰富的学习资源，也营造了一个探索发现的学习环境。

小　结

本章内容包括认识现代教育技术、熟悉信息化教学环境、信息化教学设计、信息化多媒体教学素材资源准备、信息化教学课件设计与制作等。通过本章让学生掌握现代教育技术知识和技能，形成在教育教学中应用现代教育技术的意识和态度。学生可以根据教学内容、学生特点和教学条件设计有效的教学活动，从而有效地选择和应用信息资源，进而掌握较好的多媒体设备使用和课件制作技能，积极探索信息化教学及现代教育技术与学科课程融合的途径。

习　题

一、选择题

1. 下列选项中不属于现代教育技术理论基础的是(　　)。

A. 学习理论　　B. 系统理论　　C. 教学理论　　D. 传播理论

2. 下列软件不能用于多媒体课件编辑的是(　　)。

A. Authorware　　B. PowerPoint　　C. Flash　　D. Windows

3. 下列(　　)文件格式是文本文件。

A. TXT　　B. mp3　　C. wav　　D. jpg

4. 下列(　　)文件格式都属于图像格式。

A. TXT和JPG　　B. mp3和pmg　　C. wav和txt　　D. jpg和gif

5. 下列(　　)素材的获取可以通过数码设备获取。

A. 图像素材　　B. 文本素材　　C. 动画素材　　D. 视频素材

二、填空题

1. 国内现代教育的发展分为：萌芽阶段、________、________、深入发展阶段。

2. 现代教育技术的发展趋势：网络化、________、________、学科间交叉融合、________、应用模式多样化。

3. 多媒体课件素材包括文本、________、________、________、动画五大类。

4. 图像可以分为两大类：________和________。其中一种类型的图像任意缩放不变形，它是________。

5. 动画素材的种类按照空间视觉效果分类，可以分为________和________。

第二部分　多媒体技术及应用

技能一　图形、图像处理

任务1　基 本 概 念

任务描述

图形、图像处理是日常生活中常用的多媒体技术，了解相关的一些基本概念是非常必要的。

任务目标

■ 掌握位图与矢量图、分辨率，了解常用的图形、图像文件格式及常用处理软件。

知识介绍

一、位图与矢量图

数字图像分为两种类型：位图与矢量图。在实际应用中，二者为互补关系，各有优势。只有相互配合，取长补短，才能达到最佳表现效果。

(1) 位图也叫点阵图、光栅图或栅格图，由一系列像素点阵列组成。像素是构成位图图像的基本单位，每个像素都被分配一个特定的位置和颜色值。位图图像中包含的像素越多，其分辨率越高，画面内容表现得就越细腻，但文件所占用的存储量也越大。位图缩放时将造成画面的模糊与变形。数码相机、数码摄像机、扫描仪等设备和一些图形图像处理软件(如Photoshop、CorelPHOTO-PAINT、Windows的画图程序等)都可以产生位图。

(2) 矢量图就是利用矢量描述的图。图中各元素(这些元素称为对象)的形状、大小都是借助数学公式表示的，同时调用调色板表现色彩。矢量图与分辨率无关，缩放多少都不会影响画质。能够生成矢量图的常用软件有CorelDRAW、Illustrator、Flash、AutoCAD、3ds Max、Maya等。

一般情况下，矢量图所占用的存储空间较小，而位图则较大。位图图像适合表现细腻柔和、过渡自然的色彩(渐变、阴影等)，内容更趋真实，如风景照、人物照等。矢量图形则更适合绘制平滑、流畅的线条，可以无限缩放而不变形，常用于图形设计、标志设计、图案设计、字体设计、服装设计等。

二、分辨率

根据不同的设备和用途，分辨率的概念有所不同。

(1) 图像分辨率。图像分辨率指图像每单位长度上的像素点数，单位通常采用像素/英寸(pixels/inch)或像素/厘米(pixels/cm)等。图像分辨率的高低反映的是图像中存储信息的多少，分辨率越高，图像质量越好。

(2) 显示器分辨率。显示器分辨率指显示器每单位长度上能够显示的像素点数，通常以点/英寸(dots/inch，dpi)为单位。显示器的分辨率取决于显示器的大小及其显示区域的像素设置，通常为96dpi或72dpi。理解了显示器分辨率和图像分辨率的概念，就可以解释图像在显示屏上的显示尺寸为什么常常不等于其打印尺寸。图像在屏幕上显示时，图像中的像素将转化为显示器像素。此时，当图像分辨率高于显示器分辨率时，图像的屏幕显示尺寸将大于其打印尺寸。

另外，若两幅图像的分辨率不同，将其中一幅图像的图层复制到另一图像时，该图层图像的显示大小也会发生相应的变化。

(3) 打印分辨率。打印分辨率指打印机每单位长度上能够产生的墨点数，通常以dpi为单位。一般激光打印机的分辨率为600～1200dpi，多数喷墨打印机的分辨率为300～720dpi。

(4) 扫描分辨率。扫描仪在扫描图像时，将源图像划分为大量的网格，然后在每一网格里取一个样本点，以其颜色值表示该网格内所有点的颜色值。按上述方法在源图像每单位长度上能够取到的样本点数，称为扫描分辨率，通常以点/英寸(dots/inch)为单位。可见，扫描分辨率越高，扫描得到的数字图像的质量越好。扫描仪的分辨率有光学分辨率和输出分辨率两种，购买时主要考虑的是光学分辨率。

(5) 位分辨率。位分辨率指计算机采用多少个二进制位表示像素点的颜色值，也称位深。位分辨率越高，能够表示的颜色种类越多，图像色彩越丰富。

对于RGB图像来说，24位(红、绿、蓝3种原色各8位，能够表示24种颜色)以上称为真彩色，自然界里肉眼能够分辨出的各种色光的颜色都可以表示出来。

三、常用的图形、图像文件格式

一般来说，不同的图像压缩编码方式决定数字图像的不同文件格式。了解不同的图像文件格式，对于选择有效的方式处理图像，提高图像质量，具有重要意义。

(1) BMP格式是位图(bit map)的英文简写，是Windows系统的标准图像文件格式，应用广泛。Windows环境中几乎所有的图文处理软件都支持BMP格式。BMP格式采用无损压缩或不压缩的方式，包含的图像信息丰富，但文件容量较大。BMP格式支持黑白、16色、256色和真彩色。

(2) PSD格式是Photoshop的基本文件格式，能够存储图层、通道、蒙版、路径和颜色模式等各种图像信息，是一种非压缩的原始文件格式。PSD文件容量较大，但可以保留几乎所有的原始信息，对于尚未编辑完成的图像，最好选用PSD格式进行保存。

(3) JPEG(JPG)格式是目前广泛使用的位图图像格式之一，属于有损压缩，压缩率较高，文件容量小，但图像质量较高。该格式支持24位真彩色，适合保存色彩丰富、内容细腻的图像，如人物照、风景照等。JPEG格式是目前主流的图像格式之一。

(4) GIF格式是无损压缩格式，分静态和动态两种，是当前广泛使用的位图图像格式之一，最多支持8位即256种彩色，适合保存色彩和线条比较简单的图像，如卡通画、漫画等(该类图像保存成GIF格式将使数据量得到有效压缩)。GIF图像支持透明色，支持颜色交错技术，是目前网上主流的图像格式之一。

(5) 可移植网络图形(Portable Network Graphic,PNG)格式是专门针对网络使用而开发的一种无损压缩格式。PNG 格式支持透明色,但与 GIF 格式不同的是,PNG 格式支持矢量元素,支持真彩色,支持消除锯齿边缘的功能,因此可以在不失真的情况下压缩保存图形图像; PNG 格式还支持 1～16 位的图像 α 通道数据。PNG 格式的发展前景非常广阔,被认为是未来 Web 图形图像的主流格式。

(6) TIFF 格式应用非常广泛,主要用于在应用程序之间和不同计算机平台之间交换文件。几乎所有的绘图软件、图像编辑软件和页面排版软件都支持 TIFF 格式; 几乎所有的桌面扫描仪都能产生 TIFF 格式的图像。TIFF 格式支持 RGB、CMYK、Lab、索引和灰度、位图等多种颜色模式。

(7) 可移植文档格式(Portable Document Format,PDF)适用于各种计算机平台,是可以被 Photoshop 等多种应用程序支持的通用文件格式。PDF 文件可以存储多页信息,其中可包含文字、页面布局、位图、矢量图、文件查找和导航功能(例如超链接)。PDF 格式是 Adobe Illustrator 和 Adobe Acrobat 软件的基本文件格式。

(8) WMF(Windows Metafile Format)是 Windows 中常见的一种图元文件格式,属于矢量文件格式。WMF 图形往往由多个独立的图形元素拼接而成,文件容量较小,多用于图案造型,但所呈现的图形一般比较粗糙。

(9) CDR 格式是矢量绘图大师 CorelDRAW 的源文件格式,一般文件容量较小,可缩放而不模糊变形(这也是所有矢量图的优点)。CDR 格式在兼容性上较差,除 CorelDRAW 之外只能被极少数图形图像处理软件(如 Illustrator)打开或导入。即使在 CorelDRAW 的不同版本之间,CDR 格式的兼容性也不太好。

(10) AI 格式是矢量绘图软件 Adobe Illustrator 的源文件格式,其兼容性优于 CDR 格式,可以直接在 Photoshop 和 CorelDRAW 等软件中打开,也可以导入 Flash。与 PSD 文件类似,AI 文件也是一种分层文件,用户可将不同的对象置于不同的层分别进行管理。区别在于 AI 文件基于矢量输出,而 PSD 文件基于位图输出。

其他比较常见的图形、图像文件格式还有 TGA、PCX、EPS 等。

四、常用的图形、图像处理软件

常用的图形、图像处理软件有 Photoshop、CorelDRAW 、Illustrator、AutoCAD、3ds Max 等。

(1) Photoshop 是美国 Adobe 公司推出的一款专业的图形、图像处理软件,广泛应用于影像后期处理、平面设计、数码相片修饰、Web 图形制作、多媒体产品设计制作等领域,是同类软件中当之无愧的图像处理大师。Photoshop 处理的主要是位图图像,但其路径造型功能也非常强大,几乎可以与 CorelDRAW 等矢量绘图大师相媲美。与其他同类软件相比,Photoshop 在图像处理方面具有明显的优势,是多媒体作品制作人员和平面设计爱好者的首选工具之一。

(2) CorelDRAW 是由加拿大 Corel 公司推出的平面矢量绘图软件,功能强大、使用方便,集图形设计、文本编辑、位图编辑、图形高品质输出于一体。CorelDRAW 主要用于平面设计、工业设计、企业形象识别系统(Corporate Identity System,CIS)设计、绘图、印刷排版等领域,深受广大图形爱好者和专业设计人员的喜爱。

(3) Illustrator 是由美国 Adobe 公司开发的一款平面矢量绘图软件,是出版、多媒体和网络图像工业的标准插图软件,功能强大。Illustrator 在桌面出版领域具有明显的优势,是出版业使用的标准矢量工具。Illustrator 能够方便地与 Photoshop、CorelDRAW、Flash 等软件进行数据交换。

(4) AutoCAD 是美国 Autodesk 公司生产的计算机辅助设计软件,用于二维绘图和基本三维设计,影响较大,使用人数众多,主要应用于工程设计与制图。AutoCAD 的通用性较强,能够在各种计算机平台上运行,并可以进行多种图形格式的转换,具有很强的数据交换能力,目前已经成为国际上广为流行的绘图工具。

(5) 3ds Max 是由美国 Autodesk 公司开发的三维矢量造型和动画制作软件,主要应用于模拟自然界、设计工业品、建筑设计、影视动画制作、游戏开发、虚拟现实技术等领域。在众多的三维软件中,3ds Max 由于开放程度高,学习难度相对较小,功能比较强大,完全能够胜任复杂图形与动画的设计要求,因此成为目前用户群庞大的一款三维创作软件。

上述软件各有优势,若能够配合使用,就可以创作出质量更高的图形、图像作品。例如在制作室内外效果图时,最好先使用 AutoCAD 建模,然后在 3ds Max 中进行材质贴图和灯光处理,最后在 Photoshop 中进行后期处理,如添加人物和花草树木等。

知识拓展

一、美图秀秀

美图秀秀是 2008 年 10 月 8 日由厦门美图科技有限公司研发、推出的一款免费影像处理软件,全球累计超 10 亿用户,在影像类应用排行上保持领先优势。2018 年 4 月美图秀秀推出社区功能,并且将自身定位为"潮流美学发源地",这标志着美图秀秀从影像工具升级为以让用户变美为核心的社区平台。

二、思维导图

思维导图又称脑图、心智地图、脑力激荡图、灵感触发图、概念地图、树状图、树枝图或思维地图,既是一种图像式思维的工具,又是一种利用图像式思考的辅助工具。思维导图使用一个关键词或想法引起形象化的构造和分类;它是用一个关键词或想法以辐射线条连接所有的代表字词、想法、任务或其他关联项目的图解方式。

三、手机相机拍照、美颜

拍照又称为摄影、照相,一般指通过物体所反射的光线使感光介质曝光的过程,通常使用机械照相机或者数码照相机。随着智能手机的普及,用手机拍照记录生活的点滴变得更加流行。美颜相机是一款把手机变自拍神器的 App,由专业团队倾力打造,专为爱自拍的女生量身定制。能够自动美肌和智能美型,颠覆传统拍照效果,瞬间自动美颜,完美保留脸部细节,让照片告别模糊。

任务 2　Photoshop 图像处理

任务描述

使用图像编辑软件 Photoshop 创作课件中所需的图像和文字素材,对已有的图像素材进行处理。

任务目标

■ 熟悉图像编辑软件 Photoshop，了解其基本功能；掌握 Photoshop 常用命令的使用方法；能用 Photoshop 对已有的图片素材进行处理。

知识介绍

Photoshop(PS)是一款图像处理软件，由 Adobe 公司于 20 世纪 80 年代末推出，是专门用于图形图像处理的软件，功能强大、集成度高、适用面广、操作简便。它提供了强大的绘图工具，可以绘制艺术图形，能从扫描仪、数码相机等设备采集图像，进行修改、修复，调整图像的色彩、亮度，改变图像的大小，还可以对多幅图像进行合并增加特殊效果。PS 具有以下功能。

(1) 图层功能。PS 支持多图层工作方式，可以对图层进行合并、合成、翻转、复制和移动等操作，PS 的特效都可以用在图层的上面。此外，图层还可以进行像素的色相、渐变和透明度等属性的调整，并且可以将图像从一个图层复制到另一个图层之中。

(2) 绘画功能。可以使用喷枪工具、画笔工具、铅笔工具、直线工具来绘制图形；可以使用文字工具给图像添加文本。

(3) 选取功能。矩形选区工具和椭圆选区工具可以选择一个或多个不同大小或不同形状的范围；套索工具可以选取不规则形状的图形；魔术棒工具可以根据颜色范围自动选取所需部分。

(4) 色调和色彩功能。对图像进行色彩色调的调整。

(5) 图像的旋转和变形。可以对图像进行翻转和旋转，还可以对图像进行拉伸、倾斜和自由变形等处理。

(6) 颜色模式。PS 具有多种颜色模式，包括黑白、灰度、双色调、索引色、HSB、Lab、RGB 和 CMYK 等模式。其中最主要的是 CMYK 和 RGB 模式，软件界面如图 2-1 所示。

图 2-1　软件界面

技能二　音 频 编 辑

任务1　数字音频概述

任务描述

数字音频就是首先将音频文件转化成电平信号，接着将这些电平信号转化成二进制数据保存，播放的时候先把这些数据转换为模拟的电平信号再送到喇叭播出，数字声音和一般磁带、广播、电视中的声音就存储播放方式而言有着本质区别，本节将介绍数字音频的相关知识。

任务目标

- 了解数字音频的产生、编码与压缩存储、数字音频分类、常用的音频文件格式等。

知识介绍

一、数字音频的产生

声源振动造成空气压力的变化，从而产生声音。这是一种模拟信号，以空气为媒介进行传播。通常以连续的波形表示声音，波形上升表示空气压力增大，波形下降表示空气压力减弱。振幅、频率和相位是度量声波属性的重要参数。振幅指声波中波峰与波谷的垂直距离。频率指单位时间内声源振动的次数，即声波周期的倒数，人耳能感应到的声音的频率范围是20～20000Hz。相位表示声波在周期内的具体位置（假如声波为正弦线 $y=\sin x$，则声波在90°时处于波峰位置，180°时回到 x 轴，270°时到达波谷）。

音频的数字化是指通过采样将连续的模拟声音信号首先转化为电平信号，再通过量化和编码将电平信号转化为二进制的数字信号，保存在计算机的存储器中（A/D 转换）。利用多媒体计算机系统播放声音的过程恰好相反：先将二进制的数字信号转化为模拟的电平信号，再由扬声器播出（D/A 转换）。音频的 A/D 和 D/A 转换都是由音频卡完成的。

影响数字音频质量的因素主要有 3 个：采样频率、量化精度和声道数。

1. 采样

所谓采样，就是在连续的声波上每隔一定的时间（通常很短）采集一次幅度值。单位时间内的采样次数就是采样频率，单位为赫兹（Hz）。实际上，只要在一定长度的声波上等间隔地采集足够多的样木数，就能够逼真地模拟出原始的声音。一般来说，采样频率越高，采集的样本数越多，数字音频的质量越好，但占据的磁盘存储空间越大。在实际应用中的采样频率一般采用 11.025kHz、22.05kHz、44.1kHz 等。

2. 量化

量化就是将采样得到的数据表示成有限个数值（每个数值的位数也是有限的），以便在计算机中进行存储。而量化位数（或称量化精度、量化等级）指的是用多少个二进制位（bit）

来表示采样得到的数据。

对于同一声音波形(最大振幅一定)而言,用 8 位可将振幅均分为 256(2^8)个等级,而使用 16 位则可以将振幅均分为 65536(2^{16})个等级。可见,量化位数越大,数字音频的分辨率越高,还原后的音质越好,但占据的磁盘存储空间也越大。这就如同在度量同一个长度时以毫米为单位比以厘米为单位要精确。

在实际应用中的量化位数一般采用 8 位、16 位和 32 位不等。

3. 声道

同一声源产生的声波,分别传送到人的左、右耳时,会听出细微的差别,通过这个差别,人们可以判断音源的位置。另外,不同声源产生的声波从各个方向到达人的耳朵时,其强度与成分一般是不同的。这种方向的差异性,使人们很容易就可以分辨出来自不同方向的声音。

声道指的是在录制或播放声音时,在不同的空间位置采集得到的或回放输出的相互独立的音频信号。声道数即声音录制时采用的音源数量,或回放时相应的扬声器数量。

单声道是一种比较原始的声音信号的传输方式,缺乏对声音的定位,往往造成声音的清晰度不太好。

立体声彻底改变了声音的定位问题。立体声在录制时,音频信号被分配到两个彼此独立的声道,从而获得很好的声音定位效果。在音乐欣赏中,立体声可以使听众清晰地分辨出各种乐器的方向,从而使音乐更富想象力,更具临场感。总之,立体声在层次感和音色丰富程度等方面都明显高于单声道。

目前,音效更好的 5.1 声道已得到广泛应用。5.1 声道共有 6 个声道,其中的".1"声道,是一个经过专门设计的超低音声道,用于传送低于 80Hz 的音频信号,这样在欣赏影视节目时使人的声音得到加强,将人物对话聚焦在整个声场的中部(语音信号的频率范围为 300～3000Hz),增加了整体效果。5.1 声道使听众获得了来自多个不同方向的声音环绕效果,从而营造出一个完整的声音氛围。

目前,我国的电影业已广泛采用环绕立体声的声音格式,电视节目正处于由单声道向多声道转换的过渡阶段,广播大多采用的还是单声道。

在多媒体计算机系统中,能够支持多少个声道数是衡量声卡档次的重要指标。

二、数字音频的编码与压缩存储

所谓编码,就是用一定位数的二进制数值表示由采样和量化得到的音频数据。在不进行压缩的情况下,音频数据编码存储所需磁盘空间的计算公式为:存储容量(字节)=采样频率×量化位数×声道数×时间/8(字节)。

例如,标准 CD 音乐的采样频率为 44.1kHz,量化位数为 16 位,声道数为立体声双声道。1min 的标准 CD 音乐所占用的磁盘存储量为 44.1×1000×16×2×60/8=10584000B≈10336KB≈10.09MB。这样得到的数据量非常大,如不进行压缩编码,很难应用在多媒体计算机和网络中。

对音频数据的压缩大多从去除重复代码和去除无声信号两个方面进行考虑。由于数字音频的压缩往往会造成音频质量的下降和计算机运算量的增加,所以在压缩时要综合考虑音频质量、数据压缩率和计算量 3 个方面的因素。

常用的有损压缩方法有脉冲编码调制(Pulse-Code Modulation,PCM)法和 IMPEG 音频压缩法等。其中 PCM 法的一个典型应用就是 Windows 中的 WAVE 文件,这类编码音质特别好,但数据量很高。而 MPEG 音频压缩法的典型应用当属 MP3 音乐的制作,其音质接近 CD,但文件大小仅为 CD 的十二分之一。

数字音频的诞生给音频传输带来了革命性的变化。因为模拟信号在复制和传输过程中会逐渐衰减,并且混入噪音,信号的失真度比较明显。而数字信号在复制与传输过程中却具有很高的保真度。

三、数字音频的分类

根据多媒体计算机产生数字音频方式的不同,可将数字音频划分为 3 类:波形音频、MIDI 音频和 CD 音频。

1. 波形音频

波形音频是指通过录制外部音源,由音频卡采样、量化后存盘得到的数字音频(常见的如 WAV 格式的文件)。这是多媒体计算机获取声音的最直接、最简便的方式。波形音频重放时,由音频卡将数字音频信号还原成模拟音频信号,经混音器混合后由扬声器输出。

2. MIDI 音频

MIDI 是数字音乐的国际标准,它规定了设备(如计算机、电子乐器等)间相互连接的硬件标准和通信协议。

MIDI 音频与波形音频的产生方式完全不同,它是将电子乐器键盘的弹奏信息(键名、力度、时间值长短等)记录下来,以 MID 文件格式存储在计算机硬盘上。这些信息称为 MIDI 消息,是乐谱的一种数字描述。MIDI 音频播放时,多媒体计算机通过音频卡上的合成器,从相应的 MIDI 文件中读出 MIDI 消息,生成所需要的乐器声音波形,经放大后由扬声器输出。

MIDI 音频文件中记录的是一系列指令,而不是波形信息,它对存储空间的需求要比波形音频小得多。

数字式电子乐器的出现与不断改进,为计算机作曲创造了极为有利的条件。

3. CD 音频

CD 音频是指以 44.1kHz 的采样频率,16 位的量化位数将模拟音乐信号数字化得到的立体声音频,以音轨的形式存储在 CD 上,文件格式为 CDA。CD 音频记录的是沙形流,是一种近似无损的音频格式,它的声音基本上是忠于原声的。

四、常用的音频文件格式

数字音频是用来表示声音强弱的二进制数据系列,其压缩编码方式决定了数字音频的格式。一般来说,不同的数字音频设备对应着不同的音频文件格式,这些文件格式又分为有损压缩格式(MP3、RA 等)和无损压缩格式(MIDI、WAV 等)。

1. WAV 格式

WAV 格式是 Microsoft 公司开发的一种无损压缩的声音文件格式,被 Windows 平台及其应用程序所支持,目前在计算机上广为流传。WAV 格式支持多种压缩算法,支持多种采样频率、量化位数和声道数。几乎所有的音频编辑软件都"认识"WAV 格式,多数音频卡都能以16位的量化精度、44.1kHz的采样频率录制和播放WAV格式的音频文件。其优点是音质好，与CD相差无几，能够重现各种声音；缺点是文件容量太大，不适合长时间记录。

2. MP3格式

MP3格式诞生于20世纪80年代的德国，采用MPEG有损压缩技术，是目前应用极广的数字音频格式。其音质接近CD，但大小仅为CD音频的十二分之一。现在多数多媒体信息创作软件都支持MP3格式，因特网也在使用MP3格式进行音频信号的传输。

MP3格式保持声音的低频部分基本不失真，同时牺牲声音中12～16kHz的高频部分以换取较小的文件存储量。其缺点是没有版权保护技术(也就是说谁都可以用)。

3. WMA格式

WMA(Windows Media Audio)格式由微软公司开发，技术领先，实力强劲，其音质强于MP3(音质好的可与CD音频相媲美)。WMA格式不仅可以内置版权保护技术，还支持音频流技术，因此比较适合在网络上使用。使用Windows Media Player就可以播放WMA音乐，7.0以上版本的Windows Media Player还具有把CD音频转换为WMA文件的功能。

4. AU格式

AU格式是UNIX操作系统下的声音文件，是网络上应用广泛的声音文件格式。AU音频不仅压缩率高，而且音质好(音质可与WAV格式相媲美，但文件容量要小得多)，因此非常适合在网络上使用。尤其值得注意的是，Netscape或其他WWW浏览器都内含支持AU格式的播放器，却不支持WAV格式的声音文件(要想在Netscape里播放WAV格式的声音文件，只有外挂支持WAV格式的声音文件的播放器)。支持AU格式的声音文件的音频处理软件不多。可以使用Adobe Audition等音频处理软件来录制和处理AU格式的声音文件。

5. MIDI格式

MIDI文件并不是一段录制好的声音，它记录的是有关音频信息的指令而不是波形，因此文件容量非常小；其播放效果因软硬件的不同而有所差异。当播放MID格式的文件时，计算机将其中记录音频信息的指令发送给音频卡，音频卡中的合成器按照指令将乐器声音波形合成出来。

MIDI音频常用于计算机作曲领域。MIDI格式的文件可以直接用计算机作曲软件创作，或通过声卡的MIDI接口将外接电子乐器演奏的乐曲指令记录在计算机中，存储为MID格式的文件。MIDI音频广受作曲家的喜爱。

6. CD格式

CDA是目前音质较好的数字音频格式。CDA文件中记录的只是声音的索引信息，其大小只有1KB，因此，不能将CD光盘上的CDA文件直接复制到计算机硬盘上播放。可使用一些软件(如超级解霸、Windows的媒体播放机等)将CDA文件转换成WAV和WMA等格式的文件再进行播放。CD光盘可以在CD唱机中播放，也可以借助Windows的媒体播放机等进行播放。

标准CD音频的采样频率为44.1kHz，传输速率为88kb/s，量化位数为16。CD音轨近似无损，音效基本上忠于原声。

7. RealAudio格式

RealAudio是一种流媒体音频格式，主要用于网络在线音乐欣赏和网络广播，目前主要有 RM、RA 等文件格式。RealAudio 格式可以根据网络用户的不同带宽提供不同的音频播放质量，在保证低带宽用户享有较好的播放质量的前提下，使高带宽用户获得更好的音质。同时，RealAudio 格式还可以根据网络传输状况的变化随时调整数据的传输速率，以保证不同用户媒体播放的平滑性。

RealAudio 音频的生成软件在对声音源文件进行压缩编码时，以丢弃人耳不敏感的频率极高与极低的声音信号为代价，获得理想的压缩比；同时根据不同的音质要求，保留较为完整的典型音频范围，能够提供纯语音、带有背景音乐的语音、单声道音乐和立体声音乐等多种不同的声音类型。

RealAudio 音频可通过 RealPlayer 等进行播放。

五、常用的音频编辑软件

数字音频的编辑处理主要包括录音、存储、剪辑、去除杂音、添加特效、混音与合成、格式转换等操作。常用的音频处理软件有 UleadAudioEditor、AdobeAudition、Cakewalk、Samplitude2496 等。

1. UleadAudioEditor

UleadAudioEditor 是一款准专业的单轨音频编辑软件，是 Ulead 公司生产的数码影音套装软件包 MediaStudioPro 中的软件之一，不仅可以录音，还拥有丰富多彩的音频编辑功能和多种音频特效。AudioEditor 学习起来非常便捷。除了 AudioEditor 外，MediaStudioPro 软件包还包括 VideoEditor（视频编辑）、VideoCapture（视频捕获）等软件。

2. AdobeAudition

AdobeAudition 可提供专业的音频编辑环境，主要为音频和视频从业人员设计，其前身是美国 Syntrillium 软件公司开发的 CoolEditPro（被 Adobe 收购后，改名为 AdobeAudition）。AdobeAudition 使用简便，功能强大，具有灵活的工作流程，能够高质量地完成录音、编辑、特效、合成等多种任务。

3. Cakewalk

Cakewalk 是由美国 Cakewalk 公司开发的一款专业的计算机作曲软件，功能强大，学习方便，主要用于编辑、创作、调试 MIDI 格式的音乐，在全世界拥有众多的用户。

2000 年之后，Cakewalk 向着更加强大的音乐制作工作站方向发展，并更名为 Sonar，可以更好地编辑和处理 MIDI 文件，并在录音、编辑、缩混方面得到了长足的发展。2007 年发布的 Sonar7.0，已经可以完成音乐制作中从前期 MIDI 制作到后期音频录音缩混烧刻的全部功能，同时还可以处理视频文件。

CakewalkSonar 目前已经成为人们最常用的音乐制作工作站软件之一。

4. Samplitude2496

Samplitude2496 是一款由德国 SEKD 公司出品的非常专业的数字音频工作站型软件，其强大的功能几乎覆盖了音频制作与合成的各个领域，被誉为音频合成软件之王。

Samplitude2496 不仅在世界上第一个支持 24 位的量化精度、96kHz 的高采样率和无限轨超级缩混，更重要的是它采用了独特精确的内部算法，因此在音质和功能上遥遥领先于其他同类软件，被国内外的专业录音人士广泛使用，成为计算机多轨音频软件的绝对权威。

Samplitude2496 的主要功能包括多轨录音、波形编辑、调音台、信号处理器、母盘制作工具和 CD 刻录等。一台安装有 Samplitude2496 的计算机，加上数字音频卡、监听设备、CD

刻录机以及话筒、(硬件)调音台等前端设备,就构成了一个完整的音乐工作室。

知识拓展

一、语音识别

语音识别是一门交叉学科。近二十年,语音识别技术取得显著进步,已经从实验室走向市场。人们预计,未来十年内,语音识别技术将进入工业、家电、通信、汽车电子、医疗、家庭服务、消费电子产品等多个领域。语音识别听写机在一些领域的应用被美国新闻界评为1997 年计算机发展十件大事之一。很多专家都认为语音识别技术是 2000—2010 年信息技术领域十大重要的科技发展技术之一。语音识别技术所涉及的领域包括信号处理、模式识别、概率论和信息论、发声机理和听觉机理、人工智能等。

二、GoldWave

GoldWave 是一个功能强大的数字音乐编辑器,是一个集声音编辑、播放、录制和转换的音频工具。它还可以对音频内容进行转换格式等处理。它体积小巧,功能却无比强大,支持许多格式的音频文件,包括 WAV、OGG、VOC、IFF、AIFF、AIFC、AU、SND、MP3、MAT、DWD、SMP、VOX、SDS、AVI、MOV、APE 等音频格式。也可从 CD、VCD 和 DVD 或其他视频文件中提取声音。内含丰富的音频处理特效,从一般特效如多普勒、回声、混响、降噪到高级的公式计算(利用公式在理论上可以产生任何你想要的声音),效果多多。

任务 2　Audition 音频编辑

任务描述

了解获取音频素材的途径;掌握音频素材的裁剪、合成、格式转换等简单编辑的方法。

任务目标

■ 利用音频编辑软件进行简单的编辑,如转换音频格式、裁剪音频素材、截取音频素材、合并两段音频素材。

知识介绍

Audition 是美国 Adobe 公司旗下的一款专业的音频软件,其主要功能包括录音、混音、音频编辑、效果处理、消除噪声、音频压缩与 CD 刻录等。

一、窗口界面的基本设置

AuditionCC 提供了 3 种专业的视图,即波形视图、多轨视图与 CD 视图,分别针对音频的单轨编辑、多轨合成与 CD 音频制作。

1. 视图切换

通过选择【视图】菜单顶部的【多轨编辑器】【波形编辑器】【CD 编辑器】等命令,可以方便地在多轨视图、波形视图和CD视图之间切换。

2. 界面元素的显示与隐藏

(1) 工具栏提供了用于音频编辑的多种基本工具,包括【波形】视图与【多轨】视图切换按钮、【工作区】切换下拉列表等。默认设置下,工具栏紧靠在菜单栏的下面。通过菜单命令【窗口】|【工具】,可以显示或隐藏工具栏。通过【窗口】菜单,还可以控制其他各类面板的显示和隐藏。

(2) 状态栏位于Audition程序窗口的最底部,显示了当前工作环境下的各类信息。通过菜单命令【视图】|【状态栏】|【显示】,可以显示或隐藏状态栏。通过【视图】|【状态栏】下的其他命令,或在状态栏上右击,对弹出的快捷菜单进行操作,可以设置状态栏上显示信息的类型。

3. 视图缩放

放大视图可以查看音频波形的细节,缩小视图可以预览音频波形的整体。通过单击编辑器窗口右下角的各缩放按钮可以对音频波形进行多种形式的缩放。

4. 滚动视图

当视图放大到一定倍数,或多轨会话中轨道过多,编辑器窗口中无法查看到全部音频波形或会话内容时,可通过拖动滚动条,查看波形或会话被隐藏的部分。

5. 调整窗口的亮度

选择菜单命令【编辑】|【首选项】|【外观】,打开【首选项】对话框。用户可以根据个人喜好,利用【常规】选项卡中的相关选项,调节窗口界面的明暗度。另外,利用【编辑器面板】选项卡,可以自定义编辑器的颜色。

6. 自定义工作空间

在Audition中,通过拖动各面板的标签,可以将不同面板进行重新组合。通过拖动面板间的分隔线,可以调整面板所占用空间的大小。通过【窗口】菜单中的相关命令,可以根据需要打开或关闭一些面板。也可以利用【视图】菜单,改变时间、视频及状态栏等的显示方式。通过上述操作,能够形成个性化的工作空间。

通过菜单命令【窗口】|【工作区】|【新建工作区】可以将自定义的工作空间保存起来,使自定义工作空间的名称会出现在【窗口】|【工作区】菜单下。

通过菜单命令【窗口】|【工作区】|【删除工作区】,可以删除自定义的工作空间。

通过菜单命令【窗口】|【工作区】|【重置默认】,可以将当前工作空间恢复为系统默认布局。

二、文件的基本操作

1. 音频文件基本操作

(1) 新建空白音频文件。选择菜单命令【文件】|【新建】|【音频文件】,打开【新建音频文件】对话框。选择采样率、声道和位深度等音频属性,单击【确定】按钮。此时编辑器窗口显示出新建文件的空白波形,同时新建文件出现在【文件】面板中。

(2) 打开音频文件。使用菜单命令【文件】|【打开】可打开WAV、MP3、WMA、CDA等多种类型的音频文件。

(3) 附加音频。所谓附加音频就是将一个或多个音频按顺序附加在当前打开的音频波形的后面或新建音频文件中。

(4) 保存音频文件。在波形视图下，可使用菜单命令【文件】|【保存】和【文件】|【另存为】等保存当前音频文件。AuditionCC 能够保存的音频文件类型包括 WAV、MP3、WMA 等。

2. 会话文件基本操作

(1) 新建会话文件。选择菜单命令【文件】|【新建】|【多轨会话】，打开【新建多轨会话】对话框。输入会话文件名称，选择文件保存位置，选择一种文件模板，或自定义文件的采样频率、位深和主控音轨类型。单击【确定】按钮即可创建一个新的会话文件。

在进行音频合成之前，必须先创建一个会话文件，然后根据需要将音频素材插入到会话文件的相应轨道中，并进行合成。

(2) 在会话中插入音频文件。单击会话文件的一个轨道，并将播放指针定位于要插入音频素材的位置。可以采用多种方法将音频素材插入到会话文件的指定轨道中。当插入会话轨道的音频文件与会话文件的采样频率不同时，AuditionCC 会提示进行重新采样，并生成音频文件的副本。音频文件副本的品质有可能降低。

(3) 保存会话文件。在多轨视图下，使用菜单命令【文件】|【保存】或【另存为】可以将会话文件保存起来(SESX 类型文件)。在会话文件中，仅保存了轨道上素材的插入位置、在素材上添加的效果和包络编辑等数据，本身并不包含音频素材的原始数据，只是一个混音与合成的框架，所以，会话文件所需存储量比较小。

(4) 导出音频文件。在多轨视图下，使用菜单命令【文件】|【导出】|【多轨混音】|【整个会话】可以将整个会话文件混缩输出到 WAV、MP3、WMA 等格式的音频文件中。

三、录音

根据当前计算机的配置，从声音 CD、麦克风、立体声混音、MIDI 合成器等设备中选择一种录音设备。

四、波形视图下音频的编辑

波形视图又称单轨视图，用于单个音频文件的编辑修改。操作过程如下：打开音频→修改音频→添加效果→存储音频文件。音频编辑主要包括波形的选择、复制、剪切、粘贴和删除，改变音量大小，淡入、淡出处理，静音处理，音频翻转等操作。

(1) 选择波形。要编辑音频波形，必须先选择音频波形。

(2) 选择声道。在默认设置下，音频的编辑操作同时作用于立体声音频的左右两个声道。有时，需要启用其中一个声道，并对其中的波形进行编辑。

(3) 复制、剪切与粘贴音频。复制、剪切与粘贴音频是音频编辑中经常使用的一组操作。

(4) 混合粘贴。混合粘贴命令可将剪贴板中的波形或其他音频文件的波形(源波形)与当前波形(目标波形)以指定的方式进行混合。如果进行混合的两种波形的格式不同，则在混合粘贴时源波形将自动转换格式与目标波形一致。

(5) 删除音频。删除音频的操作要点，选择要删除的音频，选择菜单命令【编辑】|【删除】或按 Delete 键可删除选中的音频。若删除的是音频中间的一部分，剩余的音频将自动

首尾连接起来。若选择菜单命令【编辑】|【裁剪】,则保留选中的音频,删除未选的音频。

(6) 可视化淡入与淡出。与使用【效果】菜单中的命令进行淡化处理相比,Audition 的可视化淡入与淡出功能控制更为直观高效。

(7) 可视化调整振幅。与可视化淡入与淡出控制功能类似,Audition 对音频波形的振幅也可以进行可视化控制,同样比使用【效果】菜单中的命令进行振幅控制更加直观方便。

(8) 静音处理。所谓静音就是听不到任何声音(即振幅为 0)。

(9) 音频格式转换。使用菜单命令【编辑】|【变换采样类型】可以转换音频的采样频率、量化位数(即位深度)和声道数等属性。在进行声道转换时,对于立体声和 5.1 声道来讲,还可以设置左右声道混入音量的大小,软件界面如图 2-2 所示。

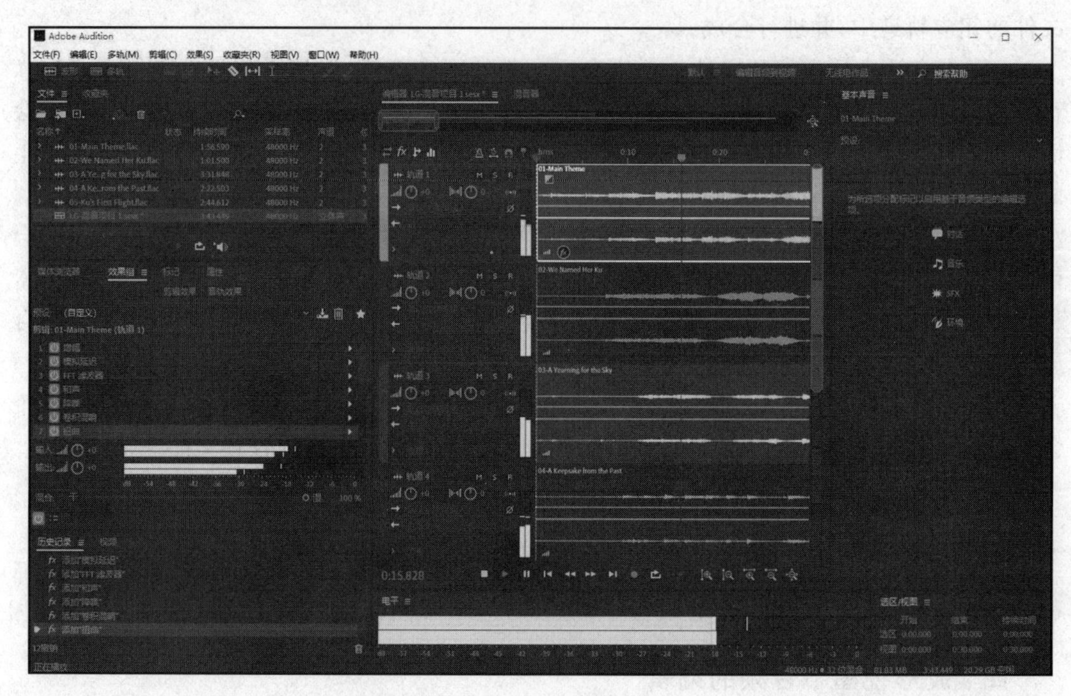

图 2-2 Audition 软件界面

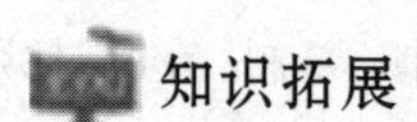

知识拓展

在多媒体课件中,声音是必不可少的要素之一。各种声音效果的加入,使多媒体课件更富有活力,音乐、各种音效及语音等各种素材在多媒体课件中的应用,可使多媒体课件变得丰富多彩,激发学生学习的积极性。

在 Windows 10 操作系统下选择【开始】|【所有应用】命令,选择【语音录音机】选项,单击【录音】按钮,如图 2-3 所示,即开始录制声音。录音完成单击【停止录音】按钮,自动保存录制的音频文件,保存的音频文件在"\用户目录\Documents\录音"目录下,默认为 M4A 文件格式。

随着移动设备的普及,能录制音频的设备越来越多,手机和平板电脑是较好的录音设备之一。智能手机都配有录音软件,可以利用手机等设备录制音频。

图 2-3　Windows 10 录音机

技能三　视频处理

任务 1　数字视频简介

任务描述

数字视频就是先用摄像机之类的视频捕捉设备，将外界影像的颜色和亮度信息转变为电信号，再记录到储存介质上的过程，本节将介绍关于数字视频的相关知识。

任务目标

■ 了解常用的视频文件格式、数字视频的压缩、常用的视频处理软件。

知识介绍

传统的录像机、摄像机等设备产生的模拟视频信号，可通过视频(采集)卡转化为数字视频信号，保存到计算机存储器中，这是获取数字视频信号的传统方法。在数码设备已广泛使用的今天，通过数码录像机、数码摄像机(Digital Video，DV)等新型影音设备就可以很方便地直接获得数字视频信号。

本节的“视频信号的处理”指的是对保存在计算机存储器中的数字视频信号的处理。数字视频是多媒体计算机系统和现代家庭影院的主要媒体形式之一。了解数字视频的压缩原理和相关的一些基本概念，对数字视频的应用有一定的帮助。掌握数字视频的一些基本处理方法，将会给工作与生活带来不少方便。本节主要介绍数字视频的常用文件格式、数字视频的压缩原理、数字视频的获取途径与基本处理方法、常用的视频处理软件等内容。

一、常用的视频文件格式

一般来说，不同的压缩编码方式决定了数字视频的不同文件格式。常用的数字视频文件格式包括 AVI、MOV、MPEG、DAT、RM 和 WMV 等多种。这些文件格式又分为两类：影像格式和流格式。

(1) 音频-视频交错(Audio-Video Interleaved，AVI)格式是将语音和影像同步组合在一起的文件容量格式。AVI 格式是 Windows 系统中的通用格式，属于有损压缩，质量较好，但文件容量太大。由于通用性好，其应用仍十分广泛。通过 Windows 的媒体播放机、暴风影音等多种播放器都可以观看 AVI 视频。AVI 文件由 3 部分组成：文件头、数据块和索引块。数据块包含实际数据流(图像和声音序列数据)，是文件的主体；索引块包含数据块列表及各数据块在文件中的位置；文件头包含文件的通用信息、数据格式定义、所用的压缩算法等。

(2) MOV 格式原本是 Apple 公司的 QuickTime 视频格式，后来随着 QuickTime 软件向 PC/Windows 环境的移植，MOV 视频文件广为流行。目前，可以使用 PC 上的 QuickTime for Windows 软件播放 MOV 视频。MOV 格式属于有损压缩格式，与 AVI 格式相同，也采用了音频、视频混排技术，但质量要比 AVI 格式好一些。MOV 格式是一种流式视频格式，在某些方面甚至比 WMV 和 RM 更优秀。在 MOV 格式的已有版本中，4.0 版本的压缩率较好。

(3) 活动图像专家组(Moving Picture Experts Group，MPEG)成立于 1988 年，目前已颁布了 MPEG-1、MPEG-2 和 MPEG-4 三个活动图像及声音编码的国际标准，而支持多媒体信息且基于内容检索的 MPEG-7 和 MPEG-21 也在研究中。MPEG 格式采用了 MPEG 有损压缩算法，压缩比高，质量好，有统一的格式，兼容性好，因而成为目前最常用的视频压缩格式之一，几乎被所有的计算机平台所支持。MPEG 格式的文件扩展名有 mpeg、mpg 等。

在 MPEG 格式的系列标准中，MPEG-4 具有更多优点，其压缩比可以超过 100∶1，仍旧保持极佳的音质和画质。MPEG 格式的平均压缩比为 50∶1，最高可达 200∶1，压缩率之高由此可见一斑。

(4) DAT 格式。DAT 是 DATA 的缩写，这里指的是 VCD 数据文件的扩展名。DAT 格式采用的也是 MPEG 有损压缩，其结构与 MPEG 格式基本相同。标准 VCD 视频的单帧图像的大小为 352×240 像素，和 AVI 格式或 MOV 格式相差无几，但由于 VCD 的帧速率要高得多，再加上有 CD 音质的伴音，使 VCD 视频的整体播放效果要比 AVI 或 MOV 视频好得多。

(5) RM 格式是 RealNetworks 公司开发的一种流式视频格式，可以根据网络数据传输的不同速率制订不同的压缩比，其扩展名为 rm、ram 等。Realplayer 工具是播放 RM 视频的最佳选择。由于传输过程中所需带宽很小，RM 格式已成为目前主流的网络视频格式之一。

(6) WMV(Windows Media Video)格式是 Microsoft 公司开发的一种流式视频格式，它所采用的编码技术比较先进，对网络带宽的要求比较低，同时对主机性能的要求也不高。WMV 格式能够实现影像数据在因特网上的实时传送。WMV 是 Windows 的媒体播放机所支持的主要视频文件格式。

二、数字视频的压缩

数据压缩就是对数据重新进行编码。通过重新编码，去除数据中的冗余成分，在保证质量的前提下减少需要存储和传送的数据量。根据视频数据的冗余类型(视觉冗余、空间冗余、时间冗余、结构冗余、信息熵冗余、知识冗余等)，常见的压缩编码方法有以下几种。

(1) 视觉冗余编码。视频图像中存在着视觉敏感区域和不敏感区域，在编码时可以通过丢弃不敏感区域的数据来压缩视频信息。

(2) 空间冗余编码。视频图像中相邻的像素或像素块间的颜色值存在着高度的相关性，利用这种在空间上存在冗余的特性对视频进行压缩编码的方法称为空间冗余编码，也称为空间压缩或帧内压缩(编码是在每一幅帧图像内部独立进行的)。其缺点是压缩率较低。

(3) 时间冗余编码。视频的帧序列中相邻的图像之间存在相关性。具体来讲，视频的相邻帧往往包含相同的背景和运动对象，只不过运动对象所在的空间位置略有不同，所以后一帧画面的数据与前一帧画面的数据有许多共同之处，这种共同性是由于相邻帧记录了相邻时刻的同一场景画面，所以称为时间冗余。同理，视频信息的语音数据中也存在着时间冗余。利用这种在时间上存在冗余的特性对视频进行压缩编码的方法称为时间冗余编码。由于时间冗余编码中只考虑相邻图像间变化的部分，因此压缩率很高。

(4) 结构冗余编码。视频图像中的纹理区存在明显的分布模式(重复出现相同或相近的纹理结构)，称为结构冗余。例如，方格状的地板、蜂窝、砖墙、草席等图像结构上存在冗余。根据结构冗余的特性对视频进行压缩编码的方法称为结构冗余编码。

(5) 信息熵冗余编码。信息熵冗余也称为编码冗余，指一组数据所携带的信息量少于数据本身，由此产生冗余。例如，等长码表示信息相对于不等长码(如 Huffman 编码)表示信息，就存在冗余。针对信息熵冗余对视频进行压缩编码的方法称为信息熵冗余编码。

(6) 知识冗余编码。知识冗余指某些图像的结构可由这些图像的先验知识和背景知识获得。例如，人脸的图像有同样的结构：嘴的上方有鼻子，鼻子上方有眼睛，鼻子在中线上等。人脸的结构可由先验知识和背景知识得到。针对知识冗余对视频进行压缩编码的方法称为知识冗余编码。

视频图像压缩的一个重要标准就是 MPEG，它是针对运动图像设计的，是运动图像压缩算法的国际标准。MPEG 标准分成 MPEG 视频、MPEG 音频和 MPEG 系统(视频、音频同步)三大部分。

MPEG 算法除了对单幅图像进行帧内编码外，还利用图像序列的相关特性去除了帧间图像冗余，大大提高了视频图像的压缩比。

总体来说，MPEG 在 3 个方面优于其他压缩/解压缩方案。首先，由于它一开始就是作为一个国际化的标准来研究制定的，所以，MPEG 具有很好的兼容性；其次，MPEG 能够比其他算法提供更好的压缩比，最高可达 200∶1；最后，MPEG 在提供高压缩比的同时，造成的数据损失很小。

三、常用的视频处理软件

数字视频信息的处理包括视频画面的剪辑、切换、抠像、滤镜、运动等效果的施加，标题与字幕的创建和配音等。

常用的视频处理软件有以下几种。

(1) UleadVideoEditor 是 Ulead 公司(2005 年被 Corel 公司收购)生产的数码影音套装软件包 MediaStudioPro 中的软件之一，是一款准专业的数码视频编辑软件。VideoEditor 提供了强大的视频编辑功能和丰富多彩的视频效果，学习起来也非常简便。

除了 VideoEditor 之外，MediaStudioPro 软件包还包括 AudioEditor(音频编辑)、VideoCapture(视频捕获)等软件。

(2) UleadVideoStudio 即绘声绘影(目前在 Corel 公司旗下)，是一款专门为个人及家庭设计的比较大众化的影片剪辑软件。绘声绘影首创双模式操作界面，无论是入门新手还是高级用户，都可以根据自己的需要轻松体验影片剪辑与制作的乐趣。绘声绘影提供了向导式的编辑模式，操作简单、功能强大；具有捕获、剪辑、切换、滤镜、叠盖、字幕、配乐和刻录等多重功能。可方便快捷地从用 MV、DV、TV 等设备拍摄的如个人写真、旅游记录、宝贝成长、生日派对、毕业典礼等视频素材中，剪辑出具有精彩创意的影片，并制作成 VCD、DVD 影音光碟，与亲朋好友一同分享。

(3) Premiere 是 Adobe 公司推出的专业的视频编辑软件，功能强大。该软件可用于视频和音频的非线性编辑与合成，特别适合处理由数码摄像机拍摄的影像。其应用领域有影视广告片制作、专题片制作、多媒体作品合成及家庭娱乐性质的计算机影视制作(如婚庆、家庭和公司聚会)等。Premiere 不仅适合初学者使用，而且完全能够满足专业用户的各种要求。

(4) After Effects 是目前比较流行的功能强大的影视后期合成软件。与 Premiere 不同的是，它比较侧重于视频的效果加工和后期包装，是视频后期合成处理的专业非线性编辑软件，主要用于电影、录像、DV、网络上的动画图形和视觉效果设计。

After Effects 拥有先进的设计理念，能够与 Adobe 公司的其他产品，如 Photoshop、Premiere 和 Illustrator 进行很好的集成。另外，After Effects 还可以通过插件桥接，与 3ds Max、Flash 等软件通用。

任务 2　非线性编辑 Premiere

任务描述

了解非线性视频编辑大师 Premiere Pro CC。

任务目标

■ 练习使用非线性视频编辑大师 Premiere Pro CC 完成相关视频作品的合成与处理。

知识介绍

Premiere Pro CC 是由 Adobe 公司推出的一款非常优秀的非线性视频编辑软件，是当今业界最受欢迎的视频编辑软件之一。非线性编辑的硬件平台主要有 3 种：图形工作站(SGI)平台、MAC 平台和 PC 平台。非线性编辑技术主要包括图层、通道、遮罩、效果(包括滤镜、切换、运动等)、键控(即抠像)、关键帧等技术。

窗口组成与界面布局。Premiere Pro CC 根据用户的不同需要，提供了【编辑】(默认)、【效果】【音频】和【颜色】等多种界面模式。可以通过选择菜单【窗口】|【工作区】下的相应命令实现不同界面模式间的切换。

Premiere Pro CC 的工作界面由各种小窗口与面板组成，通常由几个小窗口或面板组合成一个面板组。

(1)【项目】窗口用于导入、存放和管理素材。在【项目】窗口中双击某一素材，可以在“源”窗口中打开并进行预览。

(2)【源】窗口用于预览原始素材、标记素材、设置素材的出入点等基本编辑，并将素材拖动到【时间轴】窗口的相应轨道。

(3)【时间轴】窗口是项目文件的主要编辑场所，可以按时间顺序排列素材、剪辑素材，在素材上添加效果、在素材间添加切换、进行轨道叠盖等操作。

(4)【节目】窗口主要用于预览视频项目编辑合成的最终效果。

(5)【工具】面板提供了用户在【时间轴】窗口编辑操作的常用工具。

(6)【效果】面板提供了添加在时间轴轨道素材上的各种效果、预设效果和第三方插件效果。

(7)【效果控件】是对施加在时间轴轨道素材上的各种效果进行参数设置的主要场所。

(8)【音频剪辑混合器】面板是在 Premiere Pro CC 环境中进行录音和对音频编辑的主要场所。

(9)【信息】面板用于显示当前选中素材的各种信息。

(10)【历史记录】面板记录对项目文件的所有操作，必要时可以很方便地撤销或恢复操作。用户可以根据需要和操作习惯对不同的面板组进行拆分并重新组合。若按住 Ctrl 键不放，同时向外拖动上述面板或小窗口的标签部位，可使面板或小窗口脱离面板组，变成浮动形式。选择菜单命令【窗口】|【工作区】|【重置为保存的布局】，可将当前程序窗口恢复到初始布局，软件界面如图 2-4 所示。

图 2-4　Premiere 软件界面

任务3　After Effects

任务描述

了解非线性视频特效编辑软件 After Effects。

任务目标

■ 练习使用非线性视频特效编辑软件 After Effects 完成相关视频作品的合成与处理。

知识介绍

Adobe 公司推出的 After Effects(AE)软件是一款专业的非线性视频编辑软件,它整合了二维和三维的超级影视合成、动画创作和效果编辑等功能,广泛应用于电影、电视、多媒体、网络视频和 DVD 编创等行业。AE 与其他 Adobe 软件有着良好的兼容性,可以非常方便地导入 Photoshop、Illustrator 的分层文件,Premiere 的项目文件也可以近乎完美地再现于 AE 环境中。

AE 创作的一般流程如下所述。

(1) 新建项目文件。选择菜单命令【文件】|【新建】|【新建项目】,创建一个新的项目文件(项目文件的扩展名是 aep,即 After Effects project 的缩写)。选择菜单命令【合成】|【新建合成】,打开【合成设置】对话框,在此设置视频的画面大小、像素纵横比和帧速率等基本参数。

(2) 导入和管理各类素材。使用菜单【文件】|【导入】中的相应命令将各类素材输入到【项目】窗口中,并将素材拖动到【时间轴】窗口,得到相应的各类层。

(3) 对层的各种属性进行设置、创作动画或者添加各种效果等。

(4) 预览合成效果,对不满意之处进行修改和调整。

(5) 保存项目文件,并渲染输出视频文件。

注意,AE 项目文件中所用到的各类素材是以链接的方式进行导入的,一旦移动、重命名或删除源素材文件,项目文件与这些素材的链接就会随之中断。AE 这样做的好处是:项目文件的容量很小。另外,在 AE 中不能同时打开两个或两个以上的项目文件,只能在多个项目文件之间切换,软件界面如图 2-5 所示。

知识拓展

抖音 App 是一款社交类的软件,通过抖音短视频 App 可以分享你的生活,同时也可以在这里认识到更多朋友,了解各种奇闻趣事。

抖音实质上是一个专注年轻人的 15s 音乐短视频社区,用户可以选择歌曲,配以短视频,形成自己的作品。它与小咖秀类似,但不同的是,抖音用户可以通过视频拍摄快慢、视频编辑、特效等技术让视频更具创造性,而不是简单地对嘴型。

抖音平台都是年轻用户,配乐以电音、舞曲为主,视频分为两派:舞蹈派、创意派,共同的特点是节奏感强。也有少数放着抒情音乐展示技巧的用户,成了抖音圈的一股清流。

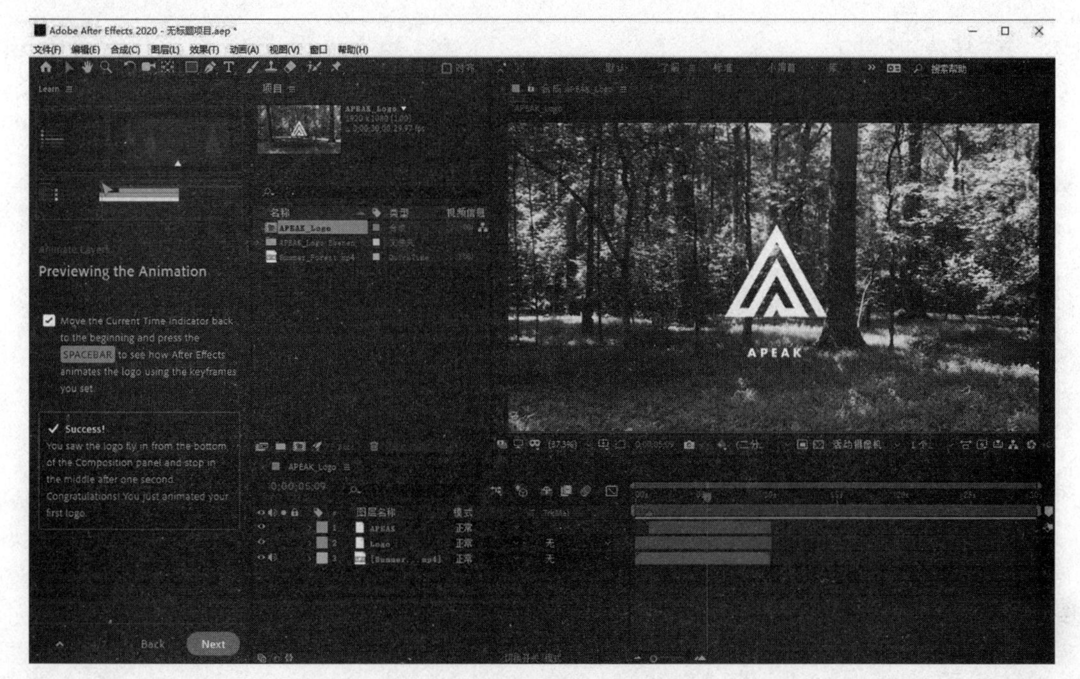

图 2-5　After Effects 软件界面

技能四　动 画 制 作

现代教育教学资源越来越丰富,越来越先进了,许多教学平台,多媒体平台的使用已经很普遍了。教师通过多媒体平台展示课件内容,可以更加轻松、高效的进行课堂教学。那如何才能制作出优秀的课件呢?动画无疑是非常有创意的一种课件制作元素,课件里面加入了动画元素,这会让课件内容更加丰富,在课堂应用中效果明显。动画生动有趣,能够让课堂学习气氛变得更加轻松活跃,同时可以提升教师的业务能力。一旦掌握了动画制作技巧,所制作的课件即可脱颖而出,课件动画制作对于提升教师技能以及提升课堂教学效果是有极大帮助的。本部分内容就是对动画制作技巧进行讲解,以任务实例的形式进行动画制作的学习。

任务 1　Flash 动画制作基础

动画是通过把人物的表情、动作、变化等分解后画成许多动作瞬间的画面,再用摄影机连续拍摄成一系列画面,给视觉造成连续变化的图画。它的基本原理与电影、电视一样,都是视觉暂留原理。医学证明人类具有“视觉暂留”的特性,人的眼睛看到一幅画或一个物体后,在 0.34s 内不会消失。利用这一原理,在一幅画还没有消失前播放下一幅画,就会给人造成一种流畅的视觉变化效果。

任务描述

案例一　文字闪动——逐帧动画制作

利用 Flash 动画的帧制作逐帧动画，为文字制作顺序闪动效果，并不断重复动画效果，效果图如图 2-6 所示。最终的制作结果以“逐帧动画. fla”为文件名进行保存。

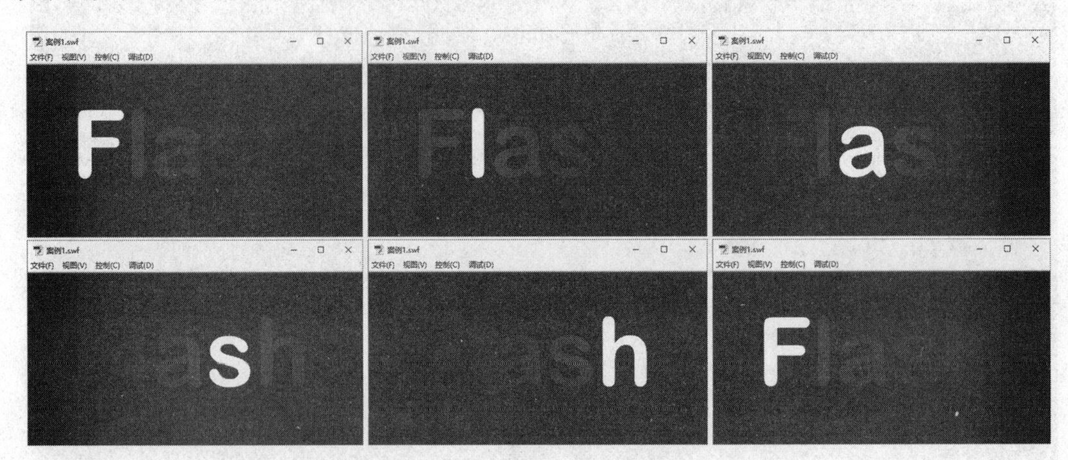

图 2-6　文字闪动效果图

案例二　动画文字入场——补间动画制作

利用 Flash 动画的元件制作传统补间动画，为文字制作由大变小的动画效果，并不断重复动画效果，效果图如图 2-7 所示。最终结果以“补间动画. fla”保存。

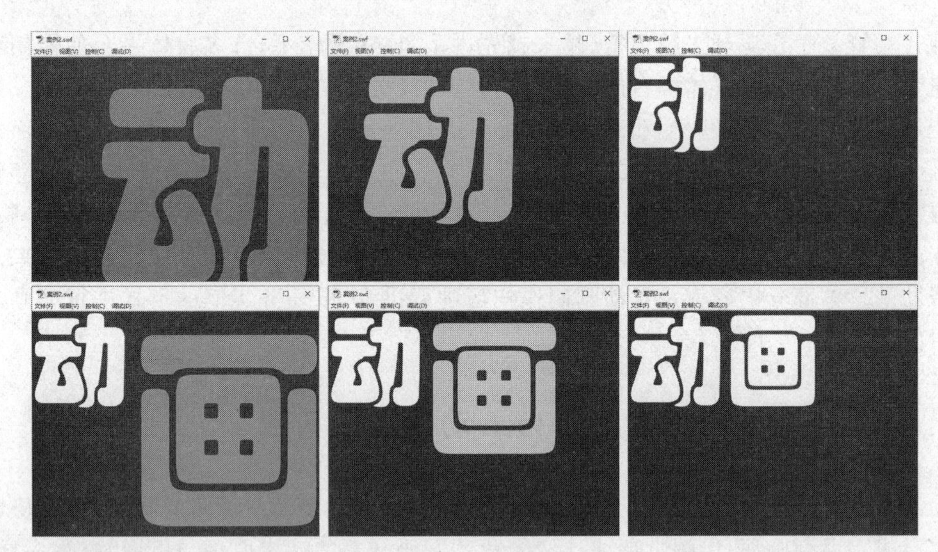

图 2-7　传统补间文字动画效果

任务目标

■ 了解 Flash 动画的概念，Flash 界面的分布及工具。

■ 能够新建、打开、保存和关闭 Flash 文档，以及发布动画。

■ 掌握绘图工具的使用方法。
■ 了解 Flash 中帧的类型,掌握帧的基本操作。
■ 了解 Flash 中图层的概念,掌握图层的基本操作。
■ 了解 Flash 中的动画类型,掌握逐帧动画的创建方法。
■ 了解 Flash 中的元件类型,掌握传统补间动画的创建方法。

知识介绍

一、熟悉 Flash CS6 工作界面

安装 Adobe Flash Professional CS6,双击桌面上的快捷方式,启动 Flash Professional CS6 动画制作软件。打开其工作界面,如图 2-8 所示,单击新建区的 ActionScript 3.0 或者 ActiontScript 2.0 即可新建一个 Flash 文档,并进入 Flash 工作界面。Flash 工作界面由标题栏、菜单栏、编辑栏、工具箱、属性面板、时间轴面板等组成,如图 2-9 所示。

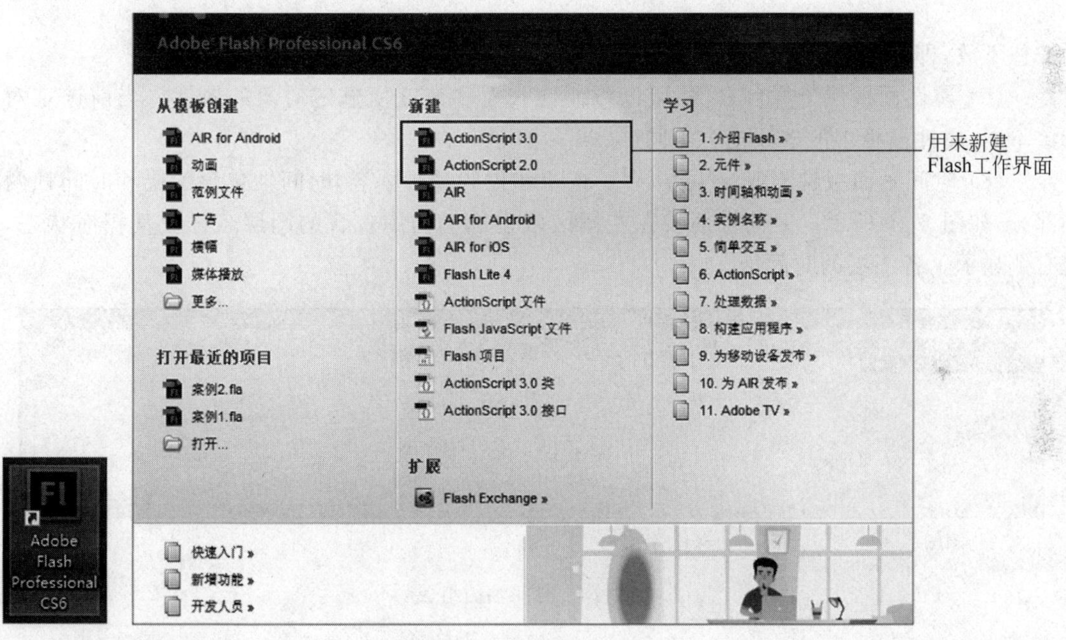

图 2-8　Flash CS6 启动

(1) 标题栏位于 Flash 窗口最顶端,用来显示当前工作簿文件的名称和【最小化】【最大化】【关闭】按钮。

(2) 菜单栏。在菜单栏中,Flash CS6 用户界面有 11 个下拉式菜单命令选项卡,分别是【文件】【编辑】【视图】【插入】【修改】【文本】【命令】【控制】【调试】【窗口】和【帮助】。另外还有【基本功能】下拉菜单及功能搜索框,功能是在这里输入内容,即可轻松利用功能并获得帮助。

(3) 编辑栏用于选择需要进行编辑的场景、元件以及设置舞台显示比例。

(4) 工具箱提供了绘制、编辑和填充图形以及绽放和平移舞台的工具。使用时直接单击即可。另外,带有黑色小三角的展开功能中,隐藏着其他同类别工具,使用是只需要左键

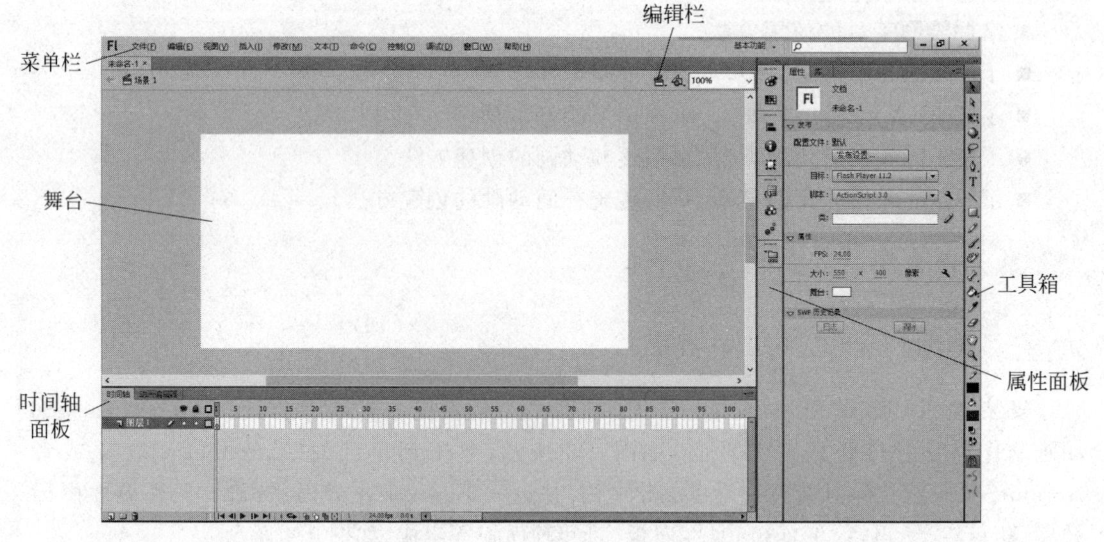

图 2-9　Flash CS6 工作界面

按住不放,即可展开已经隐藏的工具。

(5) 属性面板位于舞台右侧,可以方便地查看和改变所选定对象的属性。当前选定对象不同,属性面板中的选项也会不同。

(6) 时间轴面板位于舞台下方,用于组织和控制动画内容,时间轴包含图层和时间帧两部分,如图 2-10 所示。时间轴面板在左侧区域显示动画中包含的图层名称及其相应状态,右侧显示了各图层的时间轴。

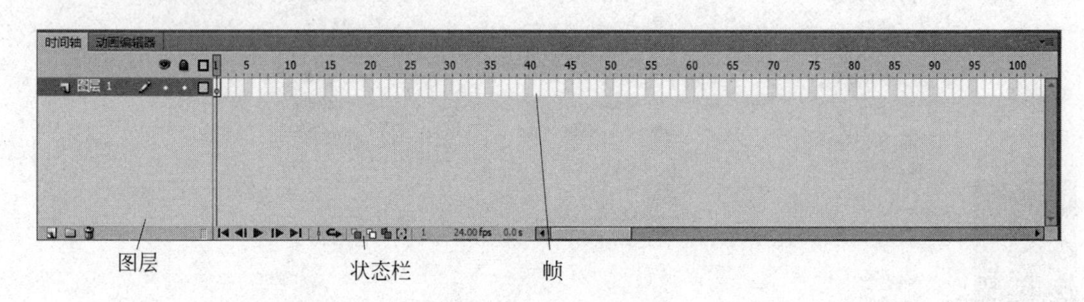

图 2-10　时间轴的组成

二、Flash CS6 基本操作

(1) 新建文档。启动 FlashCS6 时,在开始页的【新建】设置区单击要创建的文档类型,通常选择 ActionScript3.0 打开新建文档。也可在进入工作界面后,选择【文件】|【新建】菜单或利用组合键 Ctrl+N,在打开的对话框中选择要新建的文档类型,单击【确定】按钮。

(2) 保存文档。选择【文件】|【保存】菜单或按组合键 Ctrl+S,在打开的【另存为】对话框中选择文档保存路径,输入保存文件名,选择保存类型,单击【保存】按钮。

(3) 打开文档。打开已有 Flash 文档,可以使用以下几种方法:启动时在开始页左侧【打开最近的项目】下选择最近打开过的文档;在工作界面中选择【文件】|【打开】菜单,或按组合键 Ctrl+O,启动【打开】;对话框中选择要打开的文档,单击【打开】按钮;直接双击需要打开的 Flash 文档。

三、帧的类型和创建

Flash 动画的基本单位为帧，多个帧上的画面连续播放，便形成了动画。Flash 中帧的类型分为：关键帧、空白关键帧和普通帧，三种类型如图 2-11 所示。

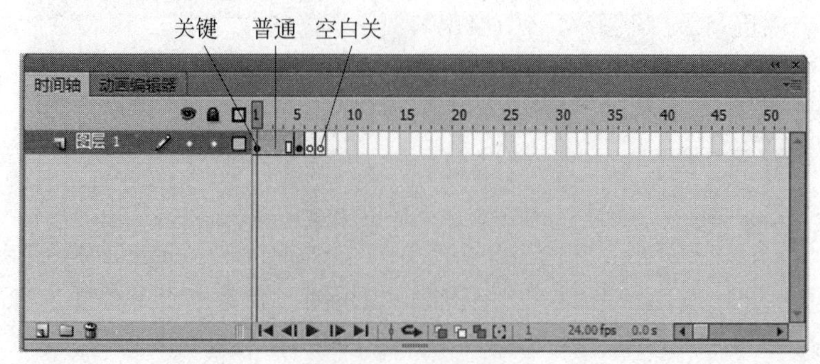

图 2-11 帧的类型

(1) 关键帧用来定义动画化的帧。制作 Flash 动画时，在不同的关键帧上绘制或编辑对象，便能形成动画。要创建关键帧，可以在【时间轴】面板中选中要插入关键帧的位置，按【F6】键或选择【插入】|【时间轴】|【关键帧】，或右击，在弹出的快捷菜单中选择【关键帧】。

(2) 普通帧的作用是延伸关键帧上的内容。我们不能直接编辑普通帧上的内容，只能通过编辑其前面的关键帧，或在普通帧上创建关键帧来进行修改。要创建普通帧，可在【时间轴】面板中选中要插入普通帧的位置，按 F5 键或选择【插入】|【时间轴】|【插入帧】菜单式右击，在弹出的快捷菜单中选择【普通帧】。

(3) 空白关键帧。没有内容的关键帧被称为空白关键帧，时间轴上有内容的关键帧用实心圆表示，空白关键帧用空心圆表示。要创建空白关键帧，可在【时间轴】面板中选中要插入空白关键帧的位置，按 F5 键或选择【插入】|【时间轴】|【插入帧】菜单或右击，在弹出的快捷菜单中选择【空白关键帧】。

四、图层的操作

图层对于动画制作来说是非常重要的，可以实现多元素动画效果。在绘图时，可以在不同图层上绘制图形的不同部分，使图形相对独立，方便我们进行修改，为制作复杂动画提供条件。

(1) 图层的创建。新建 Flash 文档后，默认包含一个图层。单击【时间轴】面板左下角【新建图层】按钮，可在当前图层上方新建一个图层；双击该图层名称可为其重命名。如图 2-12 所示。

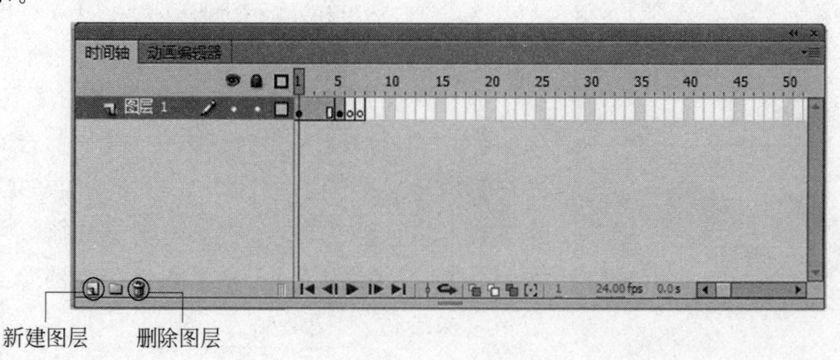

图 2-12 新建与删除图层

(2) 删除图层。选中需要删除的图层，单击【时间轴】左下角的【删除图层】按钮，或右击图层名称，在弹出的快捷菜单中选择【删除图层】，即可完成。

(3) 图层功能如图 2-13 所示，主要包括：①隐藏图层，图层隐藏后，舞台上将不显示该图层的内容；②锁定图层，锁定图层后，该图层内容处于只能观看，不能编辑状态；③显示图层轮廓线，使图层上的对象只显示轮廓线，可利用轮廓线图标完成显示或不显示功能。

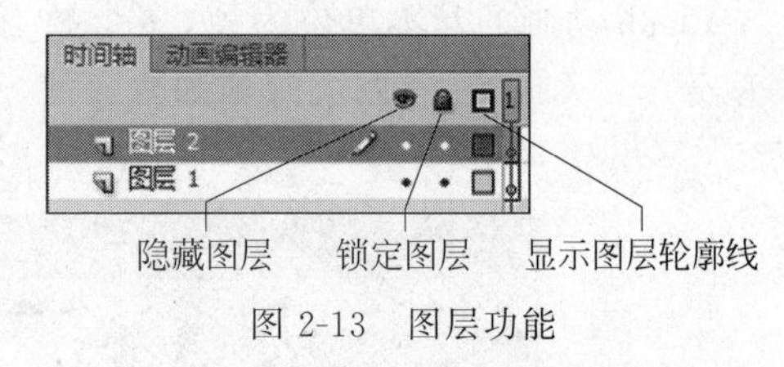

图 2-13　图层功能

五、元件的类型

Flash 中的元件分为三种类型，分别是图形元件、影片剪辑元件和按钮元件。

(1) 图形元件用于制作可重复使用的静态像及时间轴上可重复使用的动画片段。需要注意，不可在图形元件内添加声音和动作脚本，动作脚本也不可加载到实例上应用。

(2) 影片剪辑元件用来制作可重复使用的、独立于主时间轴的动画片段。可以在影片剪辑内添加声音和动作脚本，也可以将动作脚本添加在影片剪辑的实例上。

(3) 按钮元件用来创建响应鼠标单击、滑过或其他动作的交互按钮。

任务实施

案例一　文字闪动——逐帧动画制作

逐帧动画顾名思义就是由多个关键帧组成，且在连续的关键帧中绘制不同的对象，或同一对象的不同形态。逐帧动画的优点是动作细腻、流畅；缺点是每个帧上的内容都需要用户绘制或设置，制作比较麻烦，且输出的文件容量较大。

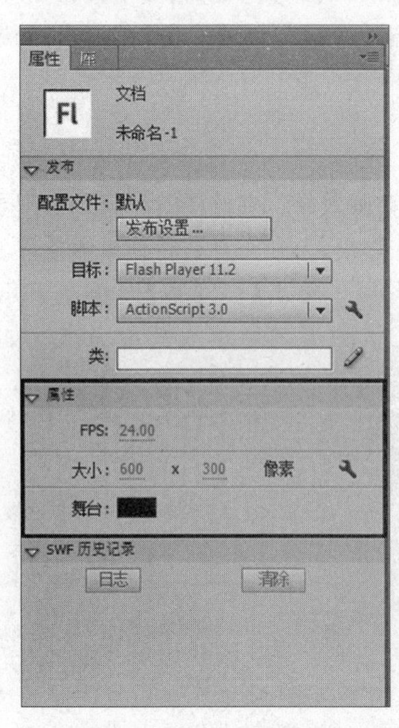

图 2-14　舞台属性设置

(1) 启动 Flash CS6。双击桌面上 Flash CS6 的图标，选择新建文件区域的 ActionScript 3.0 启动编辑界面。

(2) 舞台属性设置。单击【属性】|【属性】设置，设置舞台大小为 600×300，舞台颜色设置为“黑色”，如图 2-14 所示。

(3) 引“文字”进舞台。单击右侧【绘图】|【文本工具】按钮，【属性】面板切换为【文本工具】。设置【系列】为 Times New Roman；【大小】为 200.0；【颜色】为蓝色。单击【舞台】按钮，输入“Flash”，如图 2-15 所示。

(4) 调整文字格式。选中文字，单击【菜单栏】|【窗口】|【对齐】，打开【对齐】窗口，设置【与舞台对齐】【水平中齐】及【垂直中齐】，如图 2-16 所示。单击【修改】|【分离】或按组合键 Ctrl＋B，将已选文字分离成单个字母形态；再次单击【修改】|【分离】，将已分离的单个字母分离成像素点形式，如图 2-17 所示。

图 2-15 【文本工具】属性

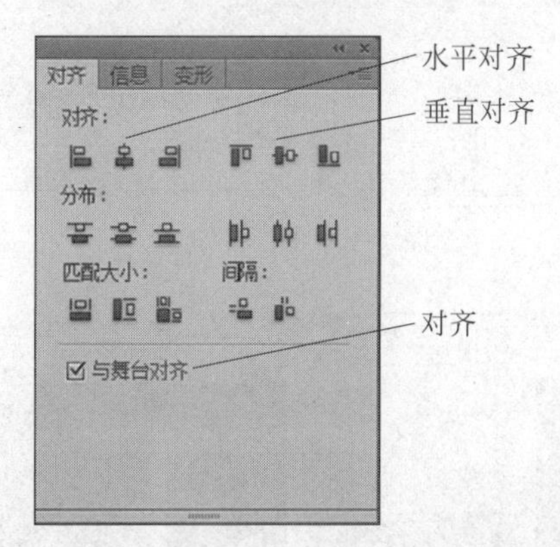

图 2-16 【对齐】窗口

图 2-17 【分离】文字

（5）帧的设置。在【时间轴】|【图层 1】后面的时间轴上，依次右击第 3、5、7、9 帧，在弹出的快捷菜单中选择【插入关键帧】，为当前图层增加关键帧。最后右击第 10 帧，在弹出的快捷菜单中选择【插入帧】，得到如图 2-18 所示的“时间轴-图层-帧”的设置效果。单击【绘图】|【选择工具】，在【时间轴】上单击第 1 帧，选中第 1 帧舞台上的文字“F”，其填充颜色为“白色”。单击第 3 帧，选中舞台上的文字“L”，修改填充色为“白色”。分别选择第 5、7、9 帧，分别为舞台上的文字“a”“s”“h”修改填充色为“白色”，如图 2-19 所示。

图 2-18 插入关键帧

图 2-19 修改文字填充色

(6) 播放和测试动画。选择【控制】|【播放】,或直接按 Enter 键,可以直接插入当前制作完成的动画。选择【控制】|【测试影片】,或直接按组合键 Ctrl+Enter,对当前动画进行效果测试。

(7) 保存 Flash 文件。单击【文件】|【保存】按钮,选择保存位置,修改文件名称为"逐帧动画.fla"。

案例二　动画文字入场——补间动画制作

补间动画是整个 Flash 动画设计的核心,也是 Flash 动画的最大优点,它有动画补间和形状补间两种形式。指在制作好的前后两个关键帧上,自动生成中间各帧的内容,使画面从一个关键帧过渡到另一个关键帧,而形成的动画。

(1) 启动 FlashCS6。双击桌面上 FlashCS6 的图标,选择新建文件区域的 ActionScript3.0 启动编辑界面。

(2) 舞台属性设置。选择右侧【属性】|【属性】设置,设置舞台大小为 600×450,舞台颜色设置为"黑色"。

(3) 创建"图形"元件。选择菜单栏【插入】|【新建元件】,打开【创建新元件】对话框,如图 2-20 所示。设置【名称】为【动】,【类型】选择【图形】,单击【确定】按钮,进入元件编辑界面,如图 2-21 所示。

图 2-20　创建新元件

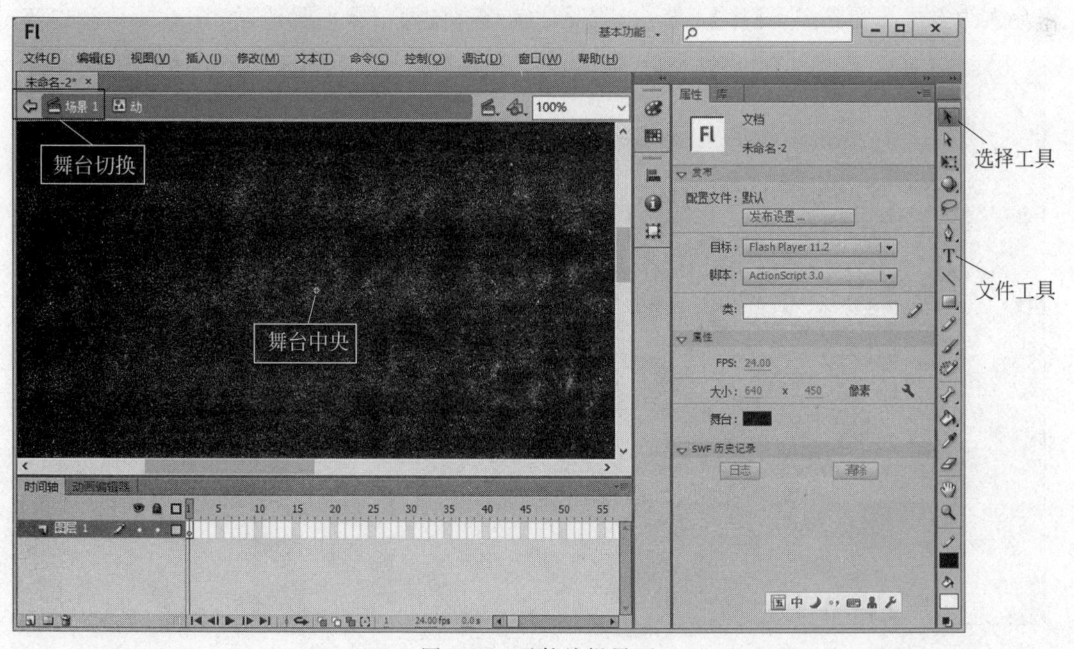

图 2-21　元件编辑界面

选择【绘图】|【文字】,在舞台中央输入文字“动”;选择【绘图】|【选择工具】,选中舞台中已输入的文字“动”,调整文字属性,设置系列为【华文琥珀】;大小为 200;颜色为【白色】。打开【窗口】|【对齐】属性窗口,设置文字对齐方式为【水平居中】【垂直居中】,并选择【与舞台对齐】,如图 2-22 所示。

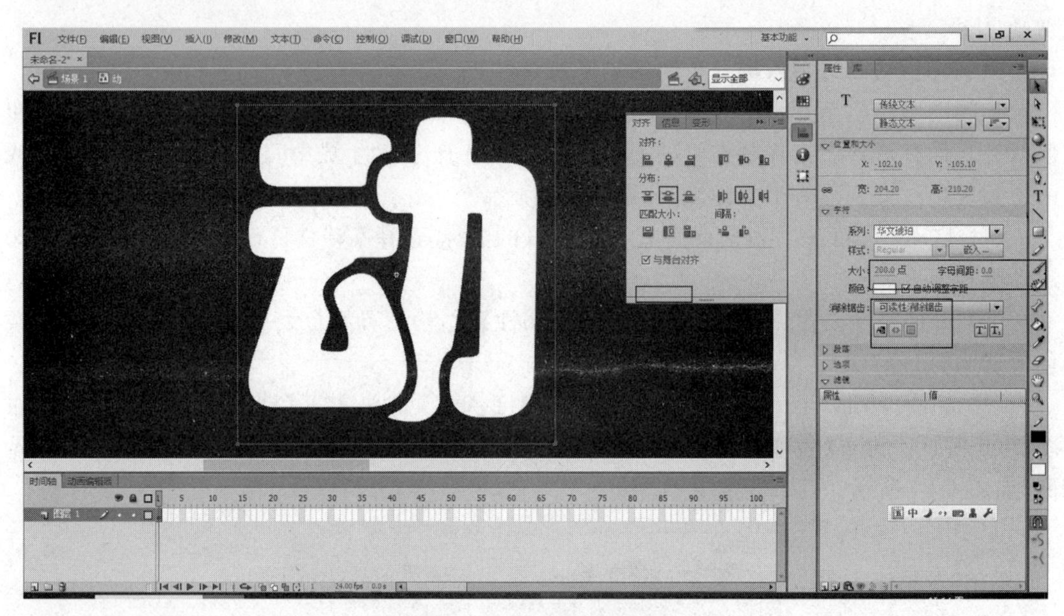

图 2-22　元件属性设置

以上述同样的方法,创建另一个图形元件,命名为“画”,文本内容输入“画”,本实例共建两个图形元件即可。

(4) 主场景动画设置。单击【场景切换】|【场景 1】,返回主场景编辑环境,设置主窗口显示比例为 60%;单击打开【库】面板,可看见之前建立的两个图形元件,如图 2-23 所示内容。

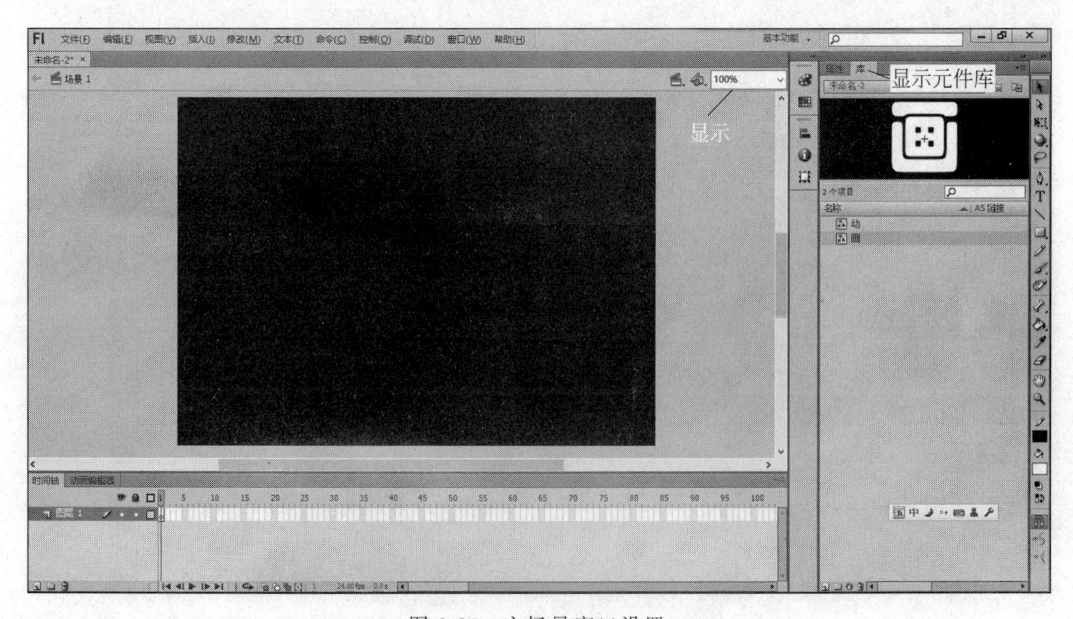

图 2-23　主场景窗口设置

(5) 补间动画设置。①图层设置：双击【时间轴】区域|【图层1】，修改图层名称为“动图层”，拖曳元件库中的图形元件“动”到舞台；在元件选中状态下，单击【属性】|【位置和大小】，设置X为500，Y为300(将元件定位在右下角)；右击第10帧，在弹出的快捷菜单中选择【插入关键帧】，利用【选择工具】拖动舞台中的元件到左上角位置，设置X为100，Y为100，如图2-24所示。②元件变形设置：单击【动图层】第1帧，选中舞台中“动”元件，打开【窗口】|【对齐】|【变形】选项卡，沿【水平】和【垂直】方向均放大300%；选择右侧元件【属性】|【色彩与效果】，设置其Alpha为30%，以实现变淡效果，如图2-25所示。③设置传统补间动画：右击【时间轴】第1帧，在弹出的快捷菜单中选择【创建传统补间】，相应时间轴图层颜色变为淡紫色，且生成一把箭的形状，说明补间设置成功。按Enter键，查看动画效果，文字由右下至左上运动，并逐渐由大变小，由淡色变深色的效果。④按照上述方法，将元件“画”放置到舞台，设置参数效果如图2-26所示。⑤设置【画图层】动画效果，单击【画图层】第1帧，选中舞台中“画”元件，打开【窗口】|【对齐】|【变形】选项卡，沿【水平】和【垂直】方向均放大300%；选择右侧元件【属性】|【色彩与效果】，设置其Alpha为30%，以实现变淡效果。右击【画图层】的【时间轴】第1帧，在弹出的快捷菜单中选择【创建传统补间】。

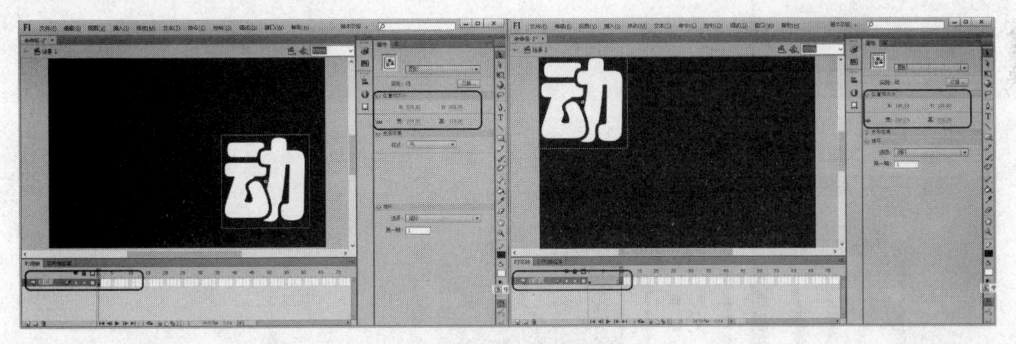

图2-24　舞台元件属性设置

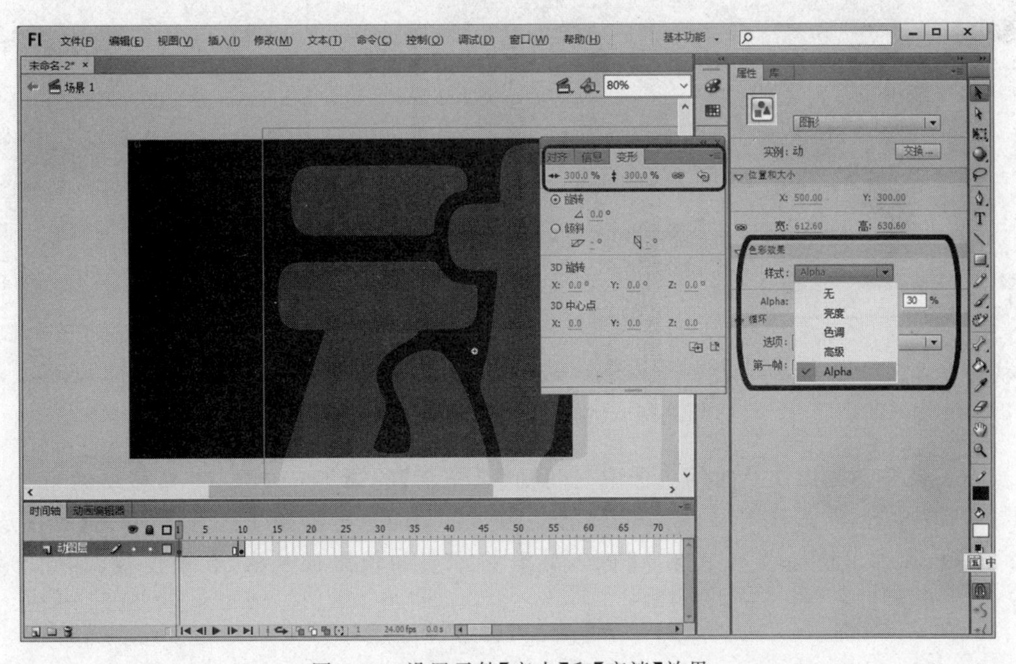

图2-25　设置元件【变大】和【变淡】效果

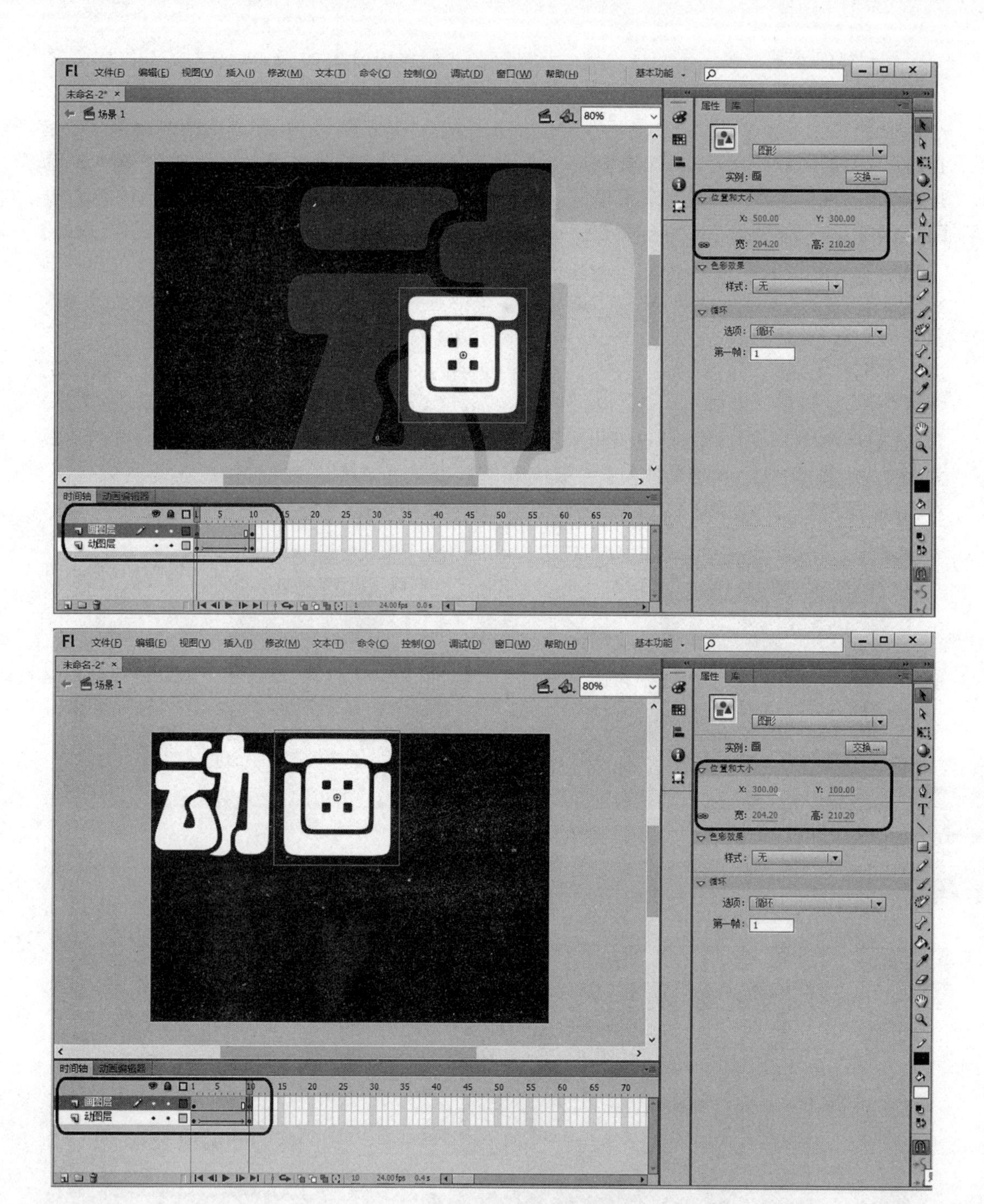

图 2-26 “画图层”舞台设置参数及效果

(6) 调整动画层次及时间。选中时间轴【画图层】的第 1～10 帧，将其移动到第 11～20 帧所在位置，右击该图层第 30 帧，插入“帧”，将画面延至第 30 帧位置。右击【动图层】第 30 帧，在弹出快捷菜单中选择【插入帧】，将本层的画面延至第 30 帧位置，如图 2-27 所示。

图 2-27　图层动画时间设置

(7) 动画保存与测试。单击【文件】|【保存】,将文件保存为“补间动画.fla”。单击【控制】|【播放】,或按 Enter 键播放制作完成的动画;单击【控制】|【测试影片】,或按组合键 Ctrl+Enter 测试影片发布后的效果。

知识拓展

一、导出 Flash 作品

我们可以从 Flash 文档中导出 SWF、GIF、AVI 等格式的动画,也可以导出各种格式的静态图像,可以设置导出的内容在网页上显示,还可以作为其他程序的素材使用。

选择【文件】|【导出】|【导出图像】或【导出影片】菜单,并为导出的影片设置文件的【保存类型】和【文件名】,如图 2-28 所示。

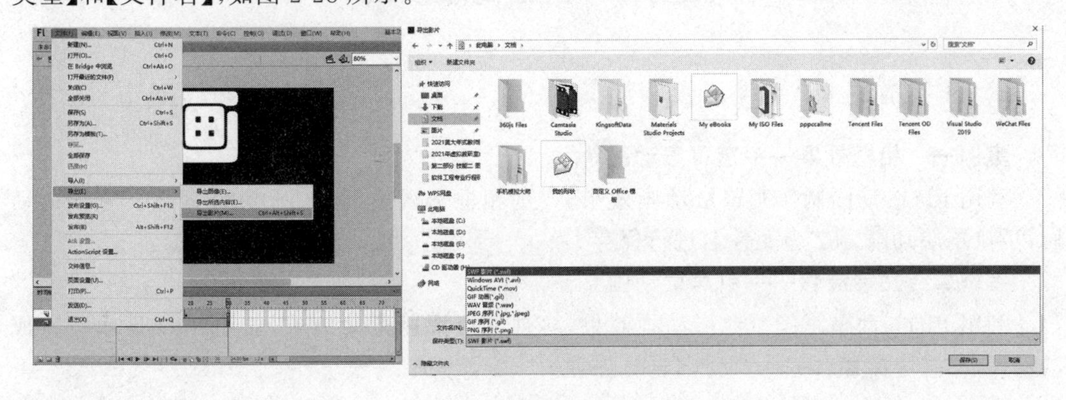

图 2-28　导出影片

二、发布 Flash 作品

可以利用软件的发布功能，将动画作品发布成 swf 动画影片、HTML 网页或者其他图像形式，在发布前可根据需求进行发布设置。

选择【文件】|【发布设置】菜单，打开【发布设置】对话框，选择发布的格式选项，显示对应格式的发布选项，如图 2-29 所示。设置完成，单击【发布设置】对话框底部的【发布】按钮，即可完成动画的发布。动画发布后，发布的影片或网页等将保存在动画文档所在的文件夹中，双击这些文件即可播放已发布的影片。

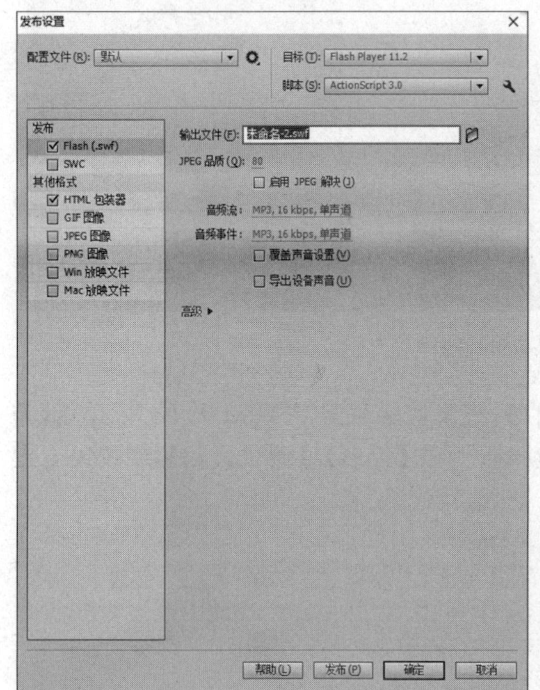

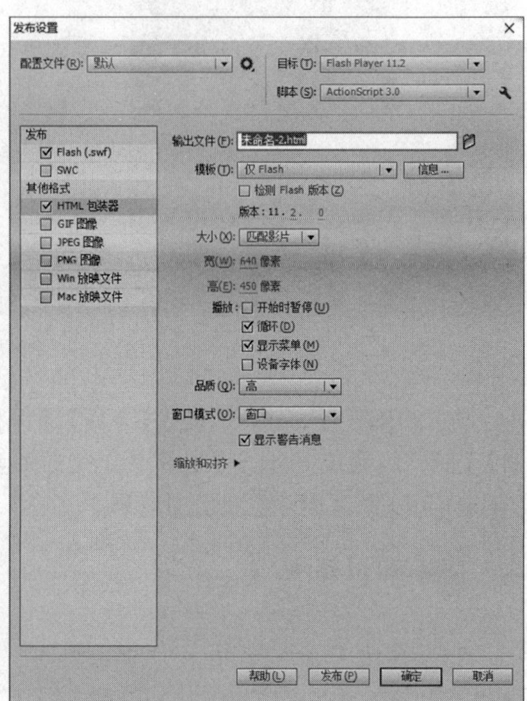

图 2-29　发布设置

任务 2　创建高级动画

任务描述

案例一　相框效果——遮罩层动画

利用 Flash 动画制作遮罩层动画效果，实现相框透视效果，如图 2-30 所示。完成的动画以“遮罩层动画. fla”为文件名进行保存。

案例二　文字漂移——引导层动画

利用 Flash 动画制作引导层动画效果，实现文字滑翔运动效果，如图 2-31 所示。完成的动画以“文字漂移. fla”为文件名进行保存。

图 2-30　遮罩层动画效果图

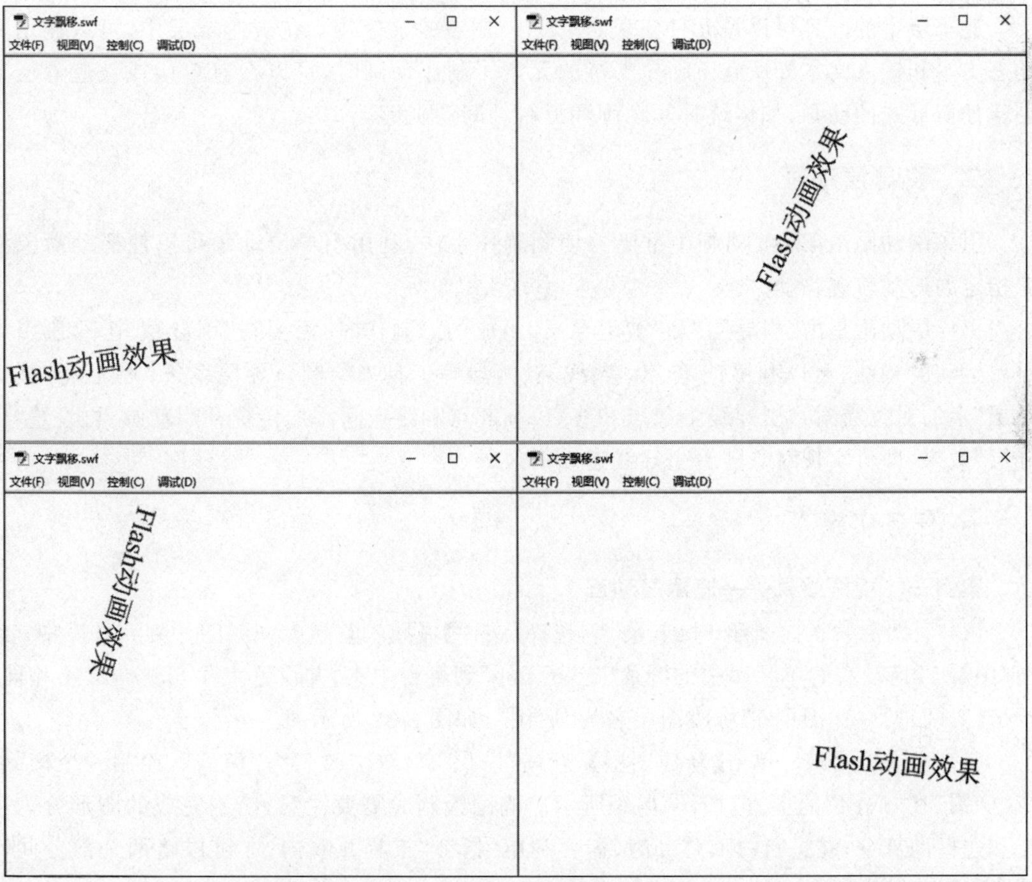

图 2-31　引导层动画效果

任务目标

■ 掌握遮罩层动画的基本操作。

■ 掌握引导层动画的基本操作。
■ 掌握形状补间动画的制作。
■ 掌握元件设置技巧。

知识介绍

一、遮罩层动画

遮罩层动画是 Flash 常用的动画制作手法之一，我们可以利用遮罩层动画制作放大镜、百叶窗、波纹、图片切换等效果。

遮罩层动画是由“遮罩层”和“被遮罩层”组成的。遮罩层动画是利用遮罩图层创建的，使用遮罩层后，被遮罩层上的内容只能通过遮罩窗口显示；播放动画时，遮罩层上的对象不会显示出来，被遮罩层覆盖的部分显示出来，其余部分不显示。也可以这样说，被遮住的部分显示，没遮住的部分不显示。

遮罩层中的内容可以是元件实例、图形、位图或是文字等；在被遮罩层中，可以使用除动态文本和输入文本外所有 Flash 支持的元素。制作动画时，可以在遮罩层或被遮罩层上创建任何形式的动画，如传统补间动画和形状补间动画等。

二、引导层动画

引导层动画是 Flash 动画中重要的动画制作手法，利用引导层动画可以使运动对象沿着指定的运动轨迹移动。

引导层动画是由“引导层”和“被引导层”组成的。制作时，需要在“引导层”上绘制引导对象运动的导线，可以利用钢笔、铅笔、线条、矩形等工具来绘制引导层线条；然后将“被引导层”上的对象吸附到引导线上起点和终点，在起点和终点间添加传统补间动画，再设置“引导层”效果，即可实现对象随着引导线运动的效果。

任务实施

案例一　相框效果——遮罩层动画

(1) 底图层元素。新建 Flash 文档，选择【文件】|【导入】，导入一张图片到元件库中；单击“图层 1”拖动右侧单元库中的图片“宠物.png”到舞台中央，并设置大小与舞台大小相同；双击【时间轴】，将“图层 1”修改图层名为“底图”，如图 2-32 所示。

(2) 遮罩层元素。单击【新建图层】，新增“图层 2”，双击改名为“椭圆”，绘制一个椭圆，令“椭圆”在“底图”的上方，如图 2-33 所示。椭圆绘制时需要注意，绘制完成的图形分为填充和边框两部分，在进行图形移动时，需要利用“指针”工具并双击，才可以将两个部分同时选中，进行移动。

(3) 设置遮罩效果。右击“椭圆”，在弹出快捷菜单中选择【遮罩层】，即可将“椭圆”设置为“底图”的遮罩层，效果如图 2-34 所示。

此时，在时间轴图层中，遮罩层(椭圆)与被遮罩层(底图)同时锁定，为不可编辑状态；被遮罩层(底图)位于遮罩层(椭圆)内部，以缩进方式显示图层名称。显示效果为两图层叠加,被“椭圆”遮住部分显示出“底图”的图片,其他没有遮住的部分不显示。

图 2-32 设置底图

图 2-33 遮罩图层设置

案例二 文字漂移——引导层动画

(1) 创建被引导对象。新建 Flash 文件,双击“图层 1”,修改图层名为“文字”,利用文字

图 2-34　遮罩层效果图

工具输入"Flash 动画效果"文字，利用【文字】|【属性】，设置文字大小为 30，颜色为"蓝色"，如图 2-35 所示。右击文字，在弹出的快捷菜单中选择【转换为元件】，在弹出的对话框中设置【名称】为"文字"，【类型】为【图形】，【对齐】为"中心点对齐"(引导的吸附点)，如图 2-36 所示。

图 2-35　文字属性设置

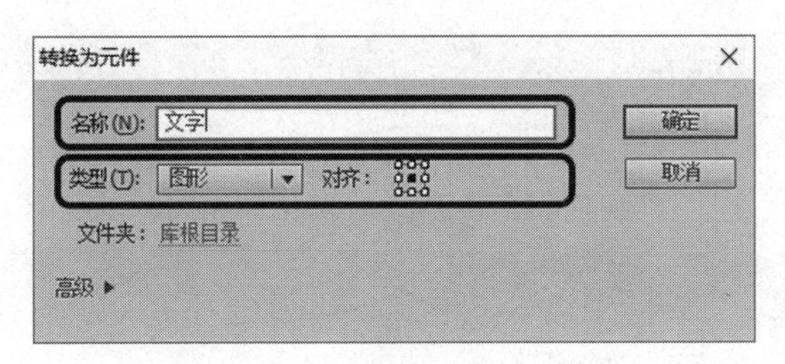

图 2-36　文字转换为元件

(2)　绘制导线。单击【时间轴】|【新建图层】按钮，双击新建图层将其更名为“导线”；选中“导线”层第 1 帧，在绘图工具中选择【铅笔】工具，右下角【铅笔模式】中选择【平滑】；在舞台上绘制一条引导线，如图 2-37 所示。

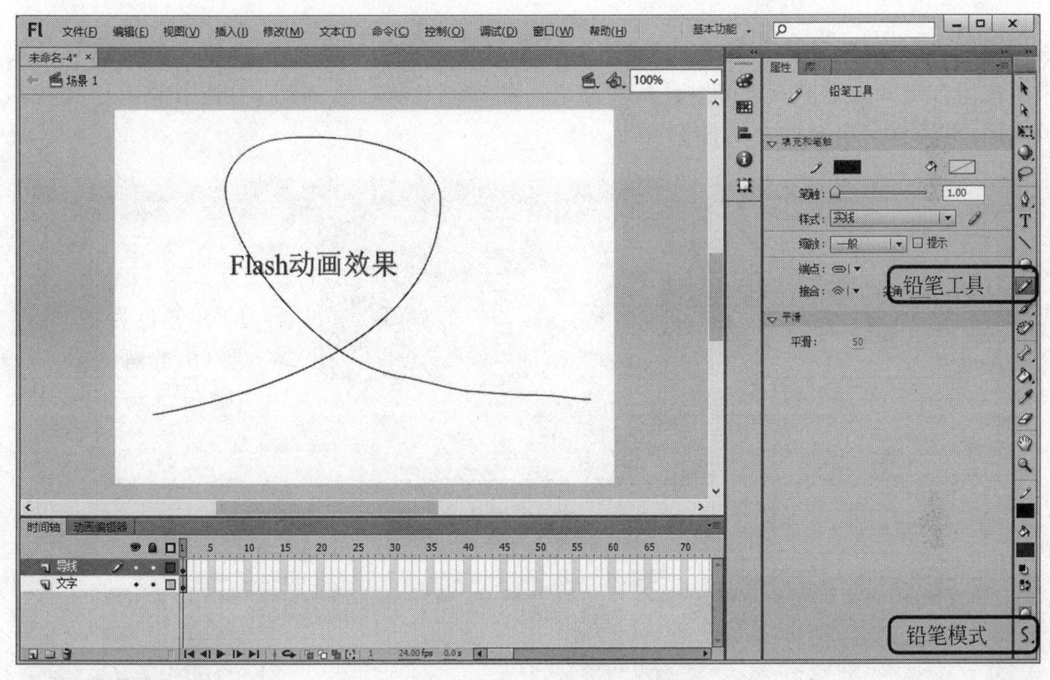

图 2-37　铅笔绘制引导线

(3) 设置引导层。右击“导线”层第 30 帧，在弹出的快捷菜单中选择【插入帧】，将导线在舞台上的时间延伸到第 30 帧；右击“导线”图层名，在弹出的快捷菜单中选择【引导层】，将“导线”图层设置为引导层图层；“导线”图层变成一个“小锤子”的标志，如图 2-38(b)所示；引导层建成，但没有被引导对象，需要把“文字”层放到“导线”层里面，直接用指针工具拖动“文字”层到“导线”层的里面，此时“导线”层标志如图 2-38(c)所示。

(4) 设置被引导对象。单击“文字”图层，选中舞台上的“文字”元件，选中“文字”，拖动文字到引导线的一端，使文字的中心点与引导线重合，如图 2-39(a)所示。右击“文字”图层第 30 帧，在弹出的快捷菜单中选择【插入关键帧】，拖动文字元件到引导线的另一端，使中心点与引导线重合，如图 2-39(b)所示。右击“文字”图层第 1 帧，在弹出的快捷菜单中选择【创建传统补间动画】，在右侧【帧属性】面板中设置【补间】属性，选择【调整到路径】,【旋转】

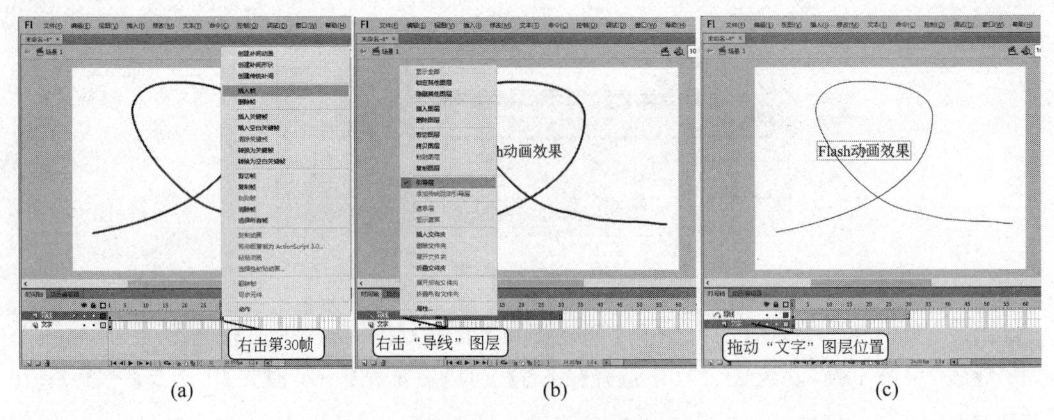

(a) (b) (c)

图 2-38　引导层设置

属性设置为【自动】,具体设置如图 2-40 所示；按 Enter 键可以在当前舞台上看到运行的效果。按组合键 Ctrl+Enter,可以看到发布之后的动画效果。发布后,动画中的引导线是不可见的,只看到文字元件在舞台上滑翔运动。

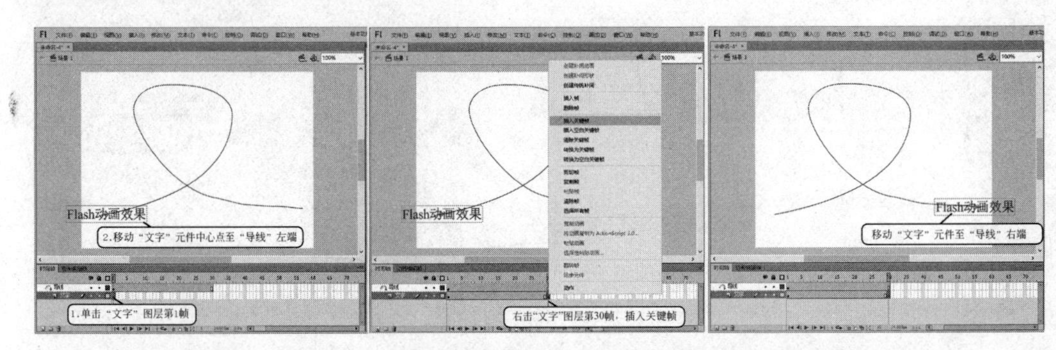

图 2-39　被引导对象的设置

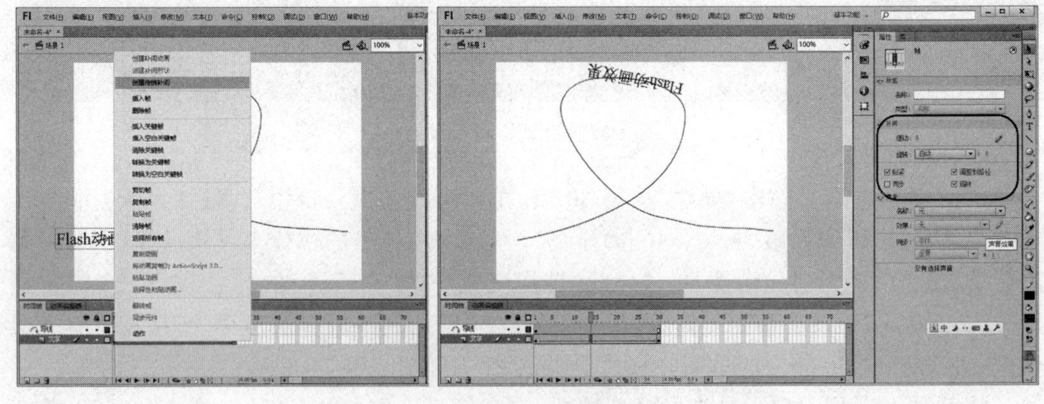

图 2-40　帧的补间属性设置

知识拓展

Flash 中提供了许多工具,可以为制作动画提供便利条件,如线条工具、矩形工具、椭圆工具和铅笔工具等线条类工具，选择工具，部分选取工具、锚点工具、变形工具等选择类工具，颜料桶、墨水瓶、滴管、渐变填充等填充类工具，以及图形、文字类工具。

一、线条类工具的使用

(1) 线条工具。使用线条工具可以绘制不同角度的直线线段，通过【属性】面板设置线段的颜色、粗细和样式等，如图 2-41 所示。绘制水平、垂直、45|90|135|180|225|270|315|360 角度的直线可以在绘制时按住 Shift 键来实现。绘制完成的线条，可以利用指针工具对线条进行长短、位置、弧度的调整。

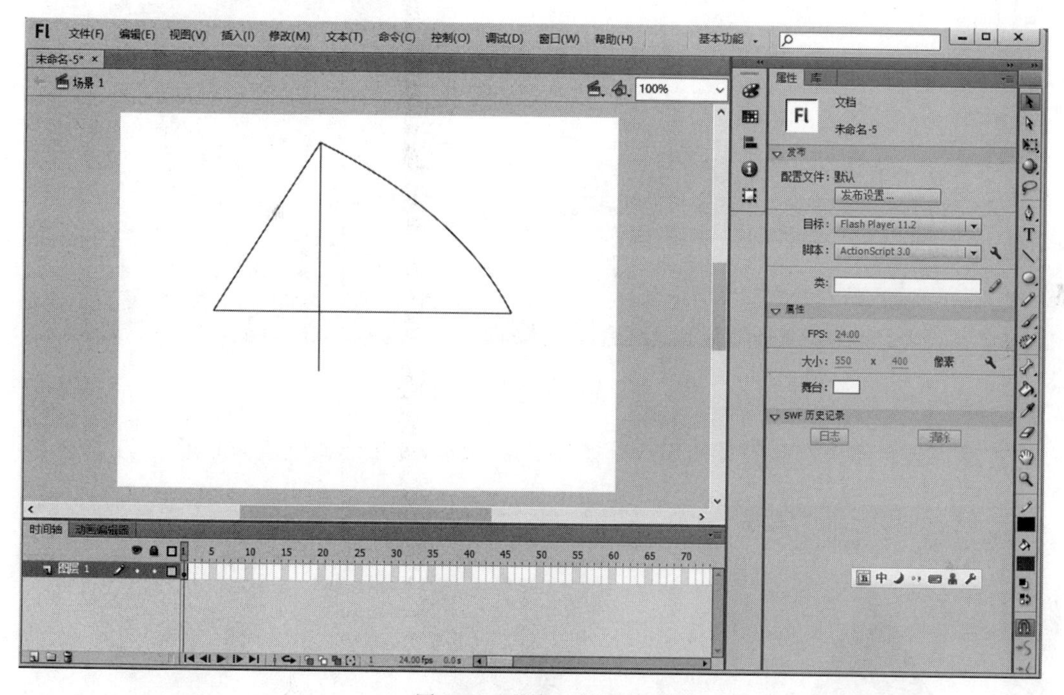

图 2-41　线条工具属性

(2) 铅笔工具。用铅笔工具可以在舞台上实现用笔在纸上绘制图形的效果，通过设置绘图模式，可以绘制不同风格的线条。铅笔工具的 3 种模式分别是伸直、平滑和墨水，可以根据需要自行选择不同的铅笔模式。

(3) 钢笔工具。使用钢笔工具可以绘制连续的拆线或平滑流畅的曲线。使用钢笔工具绘制直线时，单击产生的锚点，可以通过部分选取工具拖动生成曲线(双向锚点)，还可利用功能键 Alt(单向锚点)进行曲度调整，如图 2-42 所示。

二、选择类工具的使用

(1) 选择工具。利用选择工具可以对图形进行调整，绘制完成图形后，将光标移动到线条的一侧，当光标呈现出半弧形状时，按住鼠标左键进行拖动，可调整线条的弧度。

(2) 部分选取工具。利用部分选取工具可以移动锚点位置和调整曲线的弧度，还可以利用钢笔工具组里的添加锚点工具和删除锚点工具来调整锚点；利用转换锚点工具实现曲线锚点和直线锚点的转换。

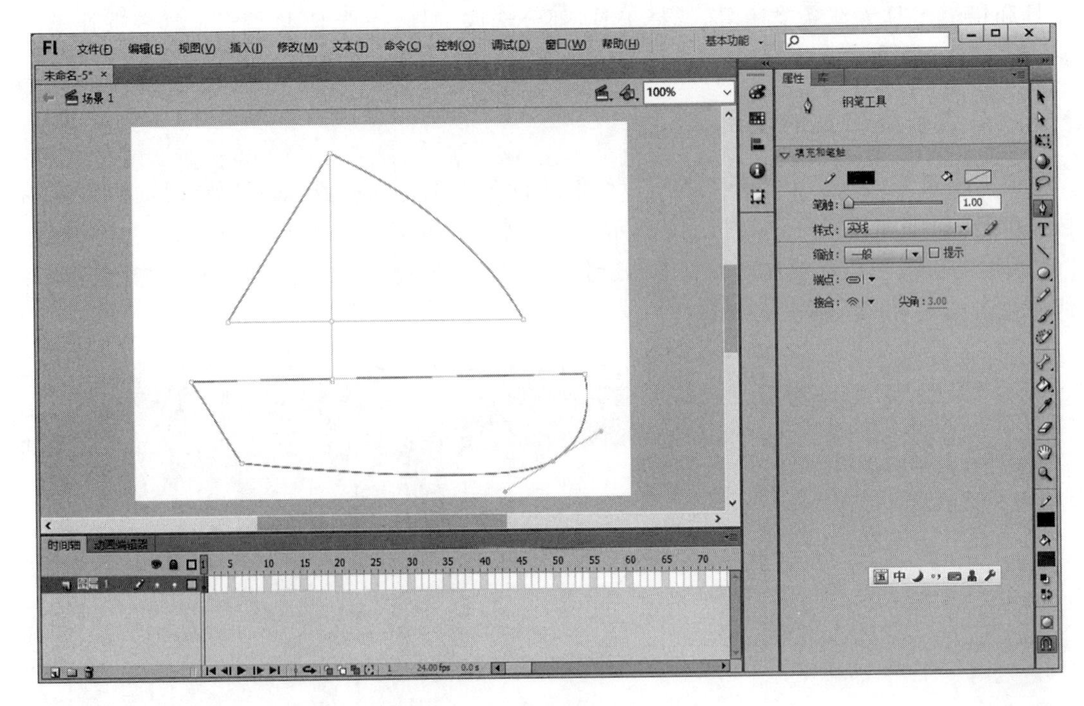

图 2-42　锚点调整曲度

选择工具和部分选取工具使用效果如图 2-43 所示，三角形调整成为心形。

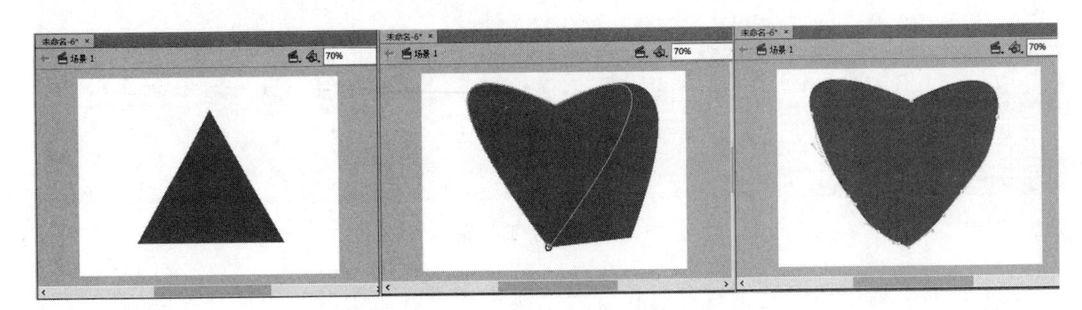

图 2-43　选择工具和部分选取工具使用效果

三、填充类工具的使用

(1) 颜料桶工具。利用颜料桶工具可以为图形的封闭或半封闭的区域填充设置的颜色，或改变已有的填充色。需要注意封闭空隙模式的选择，选择合适的模式有助于颜色的填充。具体的填充效果如图 2-44 所示。

(2) Deco 工具。利用 Deco 工具可以使用设置的填充色或【库】面板中的任意元件作为图案进行绘图或制作动画效果。Deco 工具的填充可分为图案类和动画类两种。【火焰动画】【粒子系统】和【烟动画】属于动画类填充，其他属于图案类填充。填充效果如图 2-45 所示。

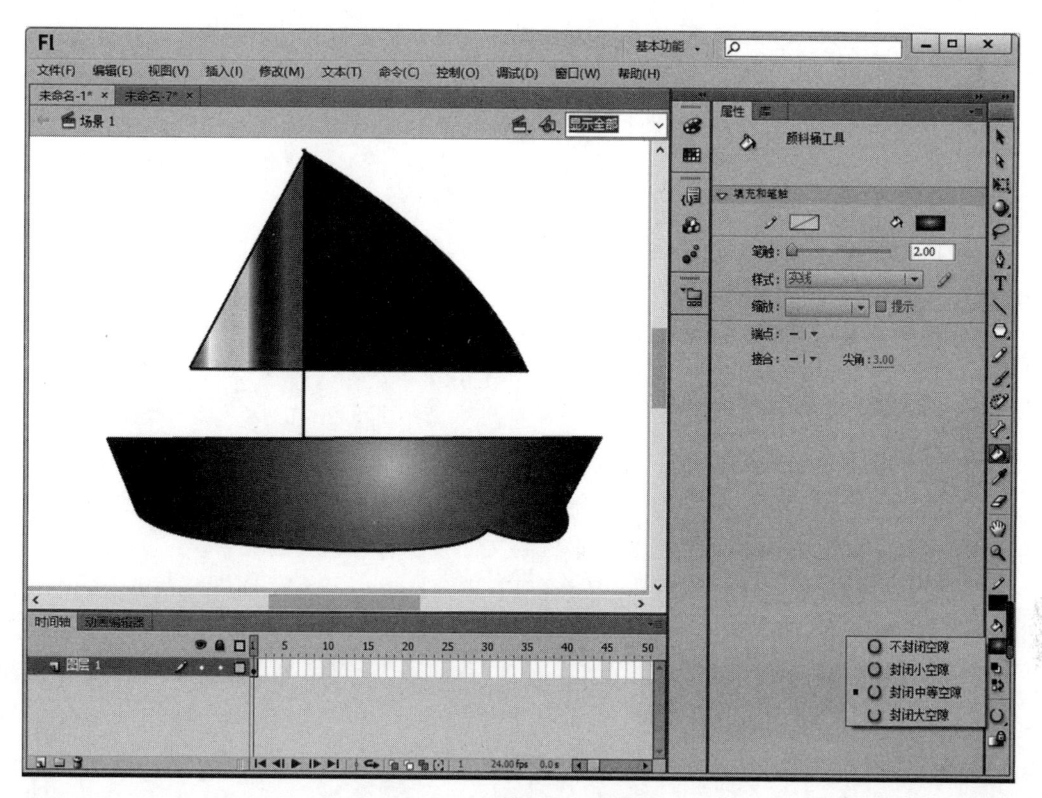

图 2-44 颜料桶工具属性

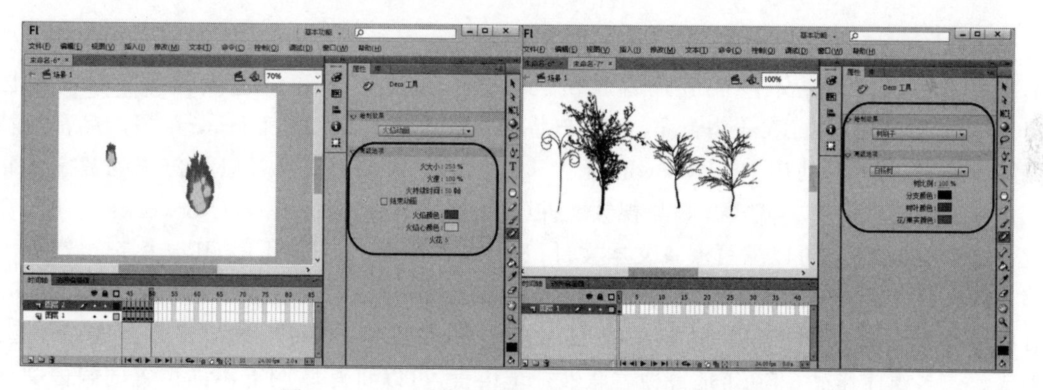

图 2-45 Deco 工具的动画类填充与图案类填充

技能五 多媒体作品合成（选学内容）

任务 1 媒体作品合成的综合案例

任务描述

了解多媒体作品的制作相关流程。

任务目标

■ 练习使用相关多媒体处理软件完成多媒体作品合成的综合案例。

知识介绍

多媒体作品合成指在文本、图形、图像、音频和视频等多种媒体信息之间建立逻辑连接，合成为一个系统并具有交互功能。

多媒体作品合成包括传统数字媒体的合成和流媒体的合成。

一、传统数字媒体的合成

传统数字媒体的合成具有以下特点。

(1) 各媒体素材往往以嵌入的形式合成到多媒体作品中。多媒体作品的最终文件的大小与所用图形、图像、音频和视频等媒体素材的文件大小有着直接的关系。

(2) 合成工具软件包括 PowerPoint、Flash、Dreamweaver、Director、Authorware、Visual Basic 等多种。相应地，多媒体作品的文件格式也是多种多样的。

(3) 多媒体作品的传播介质包括优盘、光盘、移动硬盘、网络等多种。根据多媒体作品文件格式的不同，播放工具也有多种。

本章及前面相应章节主要介绍传统数字媒体素材的制作及多媒体作品的合成。

二、流媒体的合成

流媒体(Streaming Media)技术是一种新兴的网络多媒体技术，以流的方式在网络上传输多媒体信息。流媒体包括流式音频、流式视频、流式文本和流式图像等。目前美国 RealNetworks 公司的 Real-System 系列产品和 Apple 公司的 QuickTime 系列产品都支持流媒体技术。例如，使用 RealNetworks 公司的 RealProducer 软件可以将传统的数字音频文件和视频文件转换为流式音频与视频文件(RM 格式文件)，使用 RealNetworks 公司的标记性语言 RealText 可以编写流式文本文件(RT 格式文件)，而使用 RealPix 标记语言可以编写流式图像文件(RP 格式文件)。通过 RealNetworks 公司的流媒体播放器 RealPlayer 可以播放流式媒体文件。借助同步多媒体合成语言(Smil)可以将上述流媒体合成在一起，形成流式多媒体作品。Smil 是一种关联性标记语言，可以将互联网上不同位置的媒体文件关联到一起，已经渐渐成为网络多媒体的国际通用性标准语言。流式多媒体的文件容量较小，主要用于网络传输。值得注意的是，如果仅仅使用多媒体合成软件，按播放的先后顺序将各种单媒体素材简单地“堆砌”起来，并不能构成好的多媒体作品。优秀的多媒体作品应具备以下特征。

(1) 综合应用多种媒体形式，其目的是更好地表现主题。例如，利用文字详细地描述事物，利用图像直观地反映事实，同步语音的配合使画面更具说服力，使用背景音乐更有效地渲染主题等。

(2) 多媒体作品中的各媒体之间应建立有效的逻辑关系，利用不同的媒体形式进行优势互补，以便更有效地表达主题。

(3) 合理地利用交互式功能为用户提供个性化信息服务，强调人的主观能动性。

另外，多媒体合成技术只是更有效地表达主题信息的手段，仅仅凭借炫耀自己“高超”的多媒体合成手段并不能创作出内容丰富的优秀多媒体作品。

小　　结

了解多媒体技术并掌握其相关应用，是当代大学生应该具备的基本素质。本章对多媒体计算机系统的基本知识和多媒体技术的主要应用领域进行了概述。全面激发学习兴趣，以达到寓教于乐、学以致用的目的。

习　　题

一、选择题

1. 下列描述不属于位图特点的是（　　）。

A. 由数学公式来描述图中各元素的形状和大小

B. 适合表现含有大量细节的画面，例如风景照、人物照等

C. 图像内容会因为放大而出现马赛克现象

D. 与分辨率有关

2. “目前广泛使用的位图图像格式之一；属于有损压缩，压缩率较高，文件容量小，但图像质量较高；支持真彩色，适合保存色彩丰富、内容细腻的图像；是目前网上主流的图像格式之一。”是（　　）格式图像文件的特点。

A. JPEG(JPG)　　B. GIF　　C. BMP　　D. PSD

3. 构成位图图像的最基本单位是（　　）。

A. 颜色　　B. 像素　　C. 通道　　D. 图层

4. 以下（　　）软件主要适用于制作动画。

A. Flash、Photoshop、3ds Max　　B. Flash、3ds Max、Maya

C. Maya、AutoCAD、Authorware　　D. Audition、Gif Animator、Director

5. 以下（　　）不是 Flash 的特色。

A. 简单易用　　B. 基于矢量图形　　C. 流式传输　　D. 基于位图图像

6. 根据多媒体计算机产生数字音频方式的不同，可将数字音频划分为 3 类，（　　）类除外。

A. 波形音频　　B. MIDI 音频　　C. 流式音频　　D. CD 音频

7. 影响数字音频质量的主要因素有 3 个，以下（　　）除外。

A. 声道数　　B. 振幅　　C. 采样频率　　D. 量化精度

8. Audition CC 提供了 3 种专业的视图，以下（　　）除外。

A. 波形视图　　B. CD 视图　　C. 多轨视图　　D. 浏览视图

9. 以下类型的文件中，（　　）不属于音频文件格式。

A. AU　　B. WMA　　C. CD　　D. DAT

10. （　　）标准是用于视频影像和高保真声音的数据压缩标准。

A. JPEG　　B. MIDI　　C. MPEG　　D. AVI

11.（　　）不是数字视频的文件格式。

A. MOV　　B. RM　　C. MPG　　D. CDA

12.（　　）是流式视频格式，可以在网络上边下载边收看。

A. WMA　　B. RM　　C. MPEG　　D. DAT

二、填空题

1. 图像每单位长度上的像素点数称为________，单位通常采用"像素/英寸"。

2. ________格式是 Photoshop 的基本文件格式，能够存储图层、通道、蒙版、路径和颜色模式等各种图像属性，是一种非压缩的原始文件格式。

3. 数字图像分为两种类型：________与________。在实际应用中，二者为互补关系，各有优势。只有相互配合，取长补短，才能达到最佳表现效果。

4. 动画是由一系列静态画面按照一定的顺序组成的，这些静态的画面称为动画的________。通常情况下，相邻的帧的差别不大，其内容的变化存在着一定的规律。当这些帧按顺序以一定的速度播放时，由于眼睛作用的存在，形成了连贯的动画效果。

5. Flash 源文件的扩展名为________。

6. ________音频更能反映人们的听觉感受，但需要较大的存储空间。

第三部分　交互式课件制作

技能一　PowerPoint

PowerPoint(简称 PPT)作为课件制作的主流,目前仍然处于主导地位,PPT 课件制作也是当前教师必备的一项基本功,它可以处理文字、图片、音频、视频等对象,还可以添加动画增强演示文稿的播放效果,由于它操作简单,使用方便,被广泛应用于学术交流、辅助教学等,所以深受广大教师的喜爱。

PowerPoint 2016 比以前的版本增加了很多功能,包括主题设计、墨迹书写等,使用起来更加方便。

任务1　演示文稿的基本操作

任务描述

案例一　制作动态文字。

案例二　制作海报。

案例三　制作漂亮封面。

任务目标

- 熟悉 PowerPoint 2016 操作界面。
- 学会文字、图片、图表的高级编辑。
- 学会制作优质的满分 PPT。

知识介绍

基本概念

1. 演示文稿

由一组幻灯片组成的一个完整的演示文件,称为演示文稿。

2. 幻灯片

由文字、图片、表格、动画等组成,用来显示画面的页面,称为幻灯片,它是演示文稿的组成部分。

3. 幻灯片的创建

(1) 新建空白幻灯片。打开 PPT,选择新建空白幻灯片,便可进入到幻灯片编辑状态,通过选择【开始】选项卡，幻灯片功能区，【版式】按钮可以对幻灯片样式进行修改，这样可以建立空白幻灯片，供使用者去独立制作课件。

(2) 利用模板创建 PPT。除了使用幻灯片功能自己设计 PPT 外，对于大部分人而言，模板可能是在设计幻灯片时的一种必需品，模板的美观程度直接决定了幻灯片的美观程度，所以要学会应用网上资源，获取想要的幻灯片效果。幻灯片模板的获取方式有：①微软官方模板网站 officeplus，此网站提供的模板比较注重设计规范，用户容易修改套用；②逼格 PPT，这个网站属于个人博客，提供的模板多为原创设计，数量不多，但质量很好；③当图网、演界网等会提供收费模板，使用时需要付费，幻灯片分类成品比较多，可选性强，使用起来非常方便，但要注意版权问题。

任务实施

一、文字编辑

文字作为 PPT 制作的重要元素之一，文字是否恰当，决定了幻灯片的阅读质量。

实际上，需要根据幻灯片类型来决定文字的多少，幻灯片主要分为演讲型、阅读型、商务型和工作型四大类。演讲型 PPT 一般要信息明了，写满密密麻麻的内容反而不好，字体多以微软雅黑等字体为主。阅读型 PPT 侧重于信息呈现，以传递信息为目的，所以信息要全面，文字多也无碍，但文字层次要明显，做好对齐、统一配色、重点突出。商务型 PPT 侧重于字和图片的搭配，颜色需要侧重冷色系，冷色系显得更加严肃和正式，如蓝色、白色等。工作型 PPT 目的导向更强一些。PPT 一定要提供有价值的内容，对内容要进行组织，进行提炼，总结关键词，达到解决问题的目的。

1. 文字的插入方法

(1) 直接利用文本框输入。

(2) 利用字体工具设计文字类型、文字大小、文字颜色、加粗、倾斜、下画线等，PPT 一般采用微软雅黑字体。

(3) 利用艺术字插入艺术字，并利用艺术字功能设置字体效果。

(4) 在网站下载特殊格式的字体。例如，提供字体素材的网站 1001freefonts. com 或者 mobanwang. com。

2. 案例一　填充文字制作

具体步骤如下所述。

(1) 利用文本框输入 happiness。字体设置为 TimesNewRoman，字号设置为 100。

(2) 选中文字，右击，在弹出的菜单中选择【设置文字效果】，在文本填充中选择【文本填充与轮廓】按钮，选择【渐变填充】，设置预设渐变为中等渐变-个性色 2，方向为线性向上，设置颜色为红色，即可得到填充文字，如图 3-1 所示。

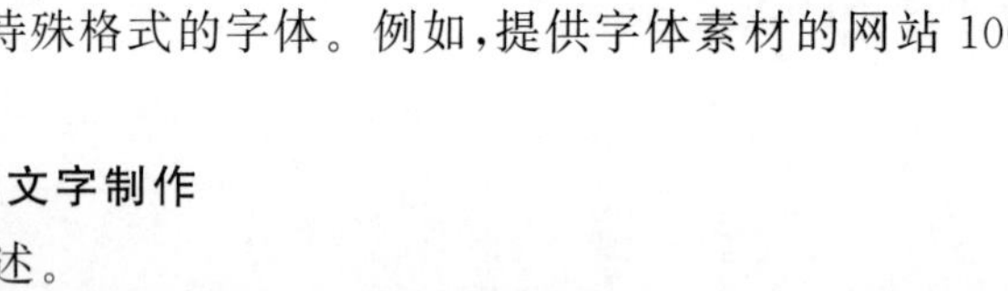

happiness

图 3-1　填充文字效果

3. **案例二 烟花文字制作**

具体操作如下所述。

(1) 利用【插入】选项卡插入矩形，调整矩形大小，跟演示窗口尺寸一样大，将矩形颜色修改为黑色、无框线。

(2) 在文本框中输入文字 happiness。字体设置为 Times New Roman，颜色设置为【白色】，字号设置为 100。

(3) 选中矩形，按住 Ctrl 键，选中文字，选择【格式】|【形状】，单击【合并形状】按钮，在打开的对话框中选择【剪除】。

(4) 选择【插入】|【媒体功能区】，单击【视频】按钮，在打开对话框中选择 PC 上的视频，导入已下载的烟花视频，将视频的播放模式设置为【自动】。选中视频，右击，在弹出快捷菜单中选择【底层】，即可得到烟花文字效果，如图 3-2 所示。

图 3-2 烟花文字

二、图片编辑

一图胜千言，提高选图的质量是提升幻灯片内容的重要手段，那么图片如何选择呢？

对于页面中单张图片的选择，基本要求是高清，要求再高点儿的话，就是图片本身可以表达制作者的思想。比如，用这张图片可以表达安全；这张图片可以表达众志成城；这张图片可以表达爱心。

对于一页多张图片的选择，基本要求就是图片风格需要一致，并且和主题颜色保持一致。对于整套幻灯片中的图片选择，要求同样是风格保持一致，这样幻灯片给人整体的感觉就特别工整和流畅。

1. **图片的获取方法**

(1) 使用百度或 360 等搜索引擎搜索图片，一般会遇到的问题是图片分辨率很低，有的还带水印和防伪标志，使用起来特别麻烦。此时可以使用识图工具，搜索没有水印的照片。将图片先下载到计算机上，打开百度识图官网 shitu. baidu. com。单击【本地上传】按钮将图片上传至服务器，在识别结果中可以找到想要获得的图片。

(2) 利用手机等拍图工具获取图片，需要拍照者掌握一定的拍图技巧，获得适合的图片。

(3) 利用专业的图库网站获取图片。例如，Pixabay. com 包含许多高质量图片素材，而且都是免费的；全景网(quanjing. com)多数为商务类型的图片素材；500PX. com 为摄影图库，素材是收费的；iconfont. cn 为矢量图标库，图标数量丰富，类型齐全，并且都是免费的。

(4) 利用截图工具获得图片。比如小程序截图工具、键盘按钮 Prt Sc、Office 自带截图工具等。

2. 图形的编辑

图形中的形状一般可以分为线条和形状两大类。插入方法是选择【插入】|【插图】,便可以插入需要的线条和形状,选择所需要的图形,放到编辑窗口上,即可绘制出形状。利用绘图工具可以设置图形样式。

(1) 编辑大小。选择图形,利用拖动控制点的方法即可改变图形的大小,也可以通过设置大小和位置等信息,精确调整形状大小。选中并右击需要修改的形状,在弹出的快捷菜单中选择【大小和位置】命令,在弹出的对话框中,选择【大小】,可以修改【高度】和【宽度】值,也可按比例进行缩放。

(2) 顶点编辑。选择【绘图】|【形状功能区】|【编辑】,在弹出的下拉菜单中选择【编辑顶点】命令,即可改变图形控制点位置,如图 3-3 所示。

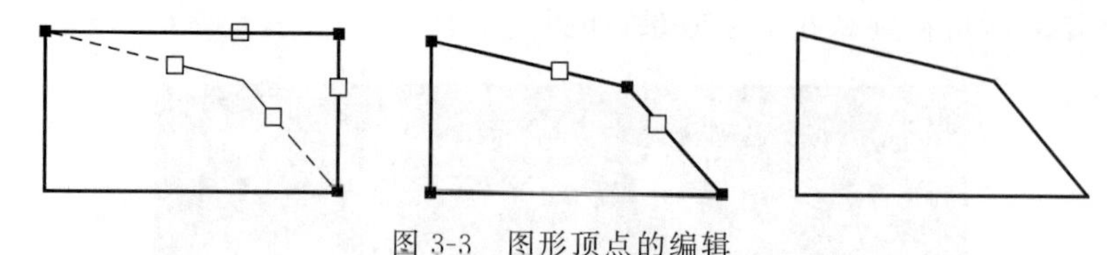

图 3-3　图形顶点的编辑

(3) 填充。图形的填充效果对制作幻灯片非常重要,一般选择跟幻灯片主题效果一样的填充方式。填充分为形状填充、形状轮廓和形状效果。填充效果可以分为无填充、纯色填充、渐变填充和图片文理填充。选中形状,右击,在弹出的快捷菜单中选择【设置形状格式】,在弹出的对话框中可以设置不同类型的填充效果。

(4) 位置和对齐功能。利用图片工具的排列功能区、位置、对齐方式、上移一层和下移一层、组合等功能,可以设置图片的位置、对齐方式和组合方式。

(5) 布尔运算。布尔运算是数字符号化的逻辑推演法,包括联合、相交、相减等类型。在 PPT 中形状、文字、图片之间都可以进行布尔运算。选择【格式】|【合并形状】,即可进行布尔运算。进行布尔运算的对象必须是两个或两个以上图形。布尔运算包括联合、组合、拆分、相交、剪除 5 种。

联合是把多个对象合并成为一个对象,没有先后顺序,如图 3-4 所示。

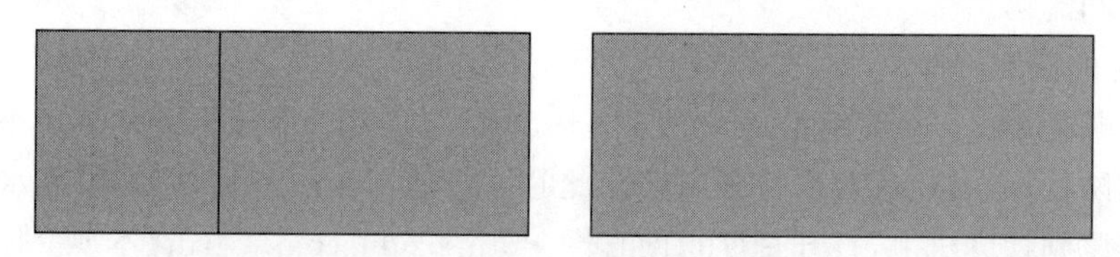

图 3-4　联合

组合是两个对象合并为一个对象,并剪去相交的部分,如图 3-5 所示。

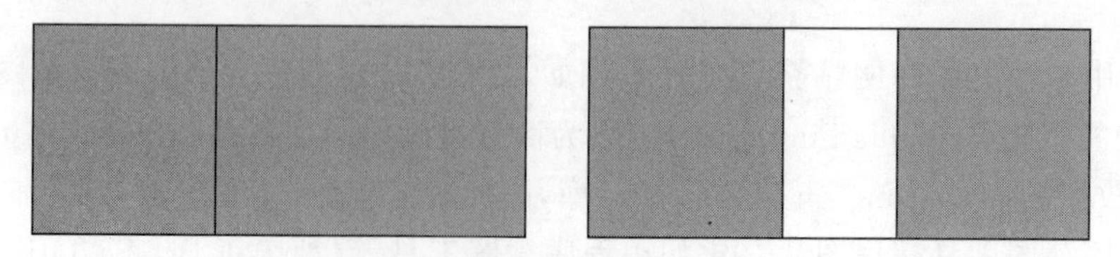

图 3-5　组合

拆分是把形状按相交部分拆分成多个，如图 3-6 所示。

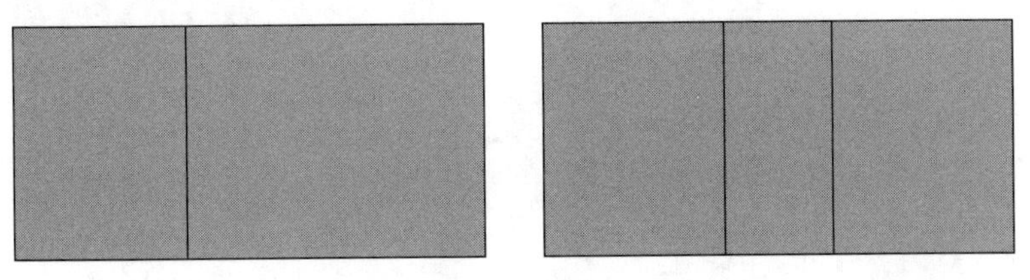

图 3-6　拆分

相交是保留共同部分，如图 3-7 所示。

图 3-7　相交

剪除存在先后顺序，不同对象选择顺序不同，结果不同，如图 3-8 所示。

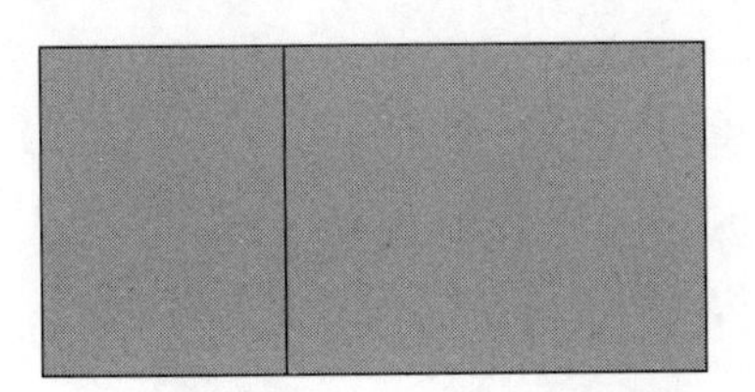

图 3-8　剪除

3. 案例三　海报的制作

具体操作如下所述。

(1) 下载自己喜欢的笔刷样式，选择【插入】|【图片】，插入笔刷图片，选择【调整】|【颜色】，将笔刷图片设置为透明。

(2) 插入准备作为海报的图片，选择图片，右击，在弹出的快捷菜单中选择【剪切】。

(3) 选择笔刷，右击，在弹出的快捷菜单中选择【设置图片】|【填充】，选择【纹理】或图片选项中的剪贴板，海报就制作完成了，如图 3-9 所示。

4. 案例四　利用图形制作好看的封面

具体操作如下所述。

(1) 插入需要作为背景的图片。

(2) 在图片上绘制自己喜欢的图形，并将其排列成自己喜欢的样式。

(3) 选中图片，按住 Ctrl 键，选中所用图形，选择【格式】|【插入形状】|【合并形状】，在打开的菜单中选择【拆分】，即可得到创意封面，如图 3-10 所示。

三、插入 SmartArt

利用 SmartArt 可以快速绘制流程图，选择【插入】|SmartArt，选择适合的 SmartArt 类

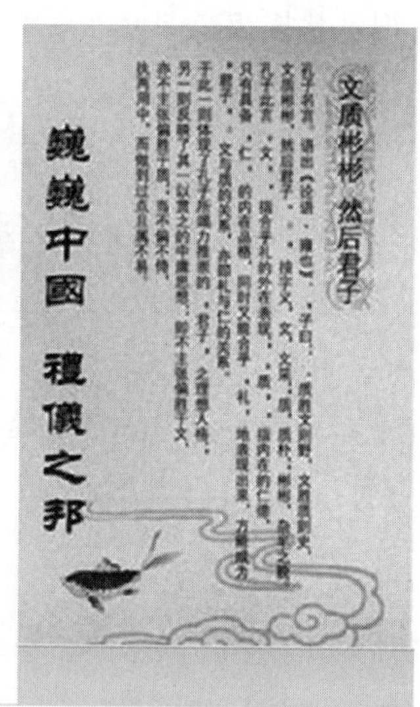

图 3-9 海报

图 3-10 封面

型，在编辑窗口中就会出现【选择 SmartArt 图形】对话框，如图 3-11 所示。利用 SmartArt 工具设计选项卡，在创建图形功能区，可以添加形状和文本框，利用 SmartArt 样式可以对 SmartArt 进行格式的设置。在设置 SmartArt 结构时，需要注意的是，SmartArt 主题要与 PPT 主题一致。

四、音频、视频的插入

PPT 支持 WAV、MP3、MIDI、WMA 等多种音频格式，使得在 PPT 中引用音频文件变得十分方便。选择【插入】|【媒体】|【音频】，在弹出的下拉列表中选择【文件中的音频】命令，打开【插入音频】对话框，定位到相关音频文件所在的文件夹，选择音频文件。利用音频工具对声音进行编辑，对声音进行裁剪和设置播放模式。在动画窗格中可以设置声音播放位置及跨幻灯片页数。

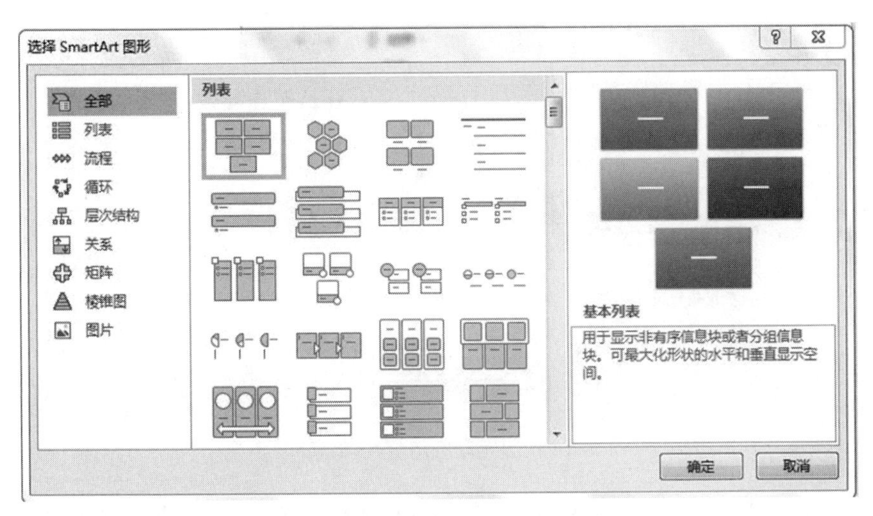

图 3-11 【选择 SmartArt 图形】对话框

PPT 支持 AVI、WMV、SWF、MPEG 等视频格式，插入方法和插入音频的方法一致，同时在视频工具中，利用工具按钮可以设置视频窗口样式、视频播放模式以及剪辑。

音频和视频的插入可以大大增加 PPT 的放映效果。

五、录屏功能

PowerPoint 2016 在以往版本的基础上，新添加了录屏功能。录制方法：选择【插入】|【媒体】|【屏幕录制】，在弹出的对话框中选择录屏区域，如图 3-12 所示。单击【录制】按钮开始录制，按组合键 Windows＋Shift＋Q 停止录屏，然后就可以在窗口中插入录制的视频，利用视频工具可以对录制的视频进行编辑和设置。

图 3-12 录屏窗口

六、幻灯片主题的设置

选择【设计】选项卡，可以对幻灯片主题进行设置，既可以利用幻灯片自有主题，还可以利用浏览主题的方式，添加外部主题文件。

在自定义功能区，选择【设置背景格式】可以设置幻灯片的填充效果。选择【幻灯片大小】设置幻灯片大小、方向和编号。

七、幻灯片母版使用

在 PowerPoint 中，母版实际上是一种特殊的幻灯片，保存了包含不同需要的幻灯片的版面信息和组成元素的样式信息，这些信息都是已经在母版中设置好的，如图 3-13 所示。在应用母版创建换灯片时，无须对幻灯片进行再设置，只需要在相应的位置输入需要的内容即可。灵活地使用母版，能够有效避免重复操作，提高工作效率。更为重要的是，使用母版能够使演示文稿的幻灯片具有统一的样式和风格。

母版幻灯片的另一种应用是可以对模板进行修改。

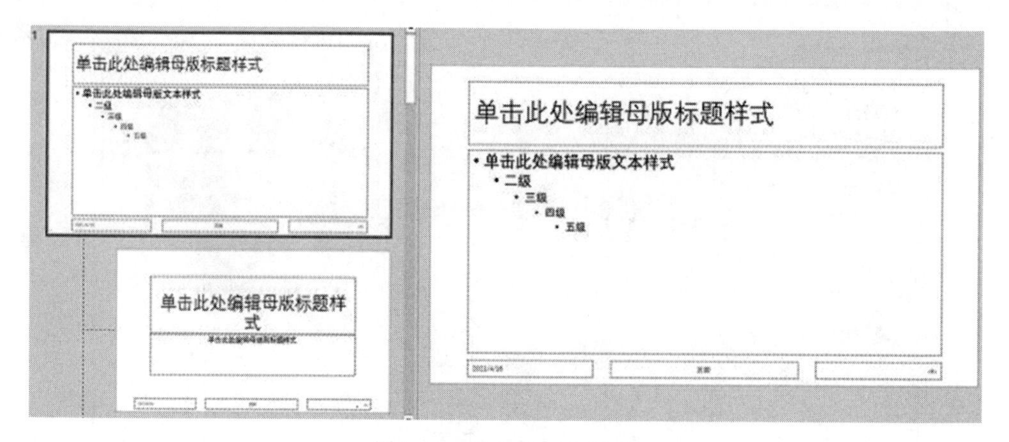

图 3-13　母版幻灯片样式

幻灯片模板是固定样式的设计，不是个性化的，并不一定能够适合你所准备的内容，当下载模板之后，应该知道如何对其改造，并为你所用。

（1）修改页面上的固定元素。

幻灯片的固定元素包括 LOGO、背景图片等，那如何去修改呢？可以使用母版视图，即进入母版编辑界面，把要删除的元素删掉。还有一种特例，就是不想让某一页幻灯片不显示总母版的内容，可以在【幻灯片母版】|【背景功能区】单击【隐藏背景图形】按钮即可。

（2）修改模板固有的设计方案。

如果对模板设计方案中某些地方不太满意，比如不想使用默认的字体，可以进入母版视图，选择自定义字体，分别设置标题和正文的字体即可。

知识拓展

除了使用 PowerPoint 制作 PPT，也可以使用 WPS 软件制作 PPT。WPS Office 是由金山软件股份有限公司自主研发的一款办公软件，操作界面如图 3-14 所示。可以制作办公软件最常用的文字、图片、表格及演示，具有内存占用低、运行速度快、云功能多等优点，并且支持桌面和移动办公。

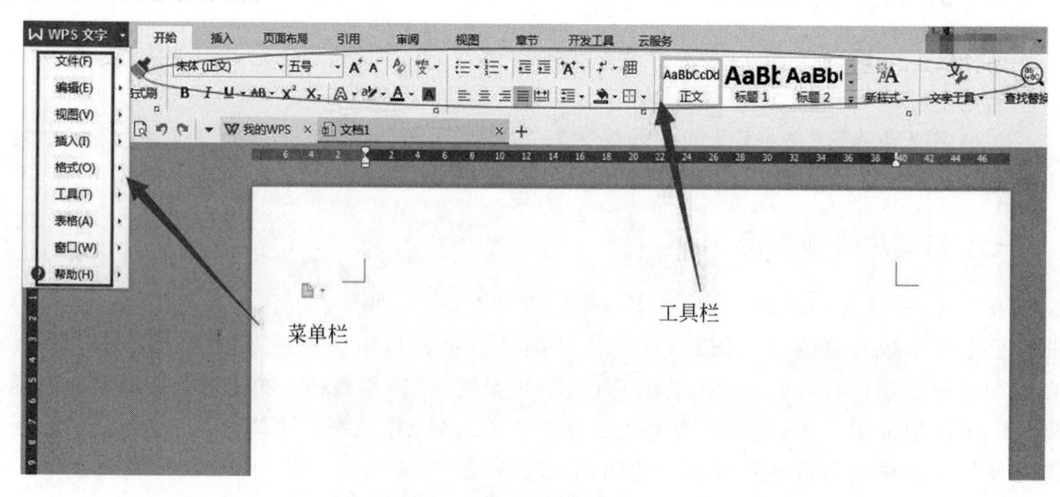

图 3-14　WPS 操作界面

WPS包括四大组件：WPS文字、WPS表格、WPS演示和轻办公。它能无碍兼容微软Office格式的文档，可以直接打开并保存，Microsoft Office也可以正常编辑WPS保存的文档。基本操作方法跟Microsoft Office大体相同。

任务2 动画高级应用

在幻灯片中添加动画效果是PPT常用的功能，动画效果的添加使幻灯片放映更加精彩，不呆板，演示起来更吸引眼球，使观众更有兴趣欣赏。

任务描述

案例一 倒计时的设计。
案例二 国庆烟花设置。
案例三 聚光灯的设计。

知识介绍

PPT制作，包括两个方面：幻灯片之间添加动画切换效果；在幻灯片上的对象元素上添加动画效果。

一、添加动画切换效果

幻灯片切换效果是在幻灯片放映窗口中从一个幻灯片切换到下一个幻灯片出现的类似动画的效果，用户可以在【切换】选项卡的【计时功能区持续时间】设置幻灯片切换的时间，还可以添加切换音乐。利用切换方式，可以设置幻灯片切换模式，包括单击鼠标、设置自动播放时长、设置幻灯片播放方式。

切换效果包括无切出、淡出、推进、溶解等，如图3-15所示，根据幻灯片播放需要设置相应的动画，选中需要的效果选项，可以改变切换方式的播放效果。

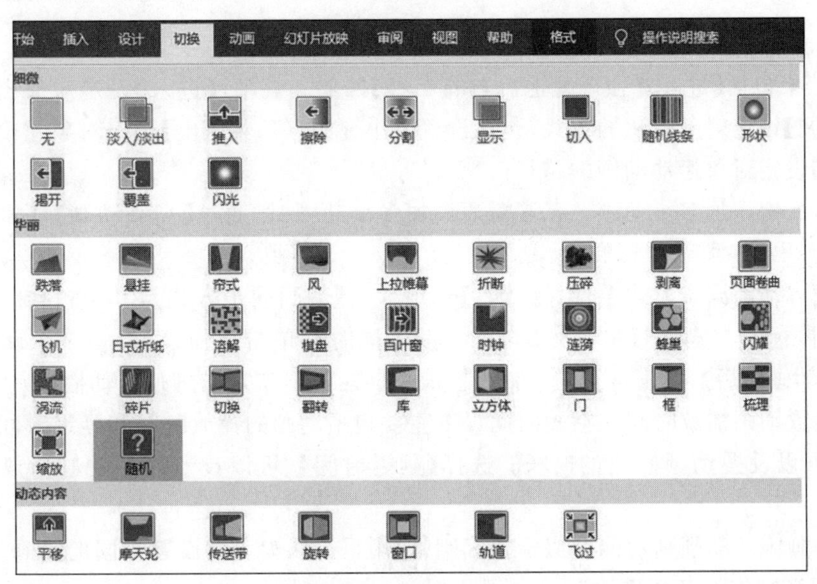

图3-15 【切换】选项

二、为元素添加动画效果

添加动画效果的对象可以是文字、图形、图片，添加方法是选中【动画】选项卡，在动画功能区，选取动画效果，如图 3-16 所示。

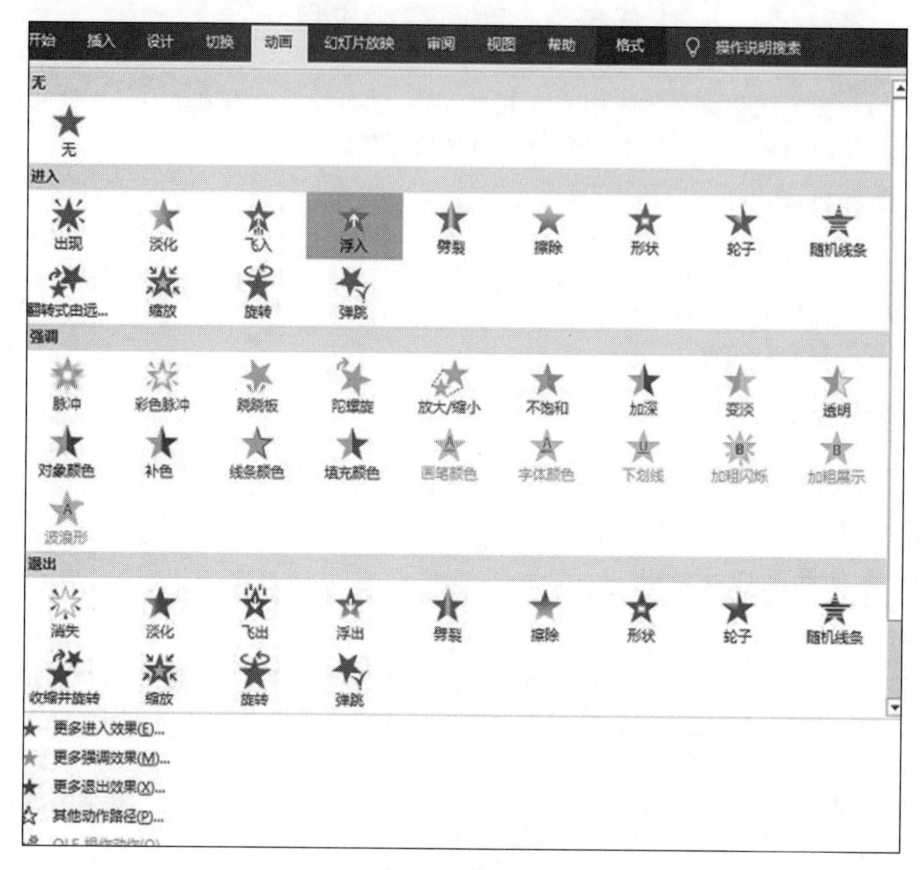

图 3-16　动画效果选项

动画效果包括【进入】【强调】【退出】和【路径】四类。其中，【进入】设定对象出现的动画方式；【强调】设定对象变化的方式，包括设置大小、颜色等；【退出】设定对象退出的动画方式；【路径】设定对象运动动画的路径。

(1) 为元素添加多个动画。元素需要添加多个动画时，通过【高级动画】|【添加动画】，可以给元素添加多种动画效果。

(2) 设置动画同步方式。选择【计时】选项卡的【动画同步方式】，其中包括【单击鼠标】(是以单击鼠标的方式运行文件)、【与上一动画同时】(单击按钮，可以使多个动画同时播放)、【上一动画之后】(单击该按钮，可以使动画连续播放，实现幻灯片自动播放)。

(3) 设置动画播放时间。动画时间设置主要包括动画的播放时间和延迟时间，选择【持续时间】，可以设置动画播放的时长；选择【延迟时间】，可以设置两个动画播放时的时间间隔。

(4) 动画刷。动画刷功能类似于格式刷，作用是可以为元素设置相同的动画，动画刷的使用大大提高制作幻灯片的效率。

(5) 动画窗格。单击【动画窗格】按钮，在幻灯片右侧会出现动画窗格界面，在动画窗格中可以显示所有添加的动画，利用计时功能区的【对动画重新排列】，可以对动画播放顺序实现重新排列，单击每个动画右边的动画箭头，可以设置动画的效果和细节。

(6) 触发器。利用触器可以将幻灯片的元素联系起来，一个作为触发对象，另一个作为触发后播放的对象，使用触发器时，后者一定要先添加动画效果，然后单击触发器，选中需要产生触发效果的对象。触发器的使用可以大大提高人机的交互性。

任务实施

案例一　倒计时文字的设置

具体步骤如下所述，效果如图 3-17 所示。

(1) 新建空白幻灯片，选择【自定义】|【幻灯片大小】，将幻灯片大小设置为宽度 20cm，高度 30cm。

(2) 选择背景设置格式，将背景设置为纯色填充，颜色为黑色。

(3) 插入圆形，设置圆形填充模式为无填充，边框设置为 6.5 磅，输入数字 5，将字号设置为合适大小，加粗，选择动画选项卡下轮子动画效果，持续时间设置为 2.5s，选择【切换】选项卡设置自动切换时间为 1s。

(4) 复制 4 张相同幻灯片，依次更改数字为 4、3、2、1。

图 3-17　倒计时

案例二　国庆烟花设置

具体步骤如下所述，效果如图 3-18 所示。

(1) 插入背景图片，绘制圆形。

(2) 选择【动画】|【浮入】动画效果，在【高级动画】功能区，单击【添加动画】按钮，添加强调【放大缩小】动画，最后再添加一个退出动画。

(3) 将所有动画持续时间设置为 2.5s，持续时间设置为 0.25s。将动画 1 开始设置为【与上一动画同时】，动画 2 设置为【上一动画之后】，动画 3 设置为【与上一动画同时】。

(4) 选择动画窗格中的动画 2，右击，在弹出的快捷菜单中选择【设置动画效果】，将倍数修改为 1500%。

案例三　聚光灯的设计

具体步骤如下所述，效果如图 3-19 所示。

图 3-18　烟花视频

图 3-19　聚光灯

（1）插入文字“这是你的舞台”，设置字体为【微软雅黑】，设置字号为 54，加粗。

（2）插入图片，将图片设置为【圆形】，形状轮廓设置为【无】，放到文字下方。

（3）插入圆形形状，设置颜色为【白色】，形状轮廓设置为【无】，调整圆形大小，恰好可以遮挡文字。

（4）选择排列功能区，将图片设置为【下移一层】。

（5）选择动画，设置直线形动画效果，路径以遮盖所有文字为宜。

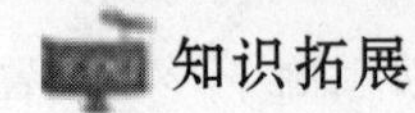

知识拓展

课件的打包

PowerPoint 课件放映的门槛虽然很低，但教师在实际使用过程中或多或少会遇到一些问题，比如放映时无法播放插入的音频或视频，课件中文字的字体发生改变，漂亮的字体变成其他的字体，Flash 动画无法播放等，这些问题的表现形式虽然不同，但原因几乎是一样的，那就是课件在移动过程中造成了某些素材文件的丢失或者指向性的素材文件夹出错，PowerPoint 无法找到需要的文件。另外还可能因为版本的不同，造成无法正常播放幻灯片的情况。

要解决上面提到的问题，在完成课件的制作后，对课件文件进行打包处理是一个必要的步骤。将演示文稿打包的常用方法是【打包成 CD】。对课件进行打包，具体操作步骤如下。

(1) 选择【文件】选项卡，在左侧的列表中选择【导出】，然后选择右侧窗格出现的【将演示文稿打包成 CD】|【打包成 CD】，如图 3-20 所示。

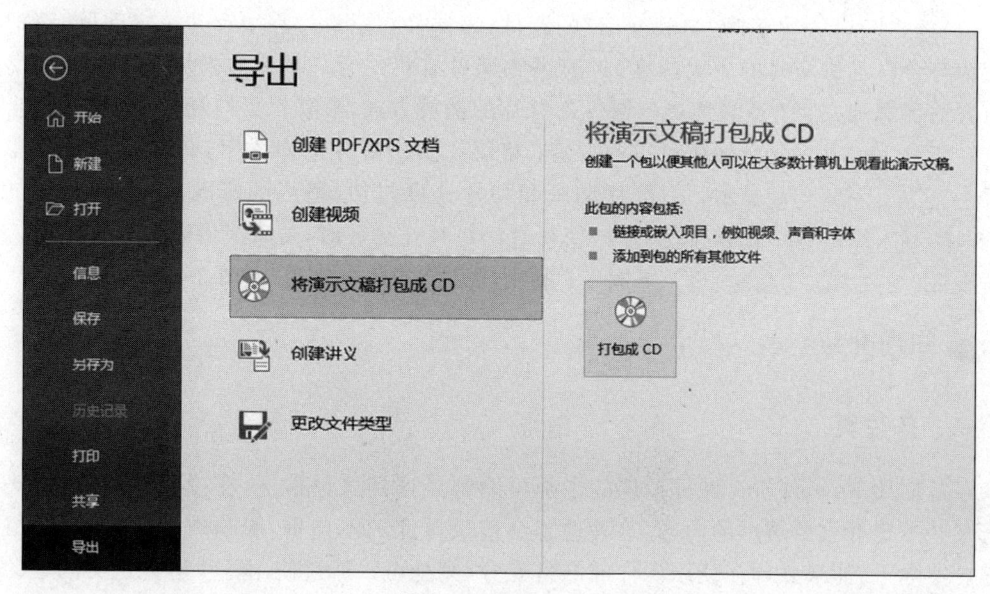

图 3-20　打包成 CD

(2) 在打开的【打包成 CD】对话框中，添加要打包的演示文稿。单击【选项】按钮，打开对话框，如图 3-21 所示，可以对文件包含的内容进行选择，同时可以设置密码来为演示文稿添加保护。

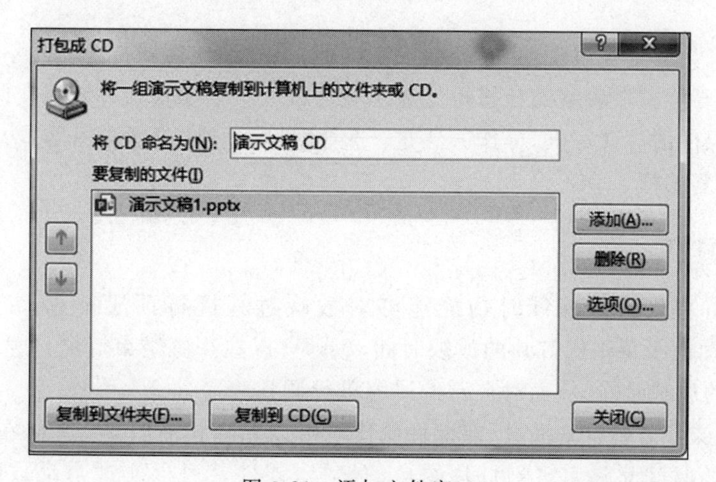

图 3-21　添加文件窗口

任务3　PowerPoint 其他高级应用

要上好一堂课，教师应该做好充分的准备，要熟悉掌握课件的内容，这就需要教师熟悉课件的流程、播放和控制方式。

任务描述

(1) 案例一：一个名为“自我介绍”的课件，该课件在播放过程中存在一定问题，请把它设置为符合自己讲演时的播放速度，将演讲和课件有机结合。具体要求如下：在给出模板的位置适当添加文字；适当地更改课件幻灯片的播放方式，给第 2 页幻灯片添加超链接，链接到相对应的内容；将第 4 页幻灯片下面文字部分，更改为备注页显示；幻灯片动画和切片速度过快，适当的修改动画播放的速度；设置排练计时，使每页幻灯片在播放时，适宜演讲者的演讲速度。

$$x=\frac{-b\pm\sqrt{b^2-4ac}}{2a}$$

图 3-22　输入公示内容

(2) 案例二：利用墨迹公式输入公式，如图 3-22 所示。

知识介绍

一、备注页

经常使用 PowerPoint 课件授课的老师可能都会遇到这种情况，在授课时，有时忽略或遗忘某些本来计划要展示的内容，这种遗忘会造成授课的不连贯，影响教学效果，课后留下遗憾。实际上，如果教师在使用课件前准备充分，完全可以通过使用备注避免这类问题的出现。另外，在制作课件时，幻灯片页面上不可能填满内容，因此可以使用备注页放置一些准备由老师来讲解的内容。

PowerPoint 提供了备注功能，用户能够很方便地向幻灯片中添加备注。选择【视图】|【演示文稿视图】|【备注页】，打开备注页，此时在备注文本框中输入文字即可创建备注，如图 3-23 所示。

备注是用来为教师提供说明，唤起教师记忆的，因此在使用课件时当然不希望将其投影在大屏幕上，只要能够在教室的计算机上显示就可以了。要实现这种效果实际上很简单，只需要设置一下课件的放映方式，操作方法是：选择【幻灯片放映】|【监视器】功能区，勾选【使用演示者视图】复选框。

二、排练计时

PowerPoint 提供的排练计时功能能够对放映过程进行预演排练，在排练过程中，PowerPoint 自动记录每张幻灯片的放映时间，教师可以在排练结束后通过显示的时间了解整个演示文稿的放映时间，从而对自己的讲解进行调整。

另外，如果课件需要自动播放，在课件制作时可以保存排练计时，这样在播放课件时，能够使用录制的时间间隔实现幻灯片的自动切换，课件就可以实现自动放映了。对于需要将课件转换为视频或放置于网页中供学生学习的情况，排练计时是实现课件自动播放的手段。

图 3-23　备注视图

选择【幻灯片放映】|【设置】|【排练计时】，进入幻灯片放映视图，屏幕上会出现【录制】工具栏，使用该工具栏中的工具，可以对幻灯片放映进行控制。完成排练后，退出幻灯片放映状态，可以保存排练时每张幻灯片的播放时间，该时间将在每张幻灯片下方显示，如图 3-24 所示。

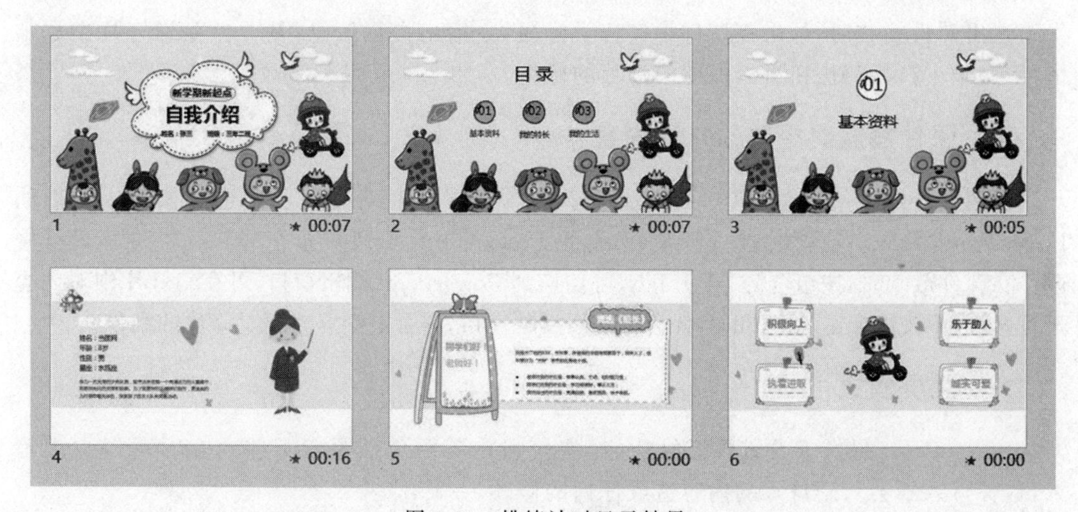

图 3-24　排练计时显示结果

三、录制旁白

PowerPoint 提供了录制旁白功能，能够帮助教师为课件添加解说。选择【幻灯片放映】|【设置】|【录制幻灯片演示】，选择录制方式后，在出现的对话框中勾选【旁白和激光笔】复选框后，单击【开始录制】按钮即可，但使用录制旁白功能需要插入话筒后录制。

四、标注

PowerPoint 可以在课件放映时对放映的内容进行标注。在幻灯片放映时，单击屏幕左下角的【标注笔】按钮，在打开的菜单中选择【笔】选项和【墨迹颜色】，然后拖动鼠标，即可在屏幕上勾画标注。如图 3-25 所示，在菜单中选择【荧光笔】选项，可以对幻灯片进行标注；选择【激光笔】，可以出现激光定位功能；选择【橡皮擦】，可以擦除笔迹。

图 3-25　幻灯片中的标注

退出课件播放时，如果在课件中进行了标注，会给出提示信息，是否保存幻灯片中添加的墨迹，单击【保留】按钮可以保留幻灯片的标注。

五、课件播放时更改幻灯片内容

使用传统的粉笔和黑板的一个优势是，教师可以随时对有关内容进行修改。早期的 PowerPoint 无法在放映时进行修改，而新版 PowerPoint 可以对正在放映的幻灯片进行修改。在课件放映时，按组合键 Alt+Tab，可切换到 PowerPoint 编辑窗口，可在幻灯片中对内容进行修改，再按组合键 Alt+Tab，就会切换回放映窗口，屏幕上会立刻显示修改的结果。

六、黑屏模式

PowerPoint 提供了类似黑板的功能，使教师在需要单独写入某些内容时可以自由写入，这种写入不会对幻灯片的内容造成任何的修改。

具体操作，在课件放音时，按 B 键使屏幕进入黑屏状态，在屏幕上右击，在弹出的快捷菜单中选择【指针】|【笔】，并设置笔的颜色，然后拖动鼠标即可在屏幕上书写需要写的内容。

如图 3-26 所示，书写内容后，按 Esc 键即可退出黑屏模式回到当前放映的幻灯片。按 W 键可进入白屏状态，输入需要的内容进行标注。

图 3-26 黑屏标注

七、墨迹公式

PowerPoint 2016 提供了新增功能墨迹公式，方便了数学公式和特殊符号的输入，节省了很多时间。具体操作，选择【插入】|【符号】|【公式】，在弹出的对话框中选择【墨迹公式】，会出现数学控件编辑区，用鼠标输入想要输入的公式，会自动转换成公式，如图 3-27 所示。

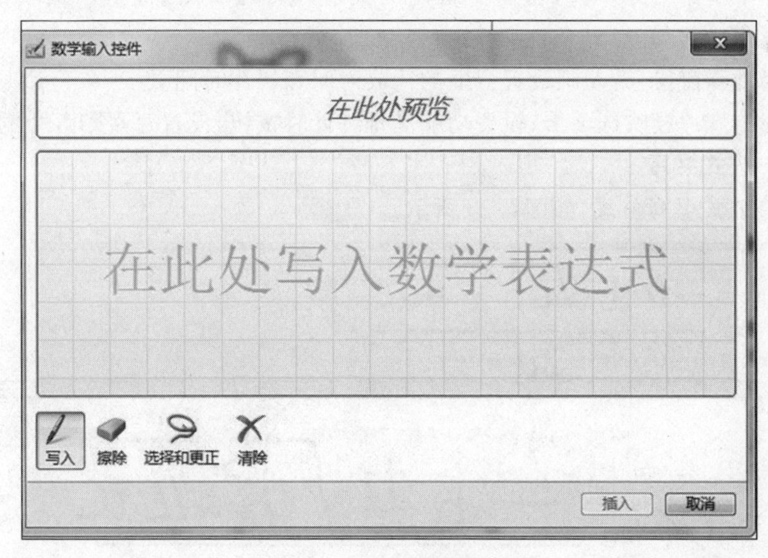

图 3-27 墨迹公式编辑窗口

任务实施

案例一 课件与演讲

素材提供一个名为“自我介绍”的课件，如图 3-28 所示。

图 3-28　素材封面

(1) 添加文字，在 PPT 提示文字的位置，适当添加文字。添加的文字字体、颜色要与主题一致。

(2) 选择目录标题 1、目录标题 2 和目录标题 3，右击后设置超链接，选择本文档中的位置，选择相应的幻灯片。

(3) 选择第 4 页幻灯片，剪切需要备注的文字，选择【视图】|【演示文稿视图】|【备注页】，在出现的备注区域，粘贴备注文字。

(4) 选择动画窗格，为动画设置合适的播放时间和切片时间。

(5) 选择幻灯片放映选项卡，设置功能区排练计时按钮，设置每页幻灯片的播放时间。

案例二　公式书写

利用墨迹公式书写公式，如图 3-29 所示。

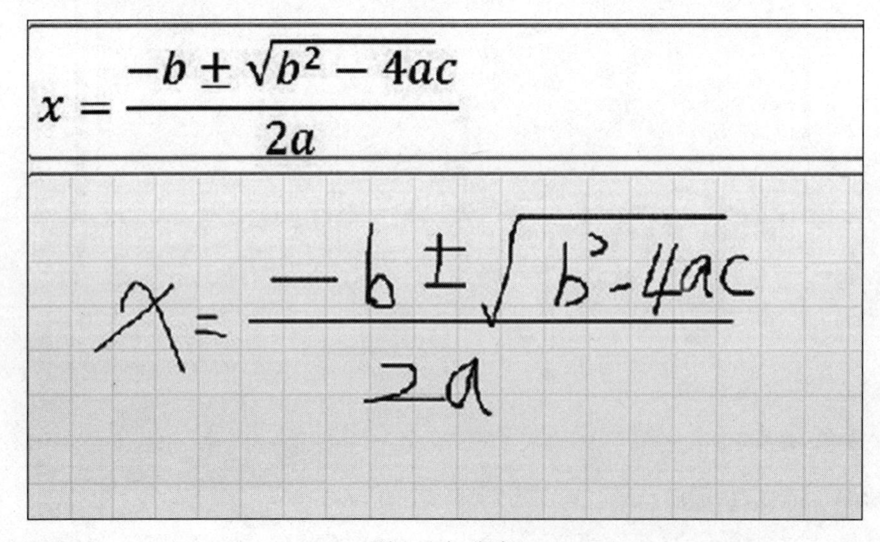

图 3-29　公式

(1) 选择【插入】|【符号】|【公式】，在打开的对话框中选择墨迹公式，在出现的编辑窗口中利用鼠标输入公式。

(2) 书写过程中，出现错误，可以利用橡皮擦进行擦除，并重新写入。

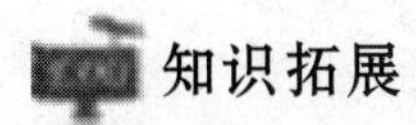

知识拓展

课件的双屏显示

现在的笔记本电脑都带有双屏显示功能，能够将信号输出到外接的显示设备上，很多学校配置的多媒体展台也具有控制台和外接大屏幕输出设备，控制台包括一台计算机，用于对播放进行控制，大屏幕输出设备用于显示有关的内容。

为方便幻灯片放映的控制，PowerPoint 提供了一个"演示者视图"模式，本机上显示一个幻灯片播放台控制，在该视图模式下，投影仪等外接设备将只放映幻灯片的内容，教师可以在本机上通过控制台对幻灯片的播放进行控制，如选择需要播放的幻灯片、切换上一张、下一张幻灯片等。在这个视图中显示的备注内容不会在投影仪设备上显示出来，如图 3-30 所示。

图 3-30 双屏显示图

任务 4 做好 PPT 演讲

通过前几节的学习，对 PPT 类型的课件有了透彻的了解，下面就把之前所学的内容串联起来，讲解如何做好 PPT 演讲。

任务描述

案例一 自己制作 PPT。

任务目标

■ 熟悉 PPT 完整制作流程。

■ 掌握每页幻灯片的设计方法。
■ 能够掌握做好 PPT 演讲的方法。

知识介绍

一、PPT 制作过程

在制作课件之前，需要了解基本信息，再梳理结构，理清内容，用合适的图片、文字把所要讲解的内容呈现出来。

1. 具体需要了解的信息

(1) 演讲屏幕的尺寸。一般 PPT 投影屏幕的长宽比是 4∶3 和 16∶9，如果在一些特制的屏幕上进行演讲，长宽可能是 10∶1，也可能是其他比例，所以需要提前了解这个信息。选择【设计】|【自定义】|【幻灯片大小】，即可设置相应的比例，如图 3-31 所示。

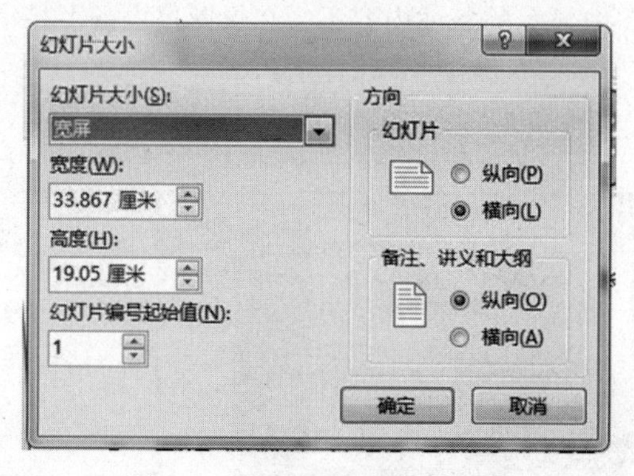

图 3-31 幻灯片大小设置窗口

(2) 演讲场地的大小。在演讲场地中，如果投影屏幕距离最后一排的距离非常远，那么你在制作课件时，就应该把文字大小、一些细节信息处理得大一点，方便最后一排的人也能看清楚，如图 3-32 所示，如果有可能的话，最好提前进入会场来测试一下。

(3) 演讲的对象。这一点关系到要准备的内容。需要根据听众的不同，制作不同风格的课件，例如，演讲的对象是幼儿园的小朋友，那么课件的颜色就要丰富多彩。如果面向的是专家评委，那么课件就要做的技术含量高一些，正式一些。

(4) 演讲的时长。这个就很好理解了，每节课授课时间是 45 分钟，如果 30 分钟过去了，还没讲到授课的重点，或者 15 分钟就把需要讲解的内容全部讲完，那么课件制作太失败了。

2. PPT 内容设计

(1) 文字和图片。了解 PPT 基本信息后就可以进行内容的构思和编辑。选取内容时，一般采用金字塔原理，即论点-论据-二级论据-三级论据，直到最终不能拆分，需要注意的是，内容起到的是提示作用，而非说明，所以尽量少用文字，多用图片。

(2) 表格和图表。表格和图表都是用来表示数据的方式，当要展示数据时，建议大家还是多用图表，少用表格，如图 3-33 所示。

(3) 动画效果。好的课件绝不是动画越多越好，一定要使用必要的动画，而不是大量的动画。比如播放课件时，每个课件都有自己的固定标题，每次切换幻灯片都要出现共同标题

图 3-32　演讲场地

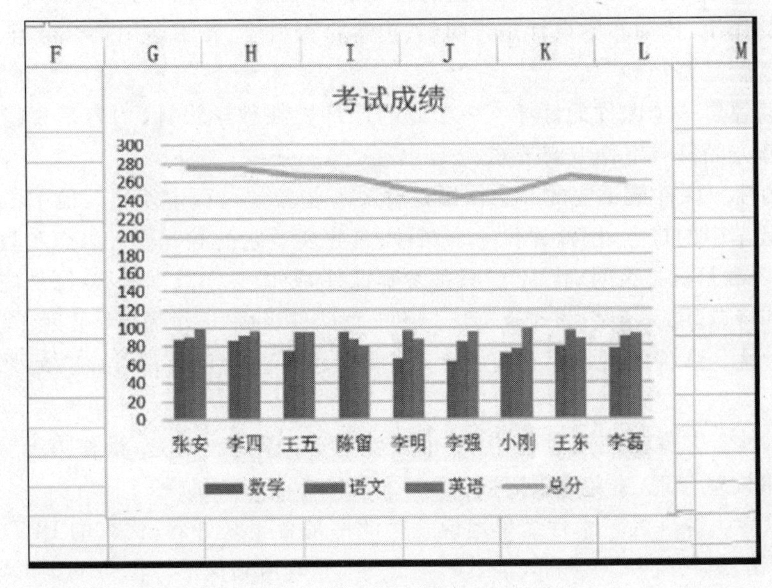

图 3-33　图表

出现的动画，就会觉得画面播放衔接效果不好，还浪费了很多时间。所以一定要给必要的元素加入动画，而不是所有元素。

(4) 选择合适的配乐。一段恰如其分的音效可以引起听众的共鸣，让其仿佛置身在某个特定的场景下，选择恰当的背景音乐一定要与课件内容相匹配，选择不恰当反而会起到相反的效果。

(5) 注重幻灯片风格的统一。幻灯片的内容，要让观众看起来像是一个人写的，也就是说语气不能变，相同级别和位置的文字、图片、背景要统一。

(6) 注重封面和封底的制作。封面决定了观众对幻灯片的第一印象，它的作用是传递信息，也可以是提出一个问题，也可以展现一种态度，或者起到话题引入的作用。封底的功能一般会用致谢来表示一种礼仪，或者传递信息，或者是一个结论。总之，我们在设置封面和封底时，除了考虑美观，还要注意功能性的使用。

(7) 目录的使用。当有课件内容较多时，一定要使用目录页，目录页的作用是在观众脑中构建一个框架，让观众大致明白要讲哪些内容，以及各部分内容之间有什么联系。

3. PPT 演讲

(1) 一定要熟练地把演讲内容和 PPT 对应起来。台上一分钟，台下十年功，这话一点不假，口才再好的人也需要在台下把内容背熟。要做到：看到 PPT，就知道要说什么内容。

(2) 一定要提前排练。不管演讲是半个小时还是 5 小时，都要进行至少一次完整的排练，只有通过排练，才能发现自身的不足，减轻紧张感。

(3) 开启演讲者视图。在上课时，要求是 PPT 与演讲同步。即使已经很熟悉 PPT 内容，但上场之后，谁都不知道会发生什么意外状况，所以，建议在幻灯片设置中，开启演讲者视图，这样，即便演讲中忘记下一页的内容，也可以起到提示的作用。

拓展知识

评价一个课件是否优秀，并不是看这课件是否有华丽的界面，而是要看这个课件是否实现了其应有的作用，比如教学设计是否明确、内容是否科学、技术运用是否得当、艺术美观术效果及课件创新是否巧妙等。

那么如何评价一个课件的好坏？一个好的课件要在教学设计、内容呈现、技术运用、艺术效果和创新方面符合下面 5 点要求。

(1) 目的性。课件最重要的一个作用是解决一些教学过程中使用其他手段无法解决的问题和一些教学中的难点，因此评价一个课件，首先要看它的教学设计思想和教学策略是否清晰，教学对象和目标是否明确。不能只是参赛课件，要服务于教学实践，课件内容要符合学生认知水平和特点，层次清楚，重难点突出。不能把课件当成“电子黑板”，要赋予课件生命力。

(2) 科学性。课件的科学性有两层含义：一是课件内容没有错误；二是课件的呈现符合科学规律。

(3) 技术性。课件在使用过程中，要播放流畅，知识定位清楚，操作方便灵活，交互性强。动画效果设置合理，避免耽误时间。

(4) 艺术性。课件的艺术性简单地说就是课件是否美观好看，优秀的 PPT 一定是构图合理、色彩协调、风格统一。要新颖、活泼、有创意，导航清晰简洁。图像动画形象生动，声画同步，有感染力。

(5) 创新性。创新性是课件的生命力。立意要新颖、构思要独特、设计要巧妙。

技能二　Authorware

任务 1　Authorware 课件制作基础

任务描述

地球公转，是指地球按一定轨道围绕太阳转动。新建一个空白文件，制作模拟地球公转的课件，要求显示太阳、地球和公转轨道，地球转一圈的时间为 30s。

任务目标

- 熟悉 Authorware 的界面。
- 掌握 Authorware 的基本操作。

知识介绍

Authorware 是美国 Macromedia 公司开发的一种基于图标和流程线方式进行多媒体制作的软件，具有强大的交互能力。Authorware 采用面向对象的设计思想，主要承担多媒体素材的集成和组织工作。在 Windows 环境下有专业版（Authorware Professional）与学习版（Authorware Star）。

一、Authorware 的界面

在 Windows 10 操作系统环境下，选择【开始】|Macromedia|【Macromedia Authorware 7.02 中文版】命令，就可以启动 Authorware。首次启动会出现一个欢迎画面，稍等片刻会出现【新建】对话框，这里可以选取对象创建新文件，也可以选择【取消】或【不选】。关闭【新建】对话框后，会出现 Authorware 的界面。Authorware 的界面主要由标题栏、菜单栏、工具条、图标面板、设计对象窗口等组成，如图 3-34 所示。

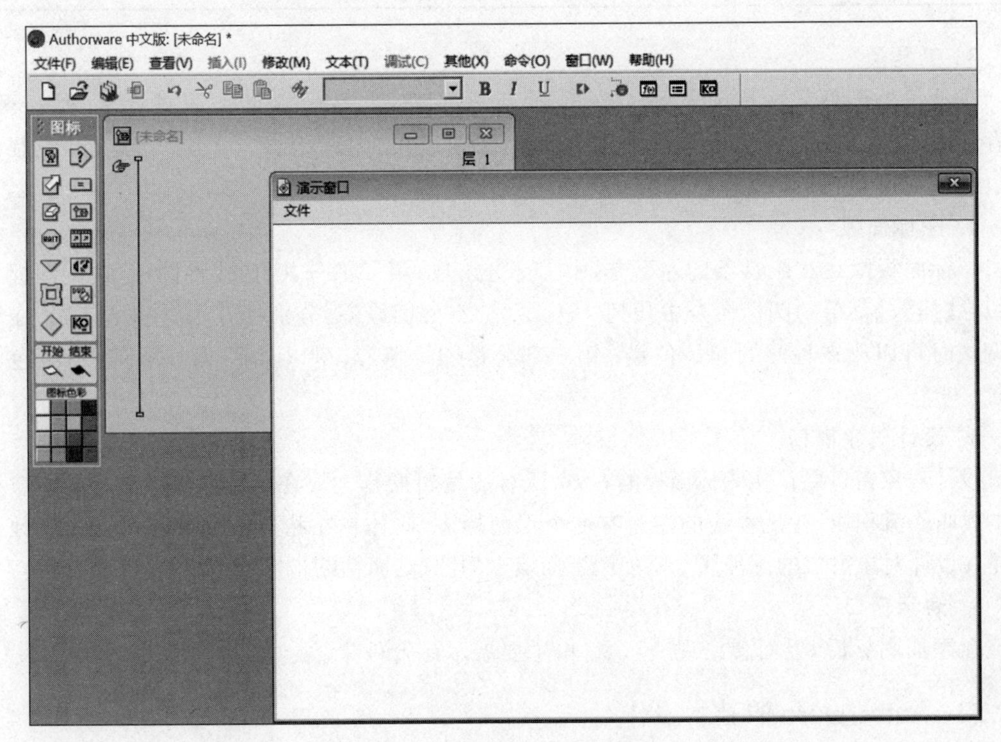

图 3-34　Authorware 的界面

1. 标题栏

标题栏在界面的最上方，左上角分别是控制图标 Authorware 中文版和文件名，其中单

击控制图标可以弹出控制菜单，里面有【还原】【移动】【大小】【最小化】【最大化】【关闭】命令，文件名显示[未命名]*。右上角是常用的控制菜单命令，分别是【最小化】【还原/最大化】【关闭】命令。

2. 菜单栏

菜单栏位于标题栏下方，共有【文件】【编辑】【查看】【插入】【修改】【文本】【调试】【其他】【命令】【窗口】【帮助】11个菜单，如表3-1所示。

表3-1 菜单栏中各个菜单的命令

菜单名	命令
【文件】	主要是文件的基本操作，如新建、打开、保存、关闭等
【编辑】	包括撤销、粘贴、复制、剪切等
【查看】	显示或隐藏菜单栏、工具栏和控制面板等
【插入】	可以插入图标、图像、OLE对象和多媒体对象等
【修改】	修改文件、图标、图像的属性，将多个图标进行按组管理或者对群组图标解散
【文本】	设置文本字体、大小、风格、对齐方式等
【调试】	主要对课件进行运行调试，包括播放、停止等
【其他】	有关库链接，检查文本拼写错误、WAV格式转换为SWA格式等
【命令】	LMS、在线资源、转换工具、查找Xtars等
【窗口】	显示或隐藏各种窗口，如演示窗口、函数窗口、计算窗口等
【帮助】	提供有关Authorware使用的帮助文件

3. 工具条

工具条位于菜单栏下方，如图3-34所示。里面是一些常用的命令，依次是新建、打开、保存、导入文件、撤销、剪切、复制、粘贴、查找、文本风格、粗体、斜体、下画线、运行、控制面板、函数、变量、知识对象。

4. 图标面板

图标面板默认在工具条的左下方，由三部分组成，第一部分共有14种图标，这些图标也可以在【插入】菜单的图标命令中找到；第二部分有两面旗帜，分别是开始旗和结束旗，在程序调试时可以放在程序的起始位置；第三部分是图标色彩，可以对不同的图标进行颜色的设置。

5. 设计对象窗口

设计对象窗口默认在图标面板的右方，所有的编辑操作主要在这个窗口中进行。窗口里面的线叫作流程线，在流程线的左边有一个手型标志，叫作粘贴指针。Authorware的设计主要是在设计对象窗口的流程线上添加图标面板中的图标，而粘贴指针就是添加图标的位置。

6. 演示窗口

在添加图标后，界面会出现演示窗口，主要展示运行效果。

二、Authorware的基本操作

利用Authorware进行课件制作的基本流程主要是在创建的文件中添加各种图标，然后对文件的属性和图标的属性进行设置，所以Authorware的基本操作是关于文件和图标的操作。

1. 文件的操作

文件的操作主要在菜单栏中的【文件】菜单下进行，主要包括【新建】【打开】【关闭】【保存】等，如图 3-35 所示。

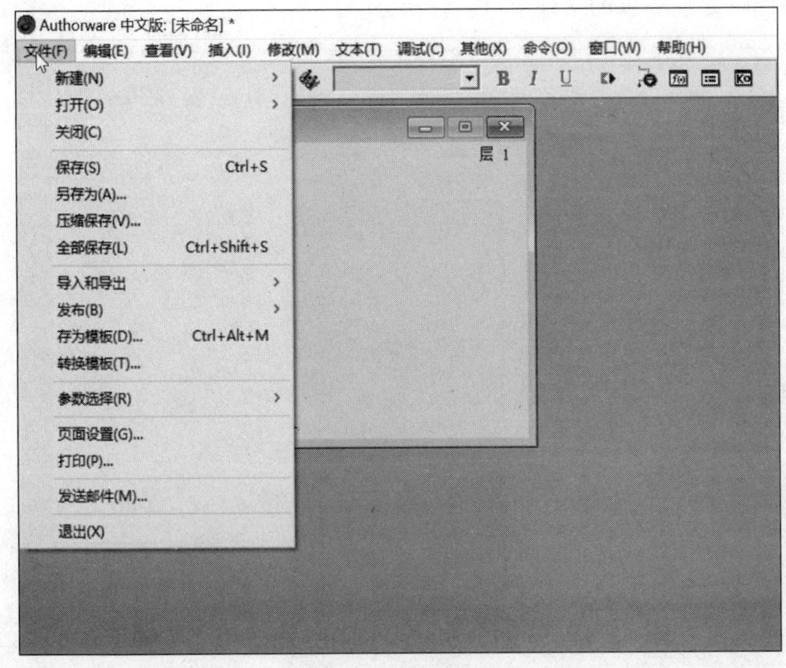

图 3-35 【文件】菜单

(1) 新建文件。在启动 Authorware 时，在弹出的【新建】对话框里可以选择创建新文件，如图 3-36 所示，此时单击【取消】或【不选】按钮，会自动创建一个空白文件。

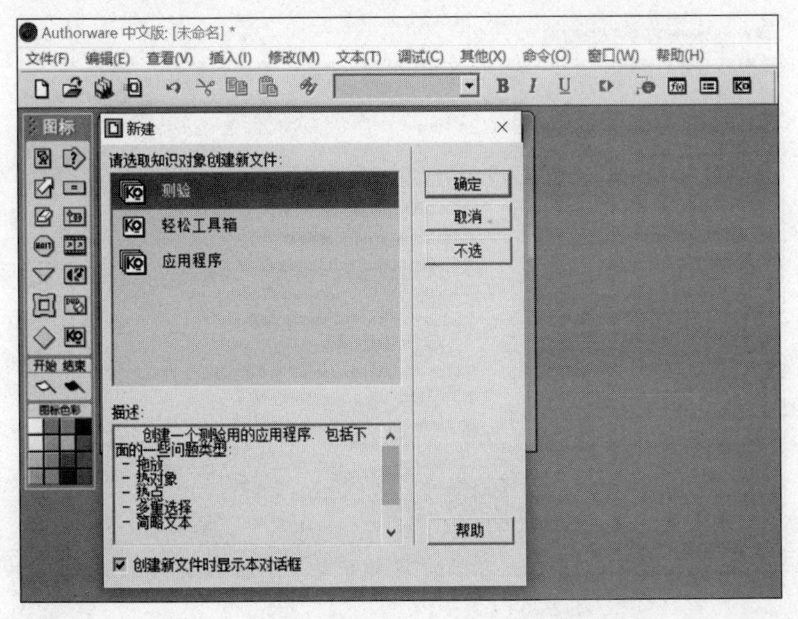

图 3-36 启动 Authorware 时弹出的【新建】对话框

在编辑文件的过程中，也可以利用【文件】菜单进行新建文件。选择【文件】|【新建】|【文件】，如图 3-37 所示，同样可以创建一个空白的文件。另外，利用组合键 Ctrl＋N 也可以创建新文件。需要注意的是，在利用【文件】菜单进行创建文件时，要先保存正在编辑的文件，在创建新文件时，之前编辑的文件窗口会自动关闭。

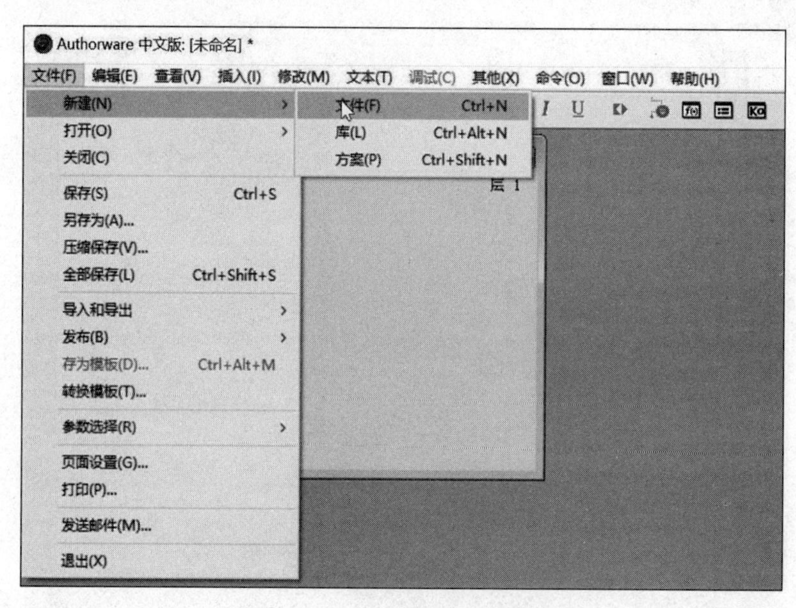

图 3-37 【文件】中的【新建】命令

(2) 打开文件。在 Authorware 中，选择【文件】|【打开】|【文件】，如图 3-38 所示，就可以打开一个文件。打开文件也可以使用组合键 Ctrl＋O。需要注意的是，在一个 Authorware 环境中不能同时打开多个文件，要想同时打开多个文件必须打开多个 Authorware 环境。

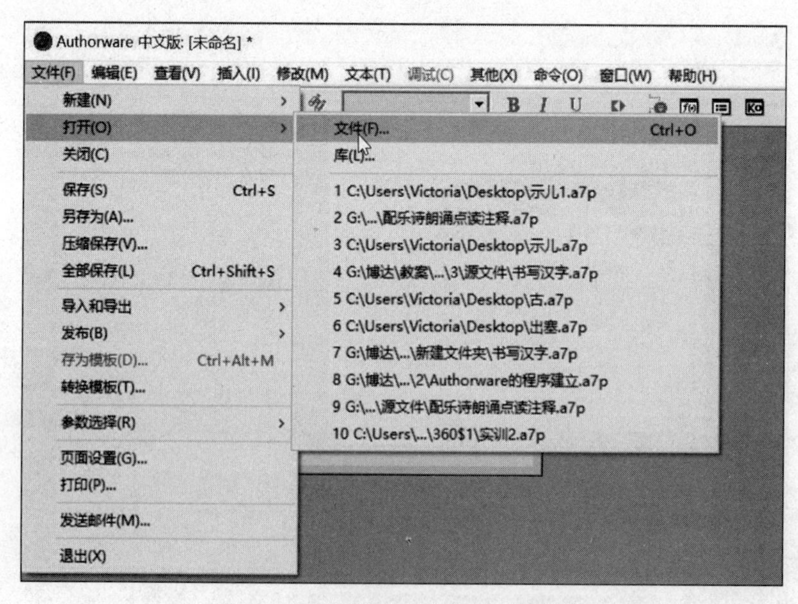

图 3-38 【文件】菜单中的【打开】命令

(3) 保存文件。文件编辑过后,需要进行保存。选择【文件】|【保存】即可,如图 3-39 所示。第一次保存文件会弹出【保存文件为】对话框,如图 3-40 所示。浏览此计算机选择保存位置,添加文件名,这里保存的类型默认是 Authorware,最后单击【保存】命令即可。也可以利用组合键 Ctrl+S 保存文件。对于已经保存过的文件,在选择【保存】命令时不会弹出任何对话框,如果需要更改文件位置和文件名,要选择【另存为】,这时同样会弹出【保存文件为】对话框,单击【保存】按钮即可,保存后文件的扩展名是 a7p。

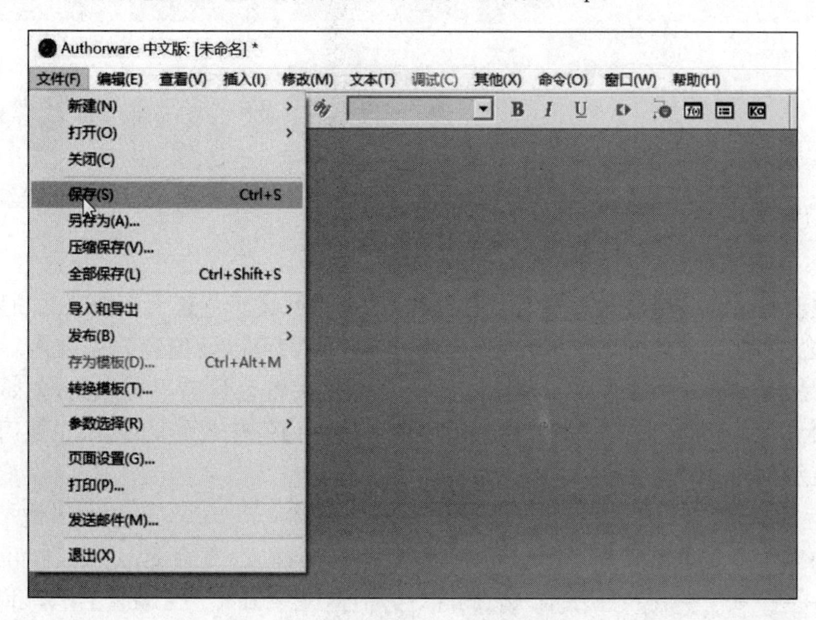

图 3-39 【文件】菜单中的【保存】命令

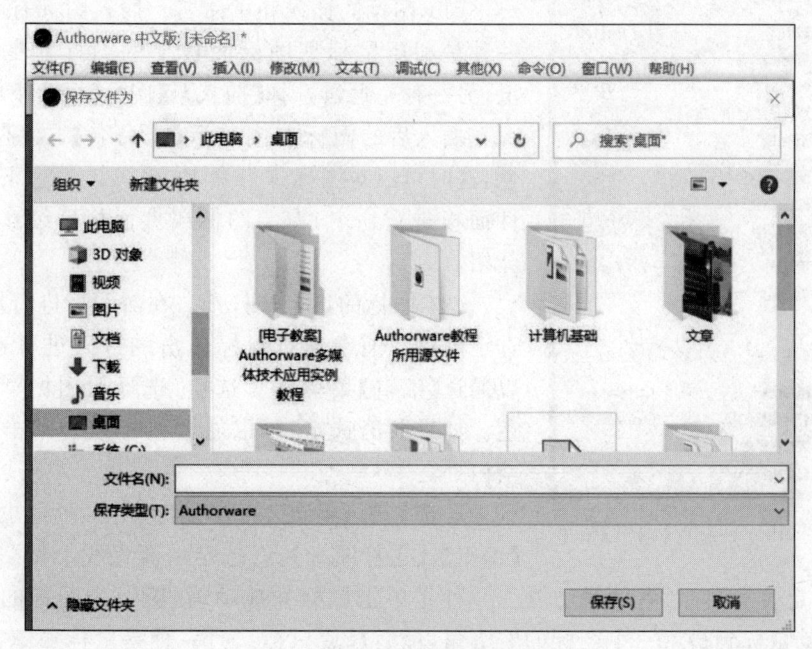

图 3-40 【保存文件为】对话框

(4) 关闭文件。保存文件后，就可以关闭文件。选择【文件】|【关闭】。这时会关闭文件，不会退出 Authorware 环境。如果想关闭文件的同时退出 Authorware 环境，可以单击窗口右上角【关闭】按钮，也可以选择组合键 Alt+F4。

(5) 文件的属性设置。选择【修改】|【文件】|【属性】即可查看。文件属性面板里有三个选项卡，分别是【回放】【交互作用】、CMI，如图 3-41 所示。下面介绍常用的【回放】选项卡。

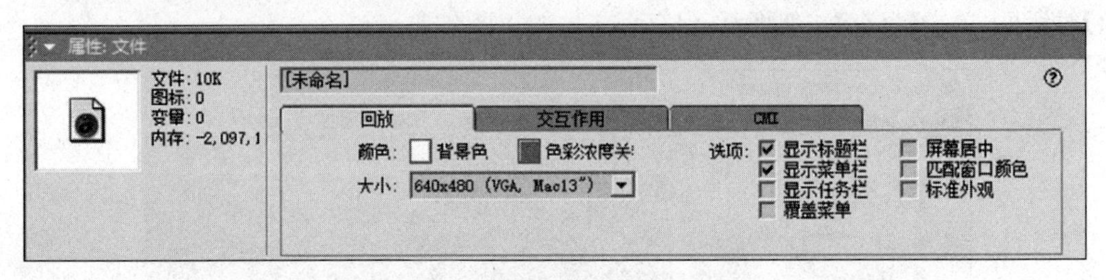

图 3-41　文件属性面板【回放】选项卡

这里主要是文件的一些基本设置，有文件标题文本框、【颜色】【大小】和【选项】。属性面板最上方的文本框是文件的名字，可以直接修改。【颜色】可以设置背景色和色彩浓度关键色，背景色是演示窗口的颜色，默认是白色；色彩浓度关键色目前很少用到，主要是在计算机上有视频卡时，在屏幕上播放模拟视频时用到。【选项】里有 7 个复选框，主要用来调整演示窗口的显示。

2. 图标的操作

图标的操作主要是在流程线上进行的，包括图标的插入、重命名、选定、打开、复制、粘贴、删除、移动等，主要命令在【编辑】菜单和【插入】菜单中，如图 3-42 和图 3-43 所示。

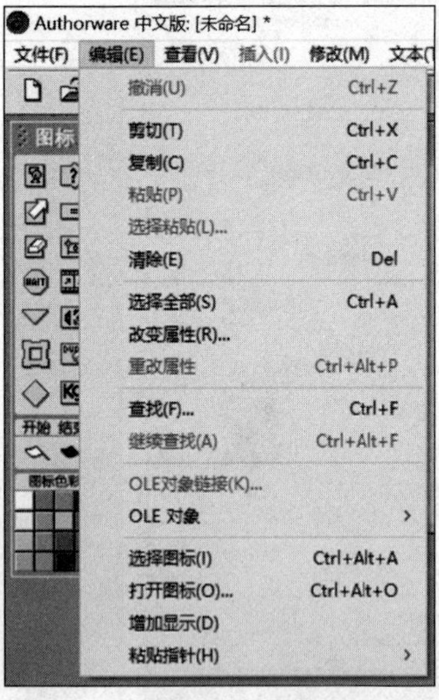

图 3-42　Authorware 的【编辑】菜单

(1) 图标的插入和重命名。插入图标有两种方法：一种是利用鼠标把图标面板上的图标拖曳到流程线上，另一种是通过选择【插入】|【图标】命令下的图标。

插入后的图标右侧显示【未命名】，文字背景为蓝色，这时可以对图标进行命名，也可以通过下方图标属性面板进行命名，有关图标属性面板后续章节会详细介绍。

(2) 图标的选定和打开。在对图标进行操作前，要选定图标。通常通过鼠标单击的方式进行选定，也可以通过【编辑】菜单进行选定，选择后图标背景变为灰色。如果取消选定，可以右击鼠标或者单击设计窗口空白处。

若选定单个图标，直接鼠标单击即可，也可以选择【编辑】|【选择图标】，就选定了流程线上粘贴指针处的图标；若选定多个图标，有两种方法：一种是单击鼠标并拖动，在第一个图标的左上角单击，同时拖动鼠标到最后一个图标的右下角，最后释放鼠标。另一种是鼠标加键盘按键，先选定一个图标，然后按住 shift 键，依次选定剩下的图标。若想选定全部图标，可以选择【编

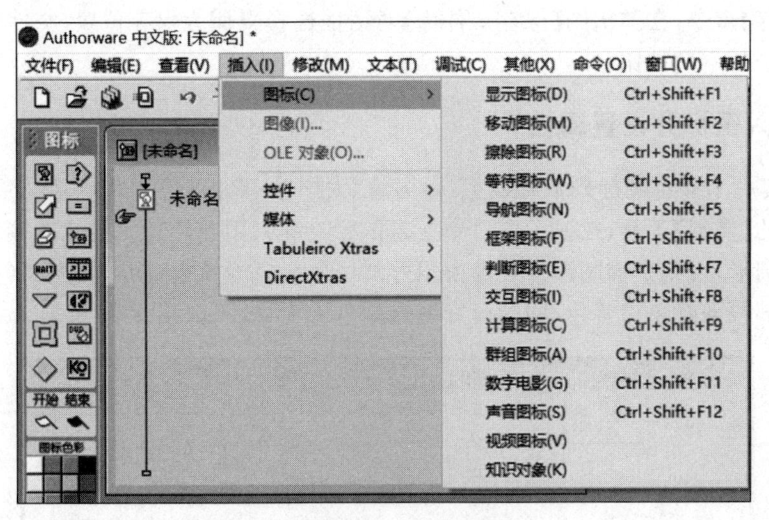

图 3-43 【插入】菜单中的【图标】命令

辑】|【选择全部】命令，也可以利用组合键 Ctrl＋A 实现。

选择图标后，直接双击图标就可以打开图标，也可以选择【编辑】|【打开图标】命令，就打开了流程线上粘贴指针处的图标；有的图标还可以利用图标属性面板中的打开命令进行打开，有关图标属性面板在后续章节会详细介绍。

(3) 图标的移动、复制和粘贴。由于流程线上的图标会按照插入的顺序依次运行，所以图标的位置决定着整体运行的效果。为了完善运行效果，需要对图标位置进行相应调整，主要有两种方法：一种是利用鼠标拖动，另一种是选择【编辑】|【复制】【剪切】【粘贴】命令。

对于图标的移动，可以在选定图标后拖曳到目标位置，也可以在选定图标后，选择【编辑】菜单中的【剪切】命令，或者右击图标，在弹出的快捷菜单中选择【剪切】命令，选定目标位置后在【编辑】菜单中选择【粘贴】命令。也可以利用组合键 Ctrl＋X、Ctrl＋V 完成剪切和粘贴。

如果想要复制图标，可在选定图标后，选择【编辑】|【复制】命令，或者右击图标，在弹出的快捷菜单中选择【复制】命令，或利用组合键 Ctrl＋C，选定目标位置后在【编辑】菜单中选择【粘贴】命令。

(4) 图标的删除。图标的删除有三种方法：可以选定图标后按 Del 键；也可以选定图标后选择【编辑】|【清除】命令；或者右击图标，在弹出的快捷菜单中选择【删除】。

(5) 图标的属性。打开图标的属性面板有三种方法：一种是直接单击流程线上的图标，在窗口下方会出现显示属性面板；一种是右击图标，在弹出的快捷菜单中选择【属性】；另一种是先选中图标，然后选择【修改】|【图标】|【属性】命令。通常属性面板分为两部分，一部分表明图标的基本信息，另一部分是常用的一些设置，在后面章节涉及不同图标时会进行详细介绍。

任务实施

一、新建文件

选择【文件】|【新建】|【文件】命令，在弹出的【新建】对话框选择【取消】或【不选】；选择

【文件】|【保存】命令，在弹出的【保存文件为】对话框选择桌面为保存位置，文件名为“地球公转”，最后单击【保存】按钮。

二、插入图标并设置属性

(1) 拖曳一个显示图标到流程线上，命名为“太阳”。双击打开“太阳”显示图标，单击绘图工具箱中的【椭圆】工具，在演示窗口中拖动鼠标绘制太阳和轨道。注意绘制时按住 Shift 键画出的是圆形，否则是椭圆形。设置太阳外部线条颜色为黄色，同时填充颜色为红色。设置轨道的外部线条颜色为蓝色，同时设置填充颜色为无，效果如图 3-44 所示。

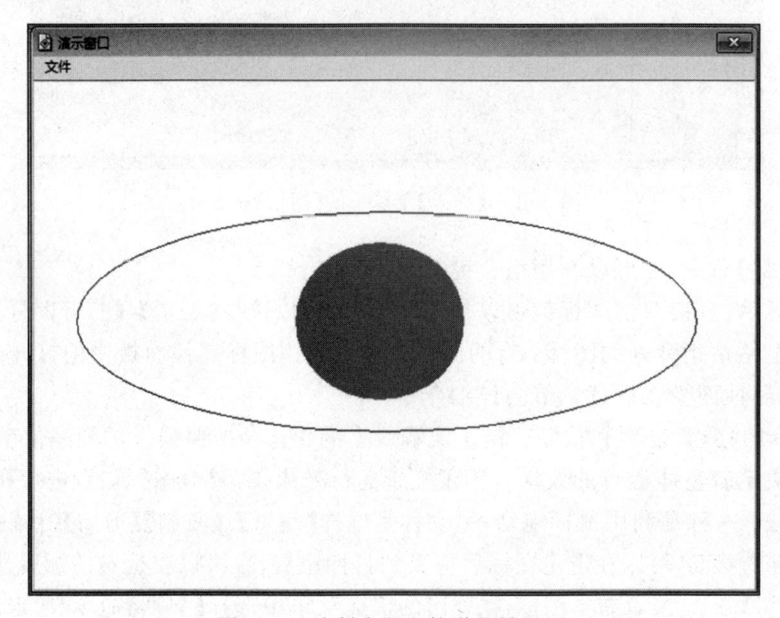

图 3-44　绘制太阳和轨道的效果图

(2) 再拖曳一个显示图标到流程线上，命名为“地球”。由于地球要在轨道上运行，所以在绘制时要先双击“太阳”显示图标，让轨道出现在演示窗口中，按住 Shift 键，双击地球显示图标。选择绘图工具箱中的【椭圆】工具，按住 Shift 键，在轨道 12 点位置处绘制地球。设置地球外部线条颜色为黑色，同时填充颜色为深蓝色，填充效果选择最后一行第一列，效果如图 3-45 所示。

(3) 拖曳一个移动图标到流程线上，命名为“地球公转”。单击工具条上的运行按钮，此时窗口下方打开移动图标的属性面板。单击地球，在移动图标属性面板【分类】中选择【指向固定路径的终点】，拖动地球沿着轨道绘制路径，如图 3-46 所示。注意：地球中心有一黑色实心三角，绘制时路径为折线；双击三角可变成实心，此时绘制路径为曲线。设置【定时】为 30 秒，【执行方式】为【等待直到完成】，【移动当】为 TRUE，如图 3-47 所示。

三、运行调试

选择【文件】|【保存】命令，然后单击工具条中的运行命令，查看调试效果，也可以选择【调试】|【重新开始】命令。程序设计窗口和演示窗口如图 3-48 所示。

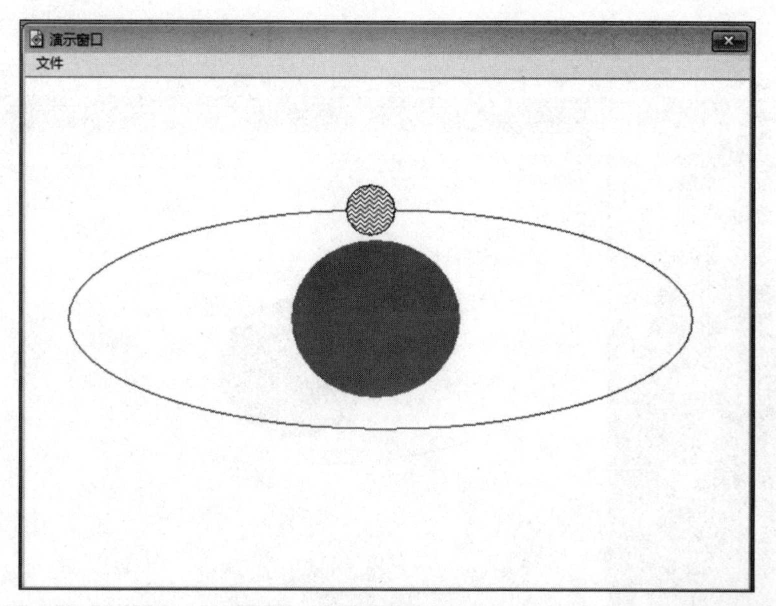

图 3-45　绘制地球后的效果图

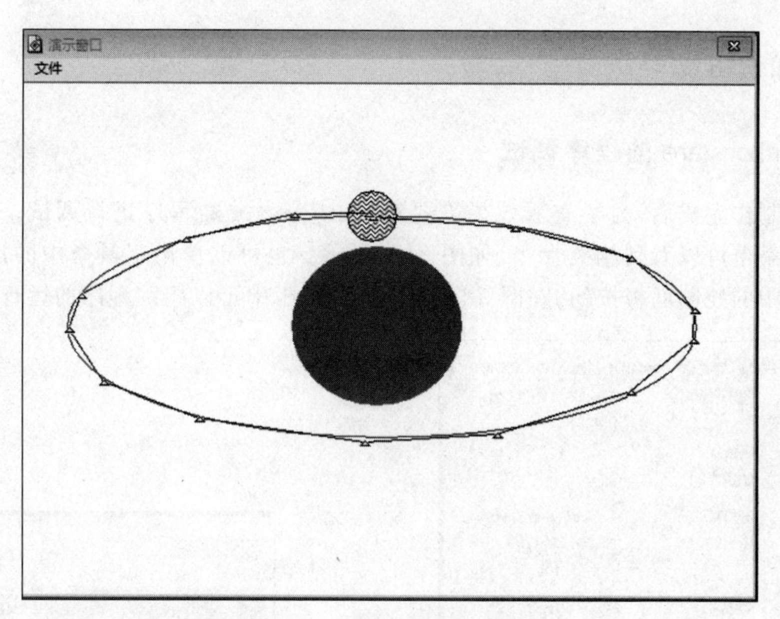

图 3-46　绘制的地球运动轨迹

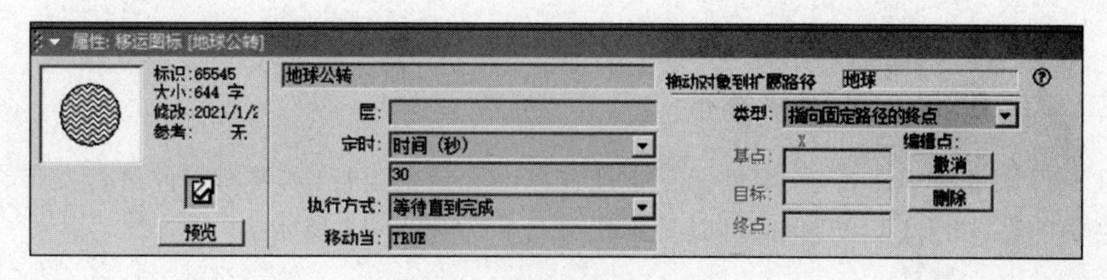

图 3-47　移动图标属性设置

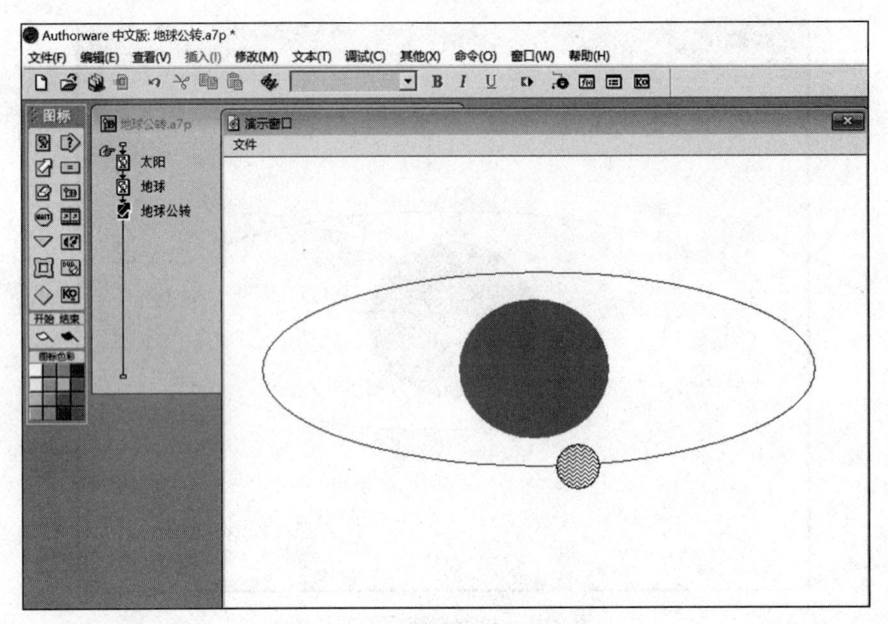

图 3-48 程序设计窗口和演示窗口

知识拓展

一、Authorware 的程序调试

在课件制作完成后，为了查看效果需要对 Authorware 的程序进行调试。选择菜单栏中的【调试】菜单可以看到相关命令，如图 3-49 所示。也可以单击工具条中的运行按钮，或单击工具条中的控制面板按钮，在图 3-50 所示控制面板中可以跟踪程序的运行。

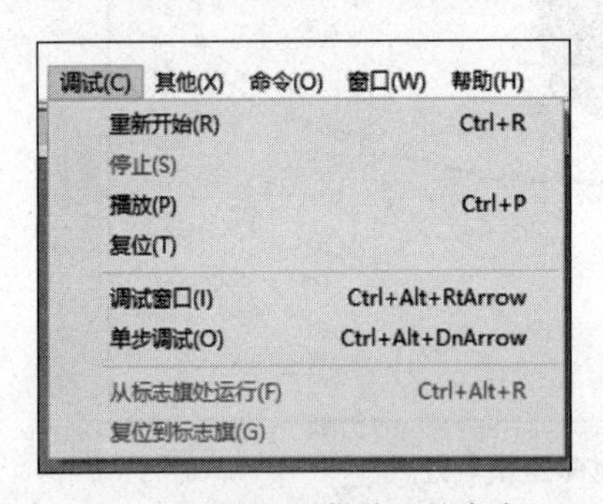

图 3-49 【调试】菜单下的命令

图 3-50 控制面板

二、Authorware 的程序发布

在课件调试完毕后，为了课件能正常地在其他平台上运行，需要对课件进行发布。选择菜单栏中的【文件】|【发布】命令可以看到相关命令，如图 3-51 所示。

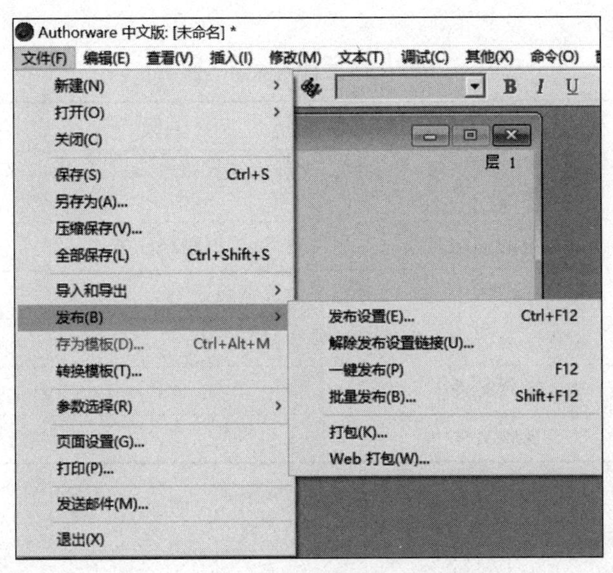

图 3-51 【文件】菜单下的【发布】命令

任务 2 基础图标的使用

任务描述

案例一 制作计时器，要求利用显示图标等，设计的表盘中间显示小时、分和秒。

案例二 春节是中国人独有的节日，是中华文明最集中的表现。自西汉以来，春节的习俗一直延续到今天。传说年兽害怕红色、火光和爆炸声，而且通常在大年初一出没，所以每到大年初一这天，人们便有了拜年、贴春联、挂年画、贴窗花、放爆竹、发红包、穿新衣、吃饺子、守岁、舞狮舞龙、挂灯笼、磕头等活动和习俗。这习俗越传越广，春节也成了中国民间最隆重的传统节日。制作演示型课件"春节的习俗"，要求利用显示图标等基础图标，添加文字和图片，并设置显示效果。

案例三 制作升国旗画面，要求利用移动图标、音频图标等，随着国旗的升起，播放国歌，声音停止时国旗升到旗杆顶。

案例四 制作古诗"出塞"赏析课件，要求利用媒体同步功能，在显示诗句的同时播放朗读音频素材，最后添加古诗讲解的视频素材。

任务目标

- 学会使用显示图标添加文字和图像素材。
- 掌握等待图标、擦除图标、移动图标的使用。
- 学会使用声音图标和数字电影图标添加音频和视频文件。

知识介绍

基础图标主要包括显示图标、移动图标、等待图标、擦除图标、声音图标和数字电影图标等，功能如表 3-2 所示。

表 3-2　基础图标的功能

图标名称	功　能
显示图标	显示文字或图像，可以导入外部文本或图像，也可利用内部的绘图工具箱创建文本或图形
移动图标	对选定的移动对象添加移动效果，有五种移动方式
擦除图标	可擦除图标中添加的对象并设置擦除效果
等待图标	在程序运行中可以实现暂停
声音图标	播放音频文件
数字电影图标	播放视频文件

一、显示图标

显示图标位于图标面板中第一行第一列，是最常用的图标，通常用来显示文字或图形图像，通过显示图标的属性可以设置显示效果。

1. 文本

文本是课件制作最基础的部分。文本的添加方法如下。

(1) 利用绘图工具箱的文本工具。双击显示图标，此时右下角弹出绘图工具箱，单击 A，在演示窗口中创建文本的位置单击，会出现光标闪烁和一条水平直线，光标闪烁处可添加文字，添加文字后如图 3-52 所示。水平直线称为水平标尺，左右两个空心矩形为调整文字在页面中的左右边界，左侧上下各有一个实心三角形，其中上三角表示段落左缩进，下三角表示段落首行缩进，右侧只有一个实心三角形，表示段落右缩进。通过这些标志，可以调整文字位置。

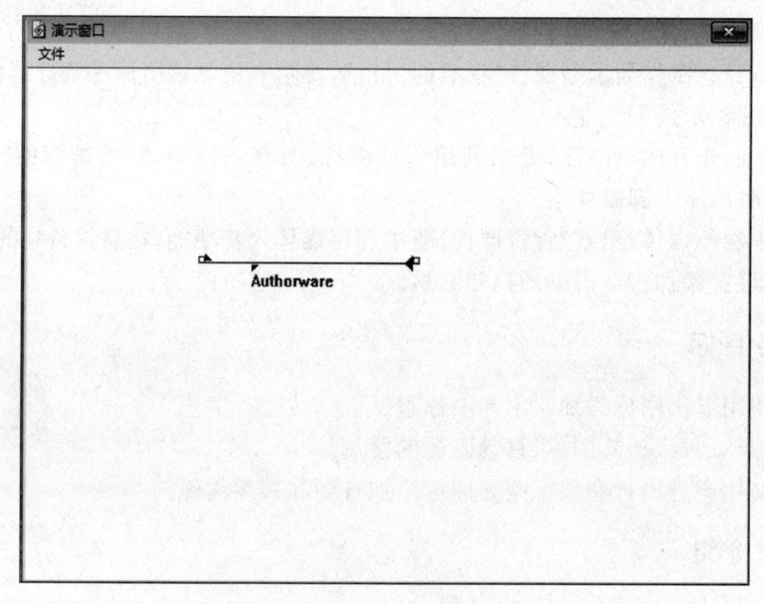

图 3-52　利用文本工具添加文本

注意，若单击水平标尺，在标尺上方会出现一个黑色实心三角形，它表示制表符。在输入文本时，按 Tab 键，光标会跳到下一个指标。若再次单击制表符，会变成向下方向的实心黑色箭头，它表示小数点制表符。输入数字时，小数点会自动对齐。

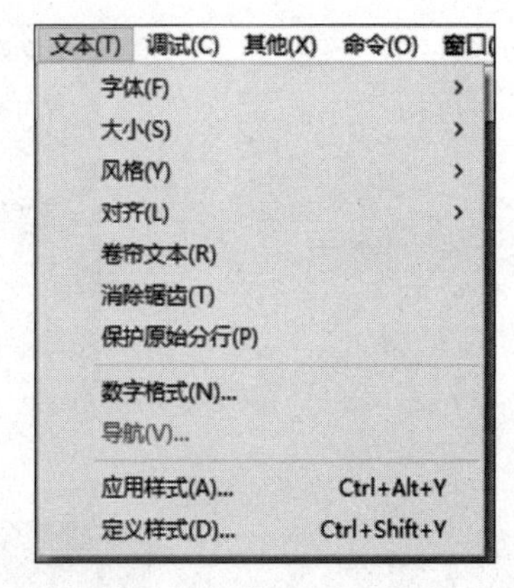

图 3-53 【文本】菜单下的命令

添加文本后，在【文本】菜单里面有关于文本格式的设置，如图 3-53 所示，也可以在绘图工具箱中【色彩】区域选择 设置文字颜色，在【模式】区域设置模式。注意，在设置文本格式前要先用鼠标选定文本。

(2) 导入外部文本文件。用鼠标单击流程线上要插入文本的位置，在【文件】菜单选择【导入和导出】命令下的【导入媒体】命令，弹出【导入哪个文件?】对话框，如图 3-54 所示。

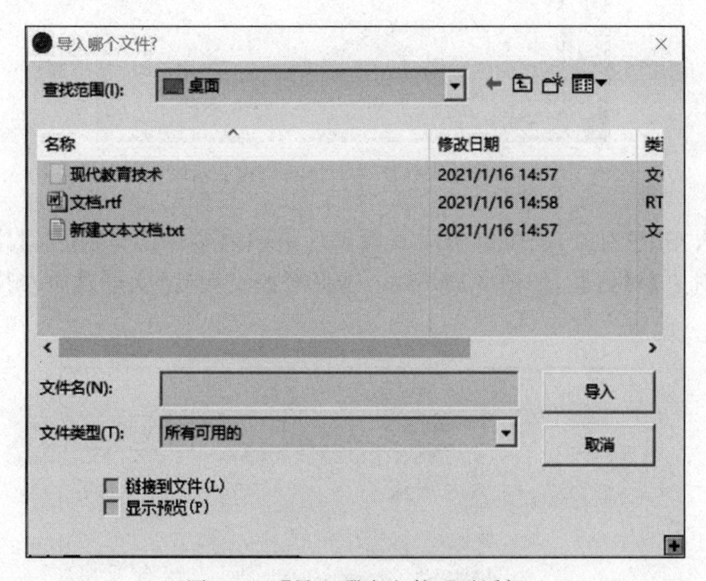

图 3-54 【导入哪个文件?】对话框

导入外部文本时，支持的文本文件格式有 TXT 和 RTF。在查找范围中，选择文件位置，找到文件后，单击【导入】按钮，弹出【RTF 导入】对话框，如图 3-55 所示。对话框分为左右两个区域，左边区域为硬分页符，包含【忽略】和【创建新的显示图标】两个选项。若选择【忽略】选项，则把文本全部导入一个显示图标中，并且忽略分页符；若选择【创建新的显示图标】选项，则在遇到分页符时，会在流程线上自动创建新的显示图标。右边区域为文本对象，包含【标准】和【滚动条】两个选项。若选择【标准】选项，则按照标准格式输入文本；若选择【滚动条】选项，则演示窗口右侧出现滚动条，可以滑动滚动条查看文本。

选好对应选项后，单击【确定】按钮，此时会在流程线上自动创建与文本文件相同名字的显示图标，如图 3-56 所示。

(3) 对象连接与嵌入(Object Linking and Embedding，OLE)。OLE 可以把其他软件生成的效果嵌入 Authorware 中。需要修改时，双击嵌入的对象就可以回到其他软件修改

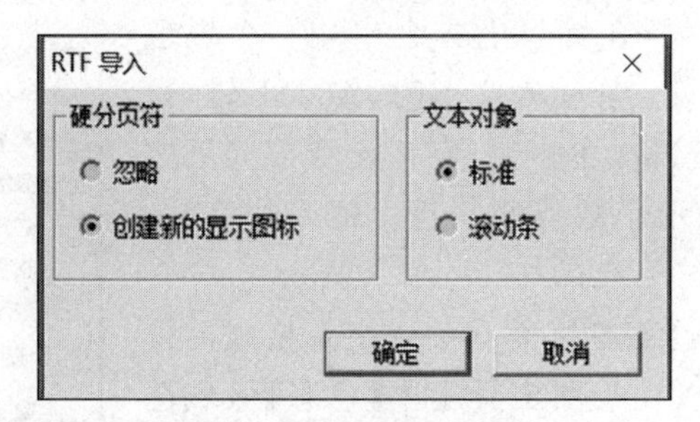

图 3-55 【RTF 导入】对话框

图 3-56 导入外部文本自动创建显示图标

内容。通过插入 OLE 对象，就可以调用其他软件中的内容。选择【插入】|【OLE 对象】命令，弹出【插入对象】对话框，如图 3-57 所示，选择对象类型后，就可以插入其他软件生成的对象。

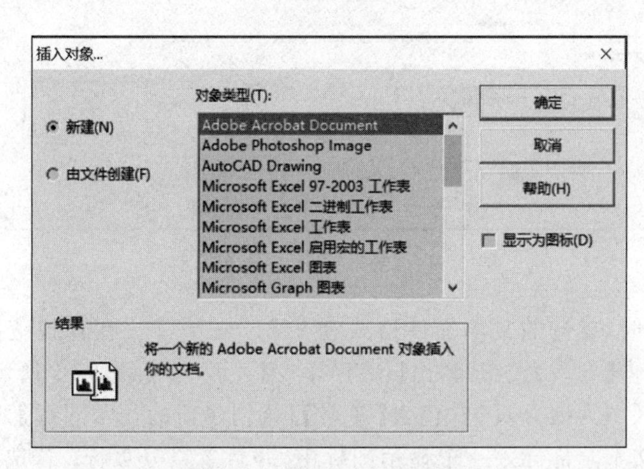

图 3-57 【插入对象】对话框

2. 图像

图像在课件制作中也是必不可少的一部分。图像的导入方法如下所述。

(1) 鼠标拖动。利用鼠标拖动可以实现将一个或多个图像导入显示图标中。若鼠标选定一个图像文件拖曳到流程线上，那么在流程线上会添加一个与图像文件名字相同的显示图标；若选定多个图像文件拖动，那么在流程线上会添加多个与图像文件名字相同的显示图标。

(2)【文件】菜单下的【导入和导出】命令。同导入外部文件文本相似，用鼠标单击流程线上要插入图像的位置，选择【文件】|【导入和导出】|【导入媒体】命令，弹出【导入哪个文件?】对话框，选择图像文件即可，这里支持多种常见的图像文件格式。若想导入多个文件到不同图标中，可以单击右下角的【+】，在右侧导入文件列表中添加图片即可，如图 3-58 所示。

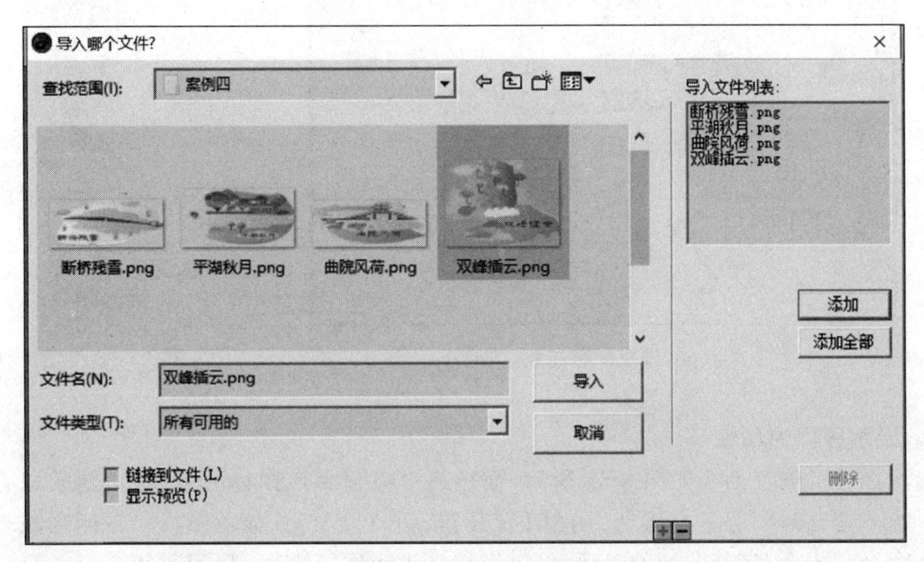

图 3-58　导入多个图像

注意，若想把多个图像文件导入同一个显示图标中，需要先添加显示图标，双击打开演示窗口，然后通过【文件】|【导入和导出】|【导入媒体】命令，选择多个图像文件。

导入图像后，在演示窗口双击图像可以弹出图像属性对话框，里面包含图像和版面布局两个选项卡，如图 3-59 和图 3-60 所示。在图像选项卡中可以看到图像文件的位置等基础信息，版面布局选项卡中可以调整图像大小和位置。这里默认演示窗口左上角为原点坐标，水平方向看作 X 轴，向右坐标值为正，垂直方向看作 Y 轴，向下坐标值为正，默认演示窗口大小为 640×480。

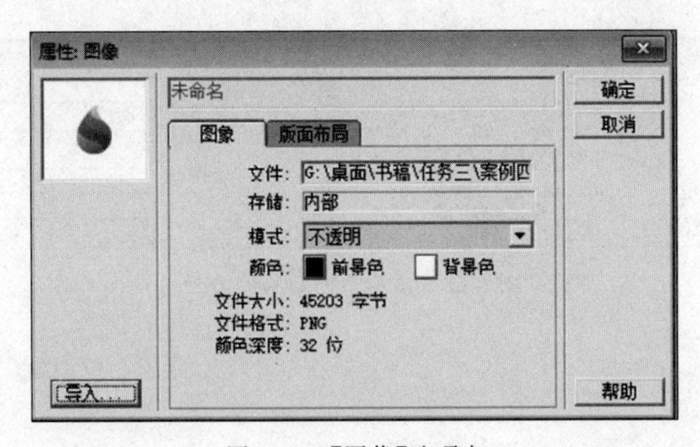

图 3-59　【图像】选项卡

3. 图形

Authorware 自带的绘图工具箱可以快速地进行图形的绘制，并可以对图形的线条、模式、填充颜色等进行设置，如图 3-61 所示。

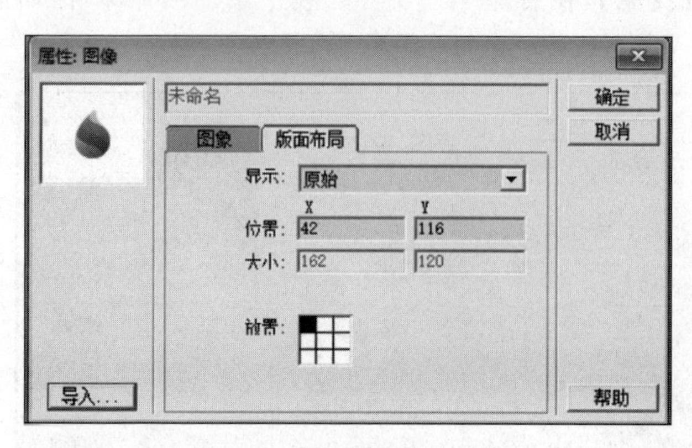

图 3-60 【版面布局】选项卡

图 3-61 绘图工具

4. 显示图标的属性

显示图标的属性面板如图 3-62 所示，面板最上方显示该图标的名字，左侧区域有预览窗口、大小、修改时间等基本信息。单击【打开】按钮，可以打开显示图标。右侧区域是常用的一些命令，“未命名”是图标的名字，可以直接在里面进行修改；【层】是用来设置显示图标中对象的层次，可以是数值，也可以是变量或表达式。在多个对象叠加时，数值大的对象会出现在最上面。【特效】用于设置显示图标的显示效果，默认是无。【选项】下包含 5 个复选框命令，主要是显示方面的一些设置，根据实际效果进行选择即可。【选择位置】主要包括【位置】和【活动】，其中【位置】设置显示图标中的对象在演示窗口的位置，默认是不能改变。单击右侧下拉列表按钮，有【在屏幕上】【在路径上】【在区域内】。【活动】表示文件打包后显示图标里的对象是否可以移动，默认是不能改变。单击右侧下拉列表按钮，有【在屏幕上】【任意位置】【在路径上】【在区域内】。根据【位置】和【活动】的不同组合，显示图标的对象有多种方式可以选择。

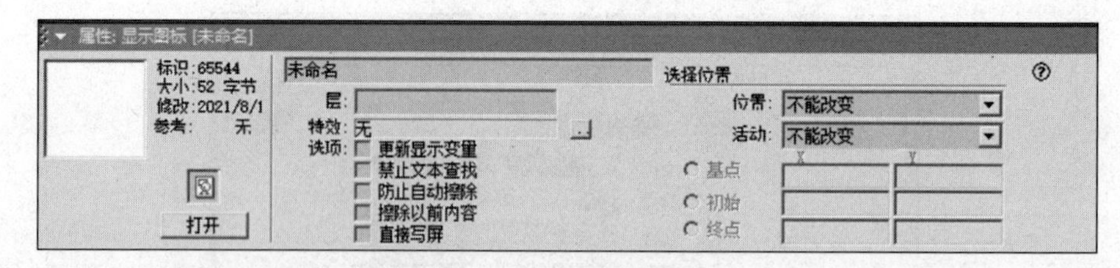

图 3-62 显示图标的属性面板

二、移动图标

移动图标位于图标面板中的第二行第一列，它的作用是使显示的对象动起来，可以实现点到点的移动，也可以沿固定路径或在固定区域内移动。通过设置移动图标的属性，可以更改移动的类型。根据移动方式的不同，分为 5 种类型。

1. **指向固定点**

指向固定点是默认的移动方式。单击移动图标,可以弹出移动图标面板,如图 3-63 所示。左侧区域显示移动图标的基本信息,单击预览按钮可以查看设置的移动效果。右侧区域是一些常用的命令,不同的移动类型命令也不同。【未命名】文本框可设置移动图标的名字,在【层】中可设置移动对象所在图层,【定时】中可以设置移动的单位,默认单位是秒,单击右侧下拉列表按钮可选择【速率(sec/in)】,这里 sec 表示秒,in 表示英寸,设置好定时单位后下方文本框处需要填写具体的时间,可以是数值,也可以是变量或表达式;【执行方式】默认是【等待直到完成】,单击右侧下拉列表按钮可选择【同时】,【等待直到完成】(指当等移动图标执行完成才能执行下一个图标),【同时】指移动图标可以和下一个图标同时执行;用鼠标单击移动对象后,【单击对象进行移动】后文本框会出现移动对象的名字,单击【类型】右侧下拉列表按钮可以设置不同的移动类型。指向固定点的移动需要设置目标的坐标值,若直接拖动对象到目标位置,则目标 X 轴和 Y 轴的坐标值自动填写,也可以直接在目标位置进行填写具体的数值、变量、函数等。

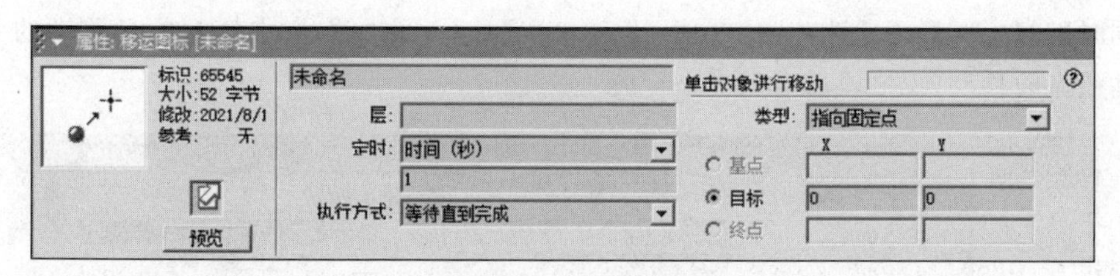

图 3-63　指向固定点

2. **指向固定直线上的某点**

打开移动图标面板,在【类型】右侧下拉列表按钮可以选择【指向固定直线上的某点】,在如图 3-64 所示,单击移动对象后,下方需要分别设置直线的基点、目标和终点的 X 轴坐标值,【执行方式】除了【等待直到完成】和【同时】之外,多了一种【永久】,【永久】指执行该移动图标后,若控制移动对象的表达式为【真】时,会再次执行该移动图标;单击【远端范围】右侧下拉列表按钮,可选择【循环】【在终点停止】【到上一终点】,这里主要指移动对象超出终点时的移动方式。

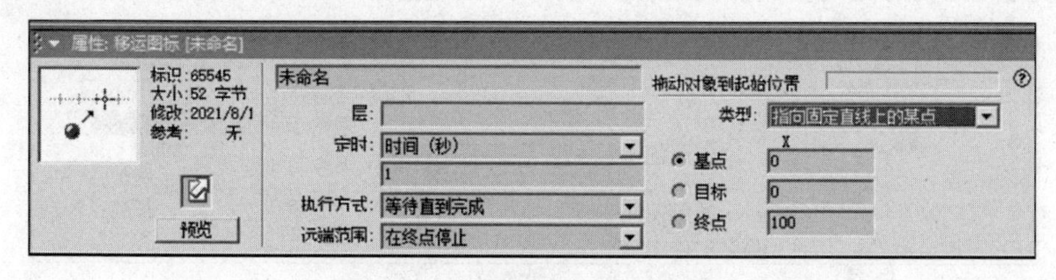

图 3-64　指向固定直线上的某点

3. **指向固定区域内的某点**

打开移动图标面板,在【类型】右侧下拉列表按钮可以选择【指向固定区域内的某点】,如图 3-65 所示,单击移动对象后,下方需要分别设置直线的基点、目标和终点的 X 轴和 Y 轴的坐标值,【执行方式】有 3 种:【等待直到完成】【同时】和【永久】。【远端范围】有【到上一终点】【循环】和【在终点停止】。

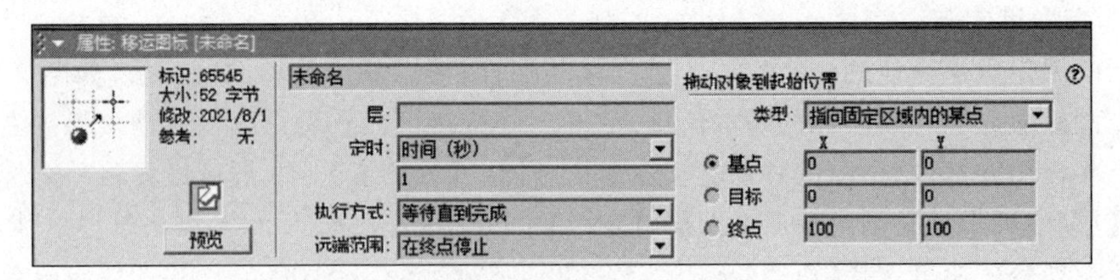

图 3-65　指向固定区域内的某点

4. 指向固定路径的终点

打开移动图标面板，在【类型】右侧下拉列表按钮可以选择【指向固定路径的终点】，在如图 3-66 所示，单击移动对象后，演示窗口的对象中会出现一个黑色实心三角，拖动对象可以绘制直线路径；若绘制曲线路径，双击黑色实心三角，出现黑色实心圆点；继续拖动对象即可，绘制后路径的点是空心，【编辑点】下的撤销按钮可以撤销上一个路径的绘制；若删除之前绘制的路径的某点，需要单击选中某点再单击删除按钮。【执行方式】包括【等待直到完成】【同时】和【永久】；【远端范围】变成了【移动当】，后面的文本框中填写的是移动的条件，当条件成立时移动，反之不移动。

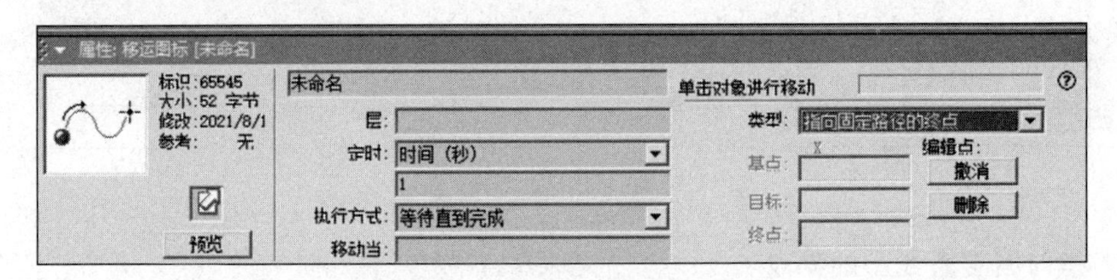

图 3-66　指向固定路径的终点

5. 指向固定路径上的任意点

打开移动图标面板，在【类型】右侧下拉列表按钮可以选择【指向固定路径上的任意点】，如图 3-67 所示，单击移动对象后，同样要绘制路径，方法同【指向固定路径的终点】。绘制结束后分别设置路径的基点、目标和终点的 X 轴的坐标值，【执行方式】包括【等待直到完成】【同时】和【永久】。【远端范围】有【循环】和【在终点停止】。

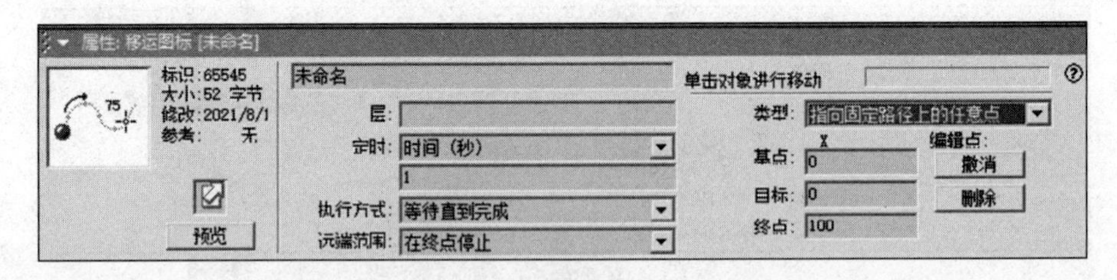

图 3-67　指向固定路径上的任意点

三、声音图标和数字电影图标

为了使多媒体课件更加生动形象，经常需要添加音频和视频等多媒体素材，这就需要用到声音图标和数字电影图标。

1. 声音图标

（1）音频文件的导入。声音图标中常用的音频文件格式有MP3、WAV。音频导入的方法主要有四种：一是通过工具栏中的导入按钮，二是选择【文件】|【导入导出】|【导入媒体】，三是通过添加图标后在属性面板中导入文件，四是直接拖曳文件到流程线上。

（2）声音图标的属性。声音图标位于图标面板中第五行第一列。单击声音图标，打开声音图标属性面板，如图3-68所示。左侧区域显示了声音图标的基础信息，单击下方的【导入】按钮可以导入音频文件，预览窗口中下有停止和播放按钮。导入音频文件后可以在预览窗口查看音频文件的格式，单击播放按钮查看文件能否播放。右侧区域【未命名】文本框显示该图标的名字，下面有【声音】选项卡和【计时】选项卡。

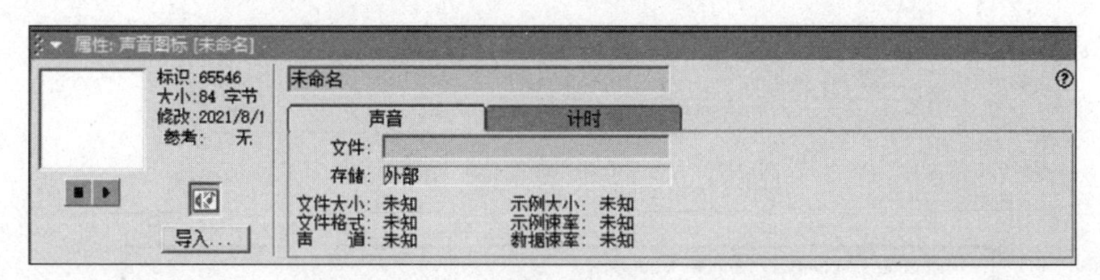

图 3-68 声音图标属性的【声音】选项卡

【声音】选项卡下【文件】展示的是导入音频文件的路径，【存储】表示音频文件所在的位置，默认是外部，若导入音频文件则变成内部，下方会显示音频文件的基本信息。

【计时】选项卡如图3-69所示，【执行方式】包括【等待直到完成】【同时】和【永久】。【播放】有两种方式，【播放次数】和【直到为真】。若选择【播放次数】，则下方文本框直接填写需要播放的次数，默认是1；若选择【直到为真】，则下方文本框填写的是停止播放的条件，即条件成立时停止播放；【速率】以百分数的形式来调整播放的速度。【开始】处的文本框填写的是播放的条件，若条件成立则继续播放，若不成立则向下执行。若选中复选框【等待前一声音完成】，则表示等待之前的音频文件播放完再播放此音频文件，若不选择就会中断之前的文件播放直接播放此音频文件。

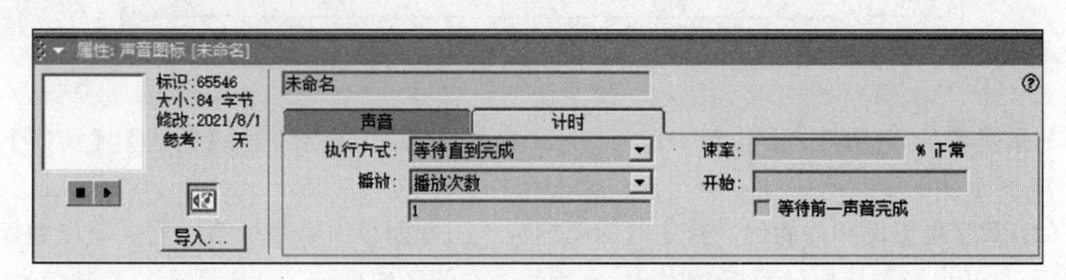

图 3-69 声音图标属性的【计时】选项卡

2. 数字电影图标

（1）视频文件的导入。数字电影图标中常用的视频文件格式有FLC、AVI和MPEG。导入音频文件的方法同样适用于视频文件，此外还通过插入控件的方式导入视频文件。选择【插入】|【控件】|ActiveX后，打开如图3-70所示的对话框。选择Windows Media Player控件后，单击OK按钮，打开如图3-71所示的对话框。单击Custom按钮后，弹出如图3-72

所示【Windows Media Player 属性】对话框。单击右侧【浏览】按钮，添加视频文件。添加成功后，单击【确定】按钮。单击工具条中运行按钮时，在演示窗口出现播放视频控件。

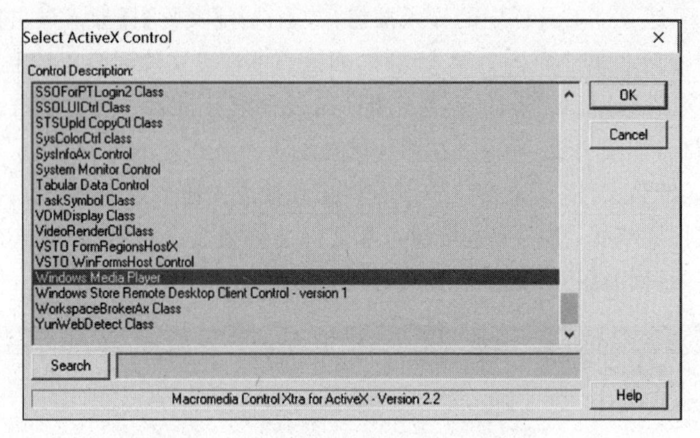

图 3-70　Select ActiveX Control 对话框

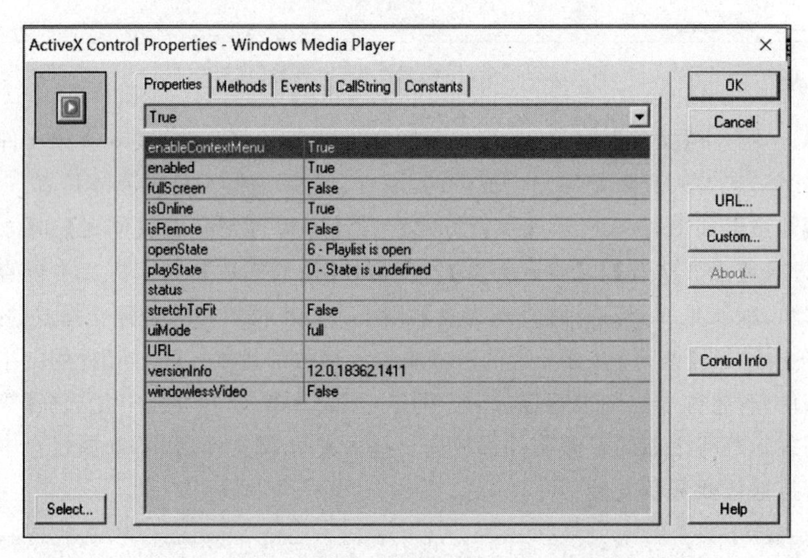

图 3-71　ActiveX Control Properties 对话框

如果需要导入 GIF、Flash 和 Quick Time 格式的文件，需要选择【插入】|【媒体】，如图 3-73 所示。

(2) 数字电影图标的属性。数字电影图标位于图标面板中第四行第二列。单击数字电影图标，打开电影图标属性面板，如图 3-74 所示。左侧区域显示了电影图标的基础信息，下方的导入按钮可以导入视频文件，预览窗口下有停止、播放、单步后退和单步前进按钮。导入视频文件后预览窗口可以看到视频文件的格式，单击播放按钮可以在演示窗口中播放视频文件。右侧区域【文本框】显示该图标的名字，下面有【电影】、【计时】和【版面布局】选项卡。

【电影】选项卡下【文件】展示的是导入视频文件的路径。【存储】表示视频文件所在的位置，若导入外部文件，则显示【外部】；若文件是内部嵌入的，则显示【内部】。【层】可以设置

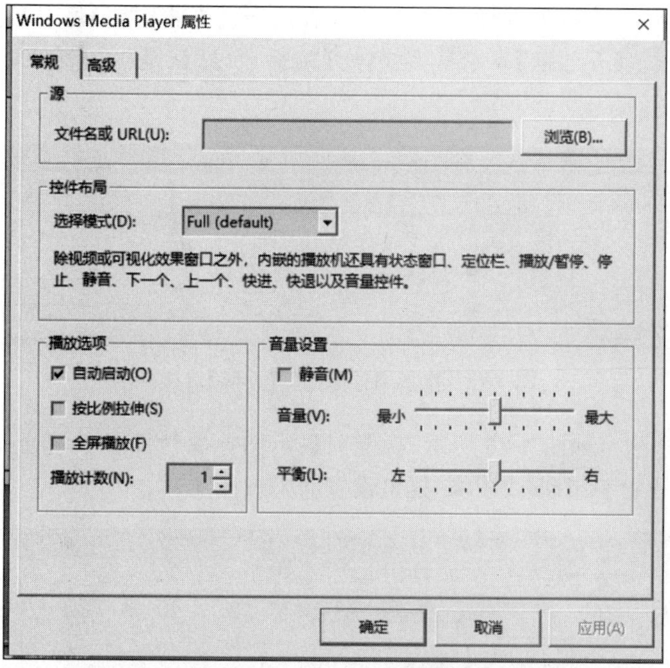

图 3-72 【Windows Media Player 属性】对话框

图 3-73 选择【插入】|【媒体】

视频文件所在图层。【模式】表示透明方式，对于外部文件，【模式】是【不透明】；若是内部文件，则【模式】有四种，分别是【不透明】【透明】【覆盖】【反相】。【选项】复选框中是一些视频播放的常用设置，可根据需要进行选择。

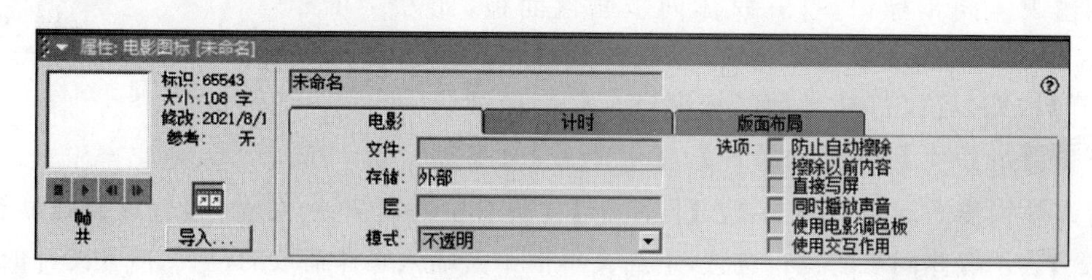

图 3-74 电影图标属性的【电影】选项卡

【计时】选项卡如图 3-75 所示，某些功能同声音图标属性中【计时】选项卡的功能相似。如【执行方式】包括【等待直到完成】【同时】和【永久】。【播放】除了【播放次数】和【直到为真】外，多了【重复】，若选择【重复】，表示视频文件将重复播放。【速率】的单位是帧/秒，可以直接填写数值或变量，数值越大，播放速度越快。若选择复选框【播放所有帧】，则系统将会播放全部画面的视频。【开始帧】表示从多少帧开始播放，默认是1。【结束帧】表示到多少帧结束播放。

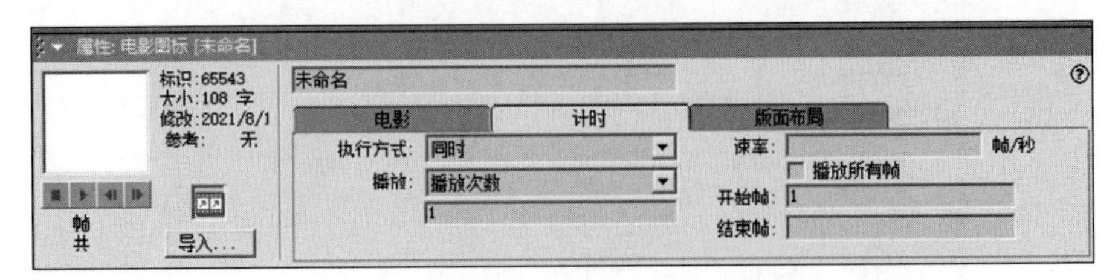

图 3-75　电影图标属性的【计时】选项卡

【版面布局】选项卡如图3-76所示，功能同显示图标属性面板中的选择位置相类似，显示图标中设置的是文字、图形或图像，这里设置的是视频文件。

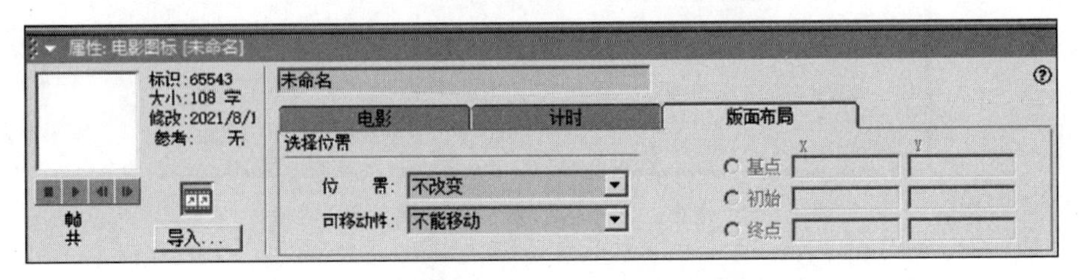

图 3-76　电影图标属性的【版面布局】选项卡

3. 媒体同步

媒体同步是指在多媒体素材播放时同时显示文字、图形、图像等内容。在Authorware中，声音图标和数字电影图标可以实现媒体同步设置。

拖曳一个声音图标到流程线上，再拖曳一个显示图标到声音图标的右下方，如图3-77所示，此时构成了媒体同步结构。显示图标为媒体同步分支，上方的时钟标记为媒体同步标记。注意采用交互图标、框架图标、声音图标或数字电影图标构成媒体同步分支时，系统会默认把它们添加在群组图标中。

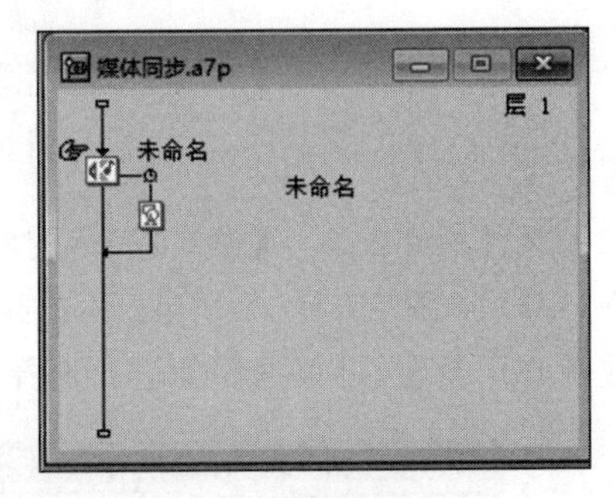

图 3-77　媒体同步结构

双击媒体同步标记，打开媒体同步属性面板，如图3-78所示。左侧区域有预览窗口和【打开】按钮，单击【打开】按钮，可以打开显示图标窗口。右侧区域包括文本框、【同步于】和【擦除条件】。【未命名】文本框可设置媒体同步图标的名字。单击【同步于】右侧下拉列表按钮，可选择【位置】和【秒】。选择【位置】表示媒体同步的执行位置，下面文本框中需输入媒体播放的位置，声音图标的位置以【毫秒】为单位，数字电影图标的位置以【帧】为单位；选择【秒】表示媒体同步的执行时间，下面文本框中需输入媒体播放的时间，以【秒】为单位。单击【擦除条件】右侧下拉列表按钮，可选择【在下一事件后】【在下一事件前】【在退出前】和【不擦除】，表示在何时擦除媒体同步图标的信息。

图 3-78　媒体同步属性面板

任务实施

一、计时器

(1) 拖曳一个计算图标到流程线的起始位置,命名为"初值"。双击"初值"计算图标,在打开的对话框中添加如图 3-79 所示内容。这里 a、b、c 表示三个变量,分别代表计时器中显示的小时、分和秒。

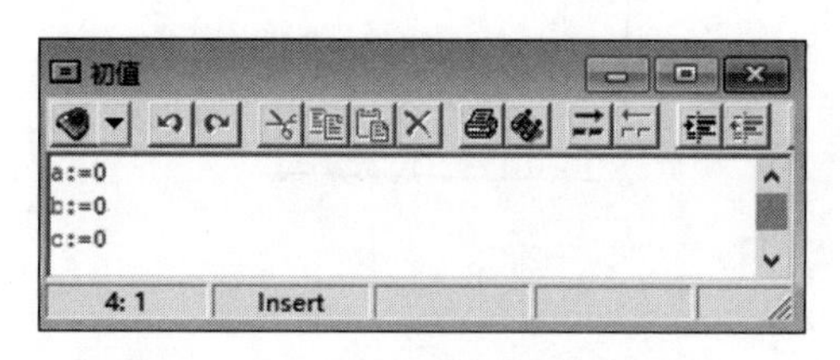

图 3-79　"初值"计算图标里的内容

(2) 拖曳一个显示图标到流程线上,命名为"表盘"。双击打开"表盘"显示图标,单击绘图工具箱中的【矩形】工具,在演示窗口中绘制表盘。设置表盘外部线条颜色为黄色,同时填充颜色为淡蓝色。注意绘制时如按住 Shift 键可以画出正方形,否则就是长方形。单击绘图工具箱中的【文本】工具,在表盘中央输入"{a}小时{b}分{c}",如图 3-80 所示。

图 3-80　"表盘"显示图标中的内容

(3) 拖曳一个显示图标到流程线上,命名为"秒针"。由于秒针要在表盘边缘绘制,所以在绘制时要先双击"表盘"显示图标,让表盘出现在演示窗口中。然后按住 Shift 键,双击"秒针"显示图标,单击绘图工具箱中的【椭圆】工具,在表盘上 12 点位置边缘处绘制圆形秒针。设置圆形秒针外部线条颜色为红色,同时填充颜色为深蓝色。拖动秒针,绘制路径如图 3-81 所示。单击"秒针"显示图标,在下方显示图标的属性面板中,按照如图 3-82 所示设置秒针属性。

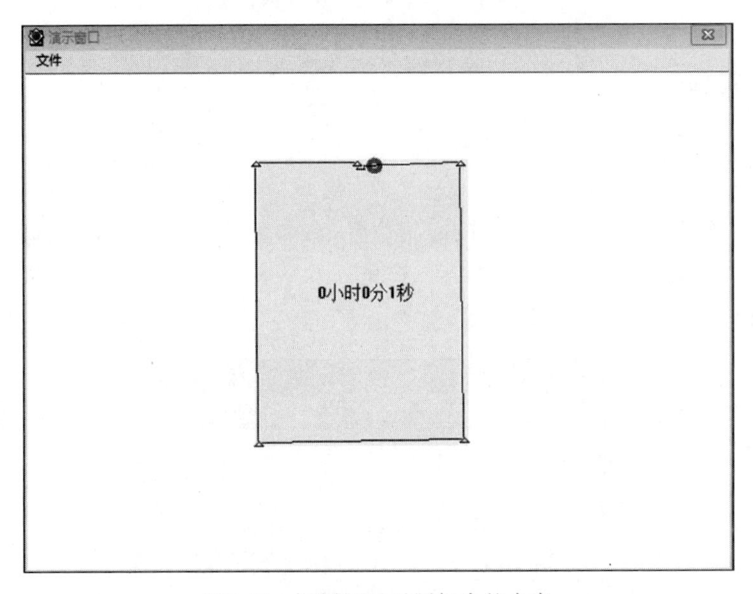

图 3-81 "秒针"显示图标中的内容

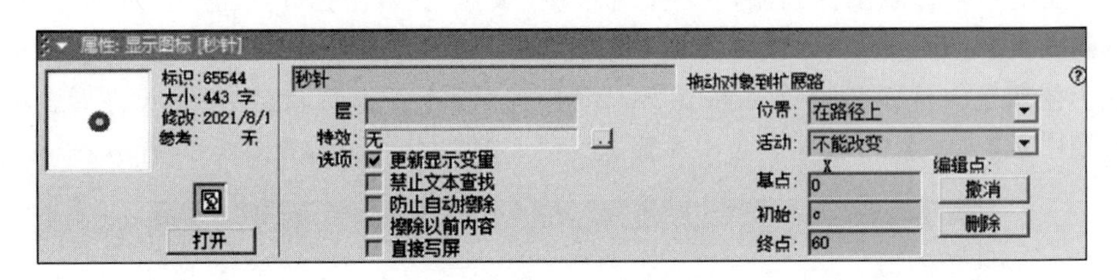

图 3-82 "秒针"显示图标属性面板

(4) 拖曳一个等待图标到流程线上,命名为"1s"。单击等待图标,在下方等待图标的属性面板中,把时限设置为 1s,如图 3-83 所示。

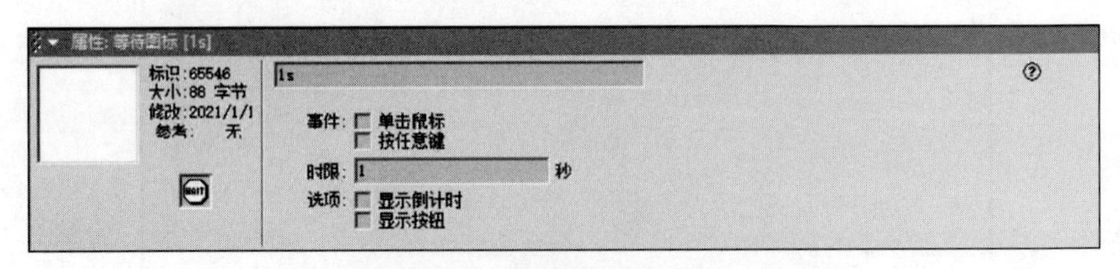

图 3-83 "1s"等待图标属性面板

(5) 最后拖曳一个计算图标到流程线上,命名为"计时控制"。双击"计时控制"计算图标,在打开的计时控制窗口中添加如图 3-84 所示内容。秒针移动一次,它的时间变量 c 增加 1。每当 c=60 时,计时 1 分钟,即时间变量 b 加 1,同时 c=0;同理,每当 b=60 时,计时 1 小时,即时间变量 a 加 1,同时 b=0。这里 GOTO(IconID“ * ”)是一个跳转函数,表示可以跳转到“ * 图标”所在位置。

图 3-84 “计时控制”计算图标里的内容

(6) 单击工具条中的运行按钮,查看运行效果。计时器的程序设计流程和演示窗口如图 3-85 所示。

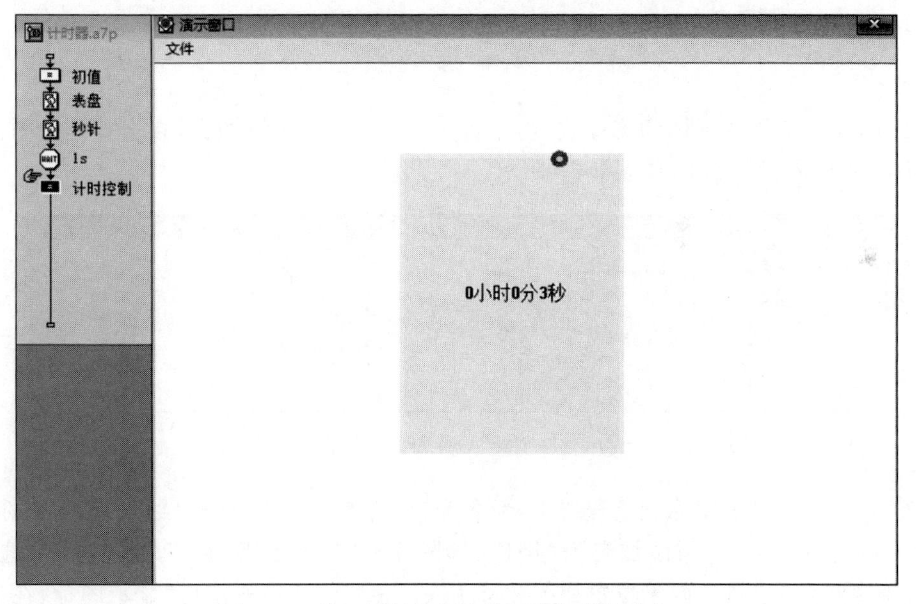

图 3-85 “计时器”的程序设计流程和演示窗口

二、春节的习俗

(1) 拖曳一个显示图标到流程线的起始位置,命名为“封面”。①双击“封面”显示图标,单击工具条中的导入按钮,添加名为“封面”的图片。为了让图片铺满整个演示窗口,双击演示窗口中的图片,打开图像属性对话框,如图 3-86 所示。在版面布局选项卡中【显示】选择【比例】,【位置】设为 X=0,Y=0,【大小】设为 X=640,Y=480。②单击“封面”显示图标,在显示图标属性面板下设置【特效】为【以相机光圈开放】,如图 3-87 所示。

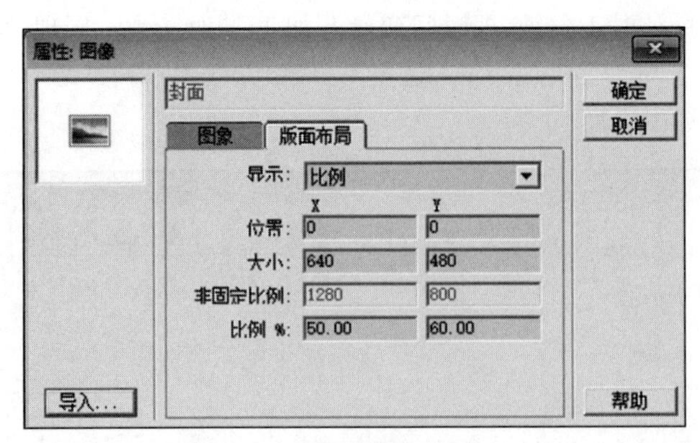

图 3-86 “封面”图像属性设置

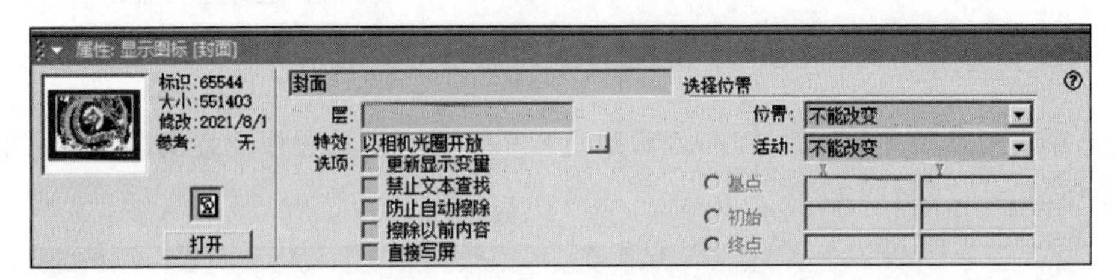

图 3-87 “封面”显示图标属性设置

(2) 拖曳一个等待图标到流程线上,命名为“2s”。单击等待图标,在下方等待图标的属性面板中,把时限设置为 2,如图 3-88 所示。

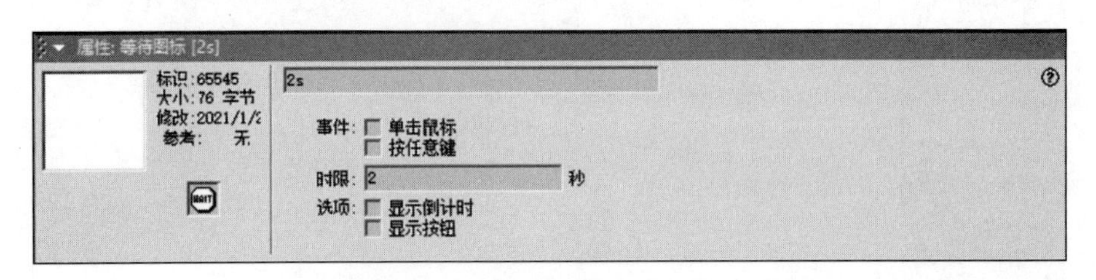

图 3-88 “2s”等待图标属性设置

(3) 拖曳一个显示图标到流程线上,命名为“年的来历”。①双击“封面”显示图标,单击工具栏中的导入按钮,分别添加名为“年兽”的图片和“年的起源. txt”,选中文字,选择【字体】为【楷体】,大小为 14,调整位置如图 3-89 所示。②双击“年的来历”显示图标,在显示图标属性面板下设置【特效】为【波纹展示】,【选项】下勾选【擦除以前内容】复选框,如图 3-90 所示。

(4) 拖曳一个等待图标到流程线上,命名为“3s”。单击等待图标,在下方等待图标的属性面板中,把时限设置为 3,如图 3-91 所示。

(5) 拖曳一个群组图标到流程线上,命名为“初一到初五的习俗”。①双击群组图标,在新打开的设计对象窗口下添加显示图标,命名为“初一”。导入“初一”图片,用文本工具添加文字“金鸡报晓,晚辈给长辈拜年”。适当调整文字格式,调整水平标尺右缩进标志使文字垂直显示,设置字体为【楷体】,大小为 24,效果如图 3-92 所示。双击“初一”显示图标,在属性面板中设置【特效】为【向下滚动展示】,【选项】下勾选【擦除以前内容】复选框,如图 3-93 所

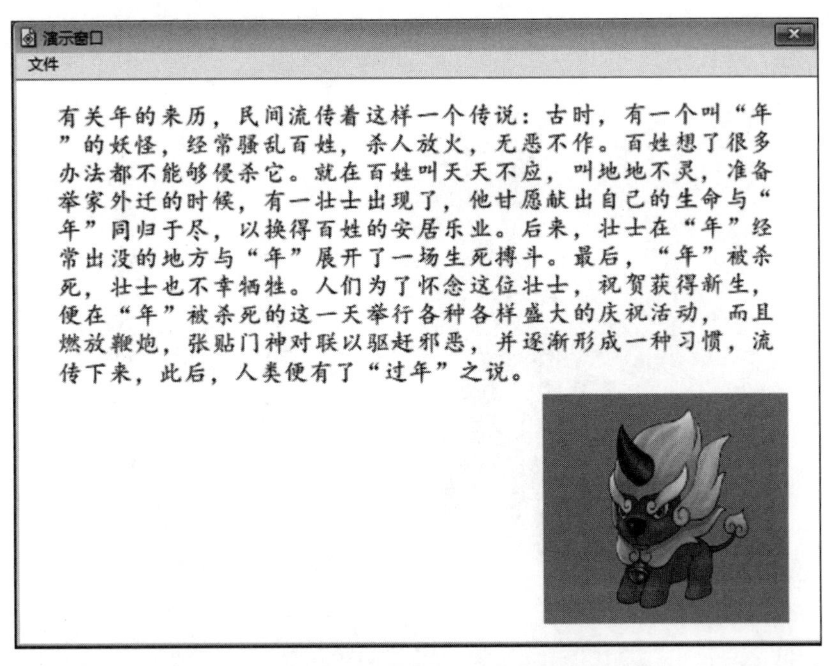

图 3-89　双击“年的来历”显示图标打开的演示窗口

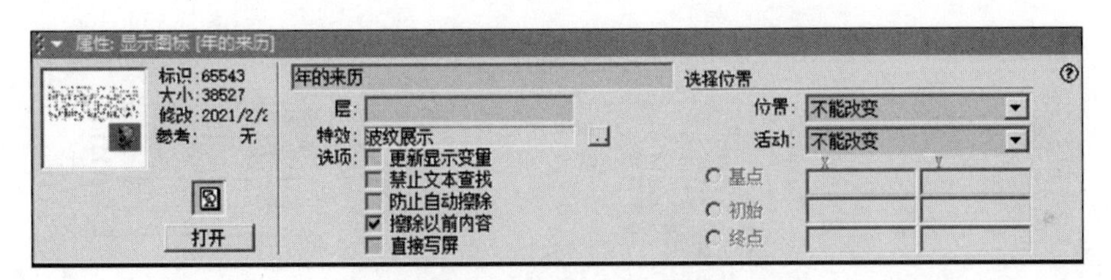

图 3-90　“年的来历”显示图标属性设置

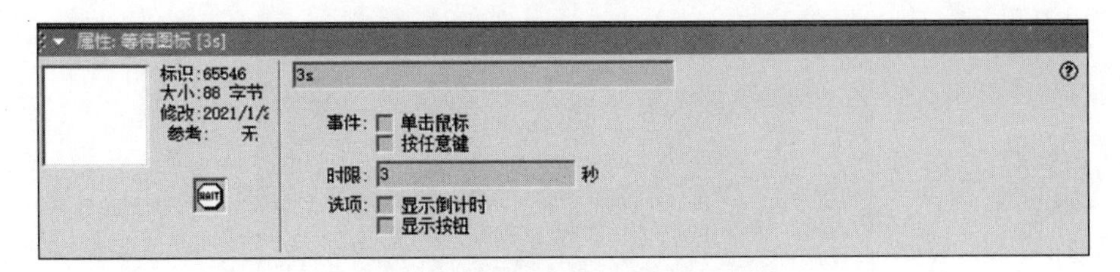

图 3-91　“3s”等待图标属性设置

示。②拖曳等待图标，设置等待图标属性中的【时限】为 2。③同样的方法依次添加“初二”到“初五”显示图标及等待图标，打开群组图标的设计对象窗口，如图 3-94 所示。

(6) 拖曳一个计算图标到流程线上，命名为“退出”。双击计算图标，在打开的窗口下输入 Quit()。Quit()是系统函数，表示“退出”，其中 Quit(0)：是一种默认设置，返回源程序。Quit(1)：退出程序回到桌面。Quit(2)：退出程序并重新启动计算机。Quit(3)：退出程序并关闭计算机。

(7) 单击工具条中的运行按钮，查看运行效果。完整的程序设计流程如图 3-95 所示。

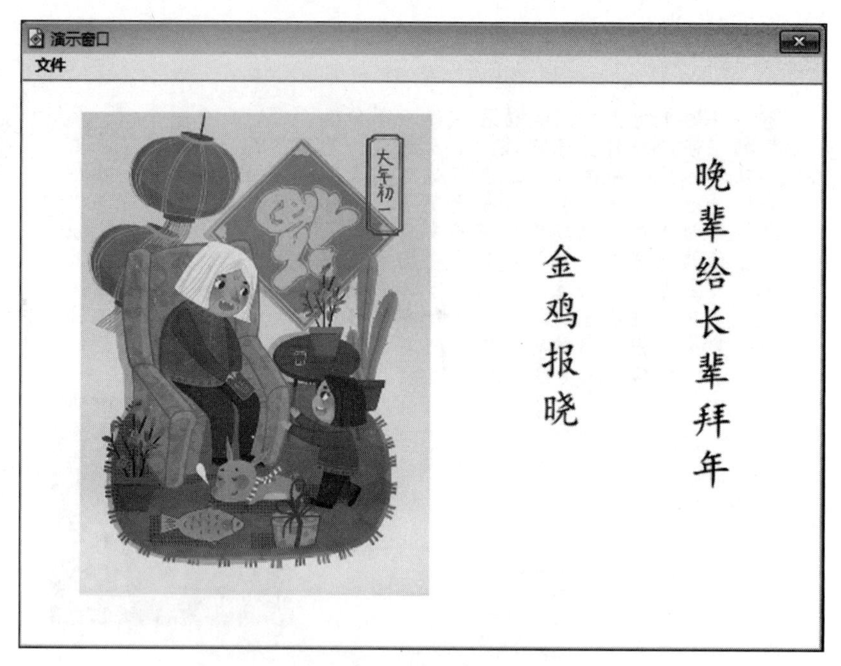

图 3-92　双击“初一”显示图标打开的演示窗口

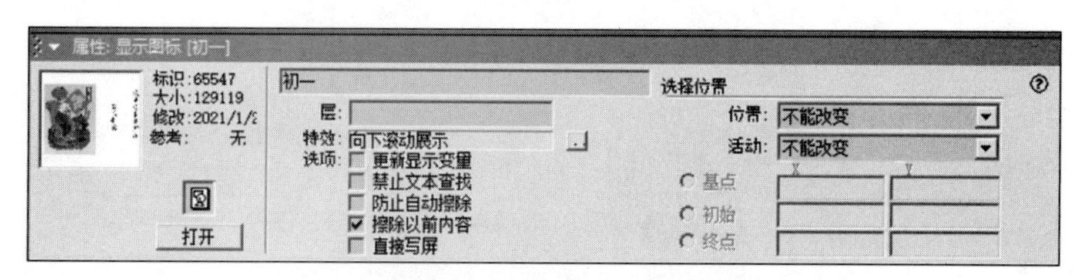

图 3-93　“初一”显示图标属性设置

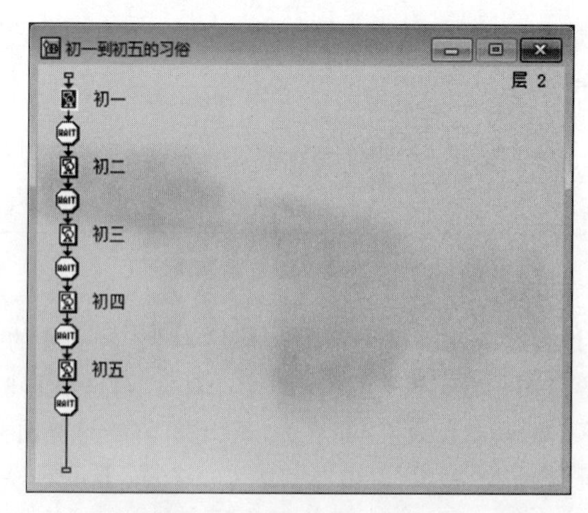

图 3-94　群组图标中的内容

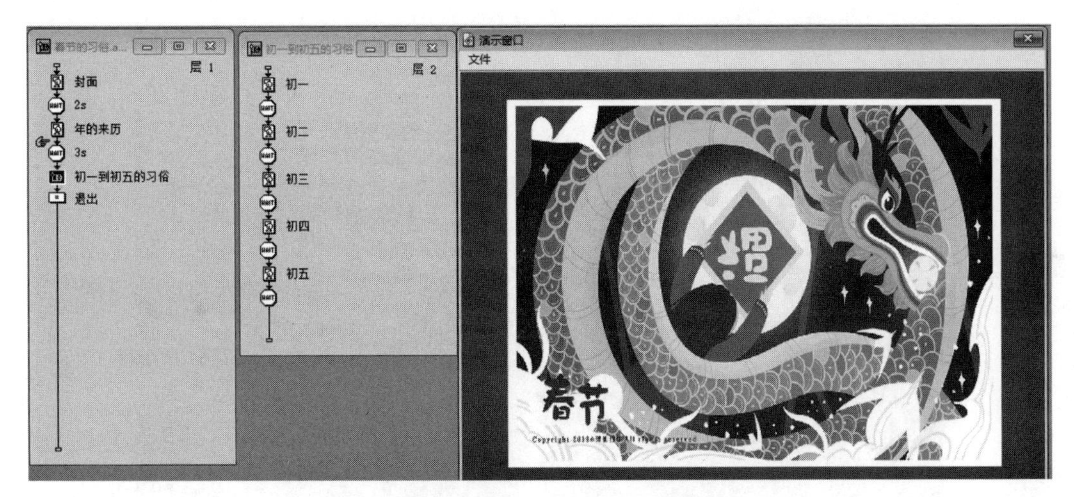

图 3-95 “春节的习俗”程序设计流程

三、升国旗

(1) 拖曳一个显示图标到流程线的起始位置,命名为“天安门背景”。双击显示图标,单击工具条中的导入按钮,添加名为“天安门背景”的图片。

(2) 拖曳一个显示图标到流程线上,命名为“旗杆”。双击显示图标,单击绘图工具箱上的直线工具+,【线型】选择最粗的线条,在演示窗口绘制直线。

(3) 单击“旗杆”显示图标下方的流程线,单击【插入】菜单,选择【媒体】下的 Animated GIF,打开如图 3-96 所示的对话框,单击右侧 Browse 按钮,添加“国旗. gif”文件后,单击 OK 按钮。此时在流程线上插入功能图标,该功能图标的名字修改为“国旗”。

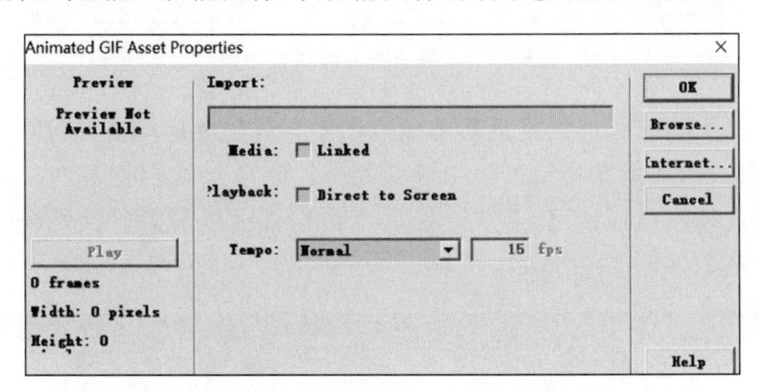

图 3-96 插入 GIF 文件的对话框

(4) 双击“天安门背景”显示图标,按住 Shift 键,分别双击“旗杆”显示图标和“国旗”功能图标,用鼠标在演示窗口中调整旗杆和国旗的位置,如图 3-97 所示。

(5) 拖曳一个声音图标到流程线上,命名为“背景音乐”。单击声音属性面板左侧区域的【导入】按钮,导入“国歌. mp3”文件。在【计时】选项卡中,【执行方式】选择【同时】,如图 3-98 所示。

(6) 拖曳一个移动图标到流程线上,命名为“移动国旗”。单击工具条上的运行按钮,窗口下方打开移动图标属性面板,单击演示窗口中的“国旗”,选定移动对象。由于国旗沿着旗

图 3-97　旗杆和国旗的位置

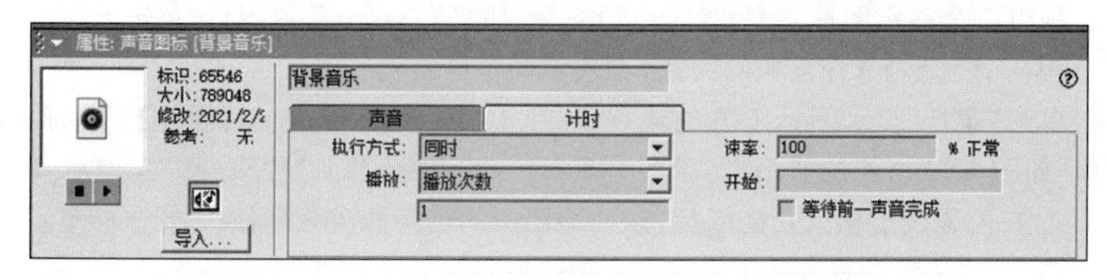

图 3-98　声音图标的属性设置

杆升起，所以【类型】选择【指向固定点】，固定点的坐标就是目标的坐标，即为旗杆顶的坐标。拖动对象到旗杆顶部，注意在拖动过程中目标的坐标值 X 始终保持不变。由于背景音乐是 49s，所以【定时】选择【时间(秒)】，下方填写 49。由于升国旗和播放背景音乐同步，所以【执行方式】选择【同时】，如图 3-99 所示。

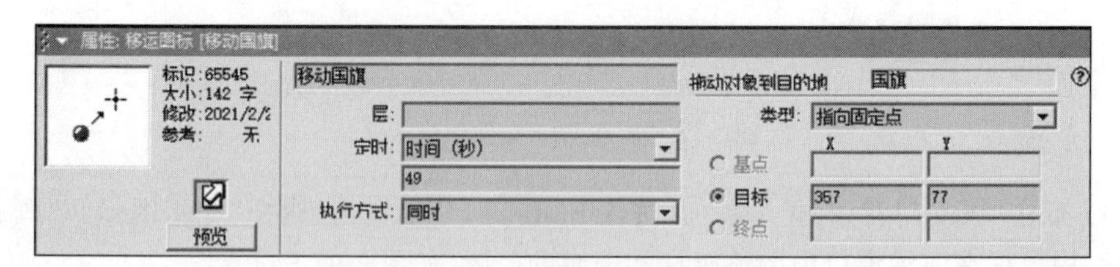

图 3-99　移动图标的属性设置

(7) 单击工具条中的运行按钮，查看运行效果。计时器的程序设计流程和演示窗口如图 3-100 所示。

图 3-100 “升国旗”的程序设计流程和演示窗口

四、古诗赏析

(1) 拖曳一个计算图标到流程线的起始位置,命名为“初始值”。双击计算图标,在打开的窗口中输入“t=0”。这里设“t=0”为播放音频文件的条件。

(2) 拖曳一个显示图标到流程线上,命名为“背景图片”。双击显示图标,单击工具条中的导入按钮,添加名为“出塞”的图片。

(3) 拖曳一个声音图标到流程线上,命名为“朗诵”。双击声音图标,在声音图标属性面板中,单击【导入】按钮导入“出塞. mp3”。在【计时】选项卡中,【执行方式】选择【同时】,【播放】选择【直到为真】,下面文本框填写“t=3”,这里“t=3”为停止播放音频文件的条件,如图 3-101 所示。

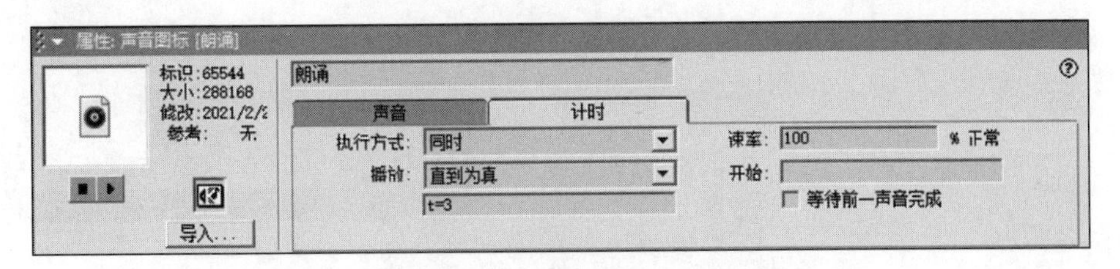

图 3-101 声音图标属性面板【计时】选项卡设置

(4) 构造媒体同步结构。拖曳一个显示图标到声音图标的右下方,命名为“3”。单击媒体同步标记,在打开的媒体同步属性面板中,【同步于】选择【秒】,下方文本框填写“3”,同该分支名字相同,【擦除条件】选择【不擦除】,如图 3-102 所示。双击显示图标,单击绘图工具箱中的文本工具 A,添加古诗题目“出塞”,并在显示图标属性面板中设置【特效】为【开门方式】。

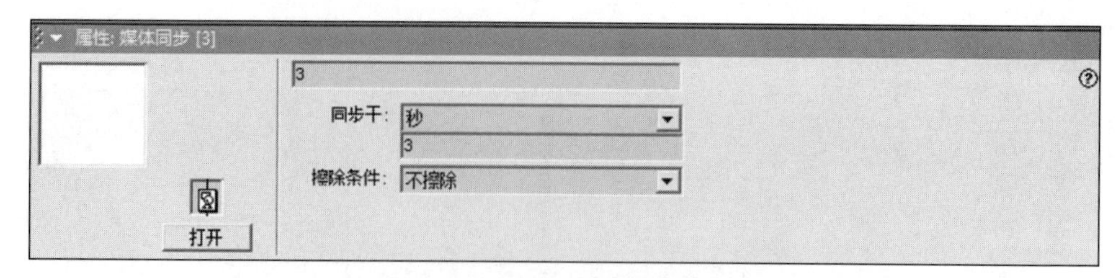

图 3-102　媒体同步分支的属性设置

分别拖曳 5 个显示图标到声音图标的右下方，分别命名为“5”“8”“14”“20”和“24”。分别单击媒体同步标记，在打开的媒体同步属性面板中，【同步于】下方文本框中填写的秒数与所在分支名字相同。在这 5 个显示图标中，分别添加“作者”和“诗句”。在添加作者的显示图标的属性面板中，设置【特效】为“马赛克效果”。在添加诗句的显示图标的属性面板中，设置【特效】为“从左到右”。

(5) 拖曳一个等待图标到流程线上，在其属性面板中【事件】勾选【单击鼠标】。

(6) 拖曳一个计算图标到流程线的起始位置，命名为“停止”。双击计算图标，在打开的窗口中输入“t=3”。

(7) 单击“停止”计算图标下方的流程线，选择【插入】|【控件】| ActiveX，在打开的对话框中选择 Windows Media Player 控件，单击 OK 按钮。在打开的对话框中单击 Custom，在打开的对话框中单击右侧【浏览】按钮，选择视频文件。添加成功后，单击【确定】按钮，此时在流程线上插入功能图标，该功能图标的名字修改为“视频”。

(8) 单击工具条中的控制面板按钮，在弹出的控制面板中运行程序，查看运行效果。播放到视频文件时，单击暂停按钮，可通过鼠标调整控件大小和位置。

完整的程序设计流程如图 3-103 所示。

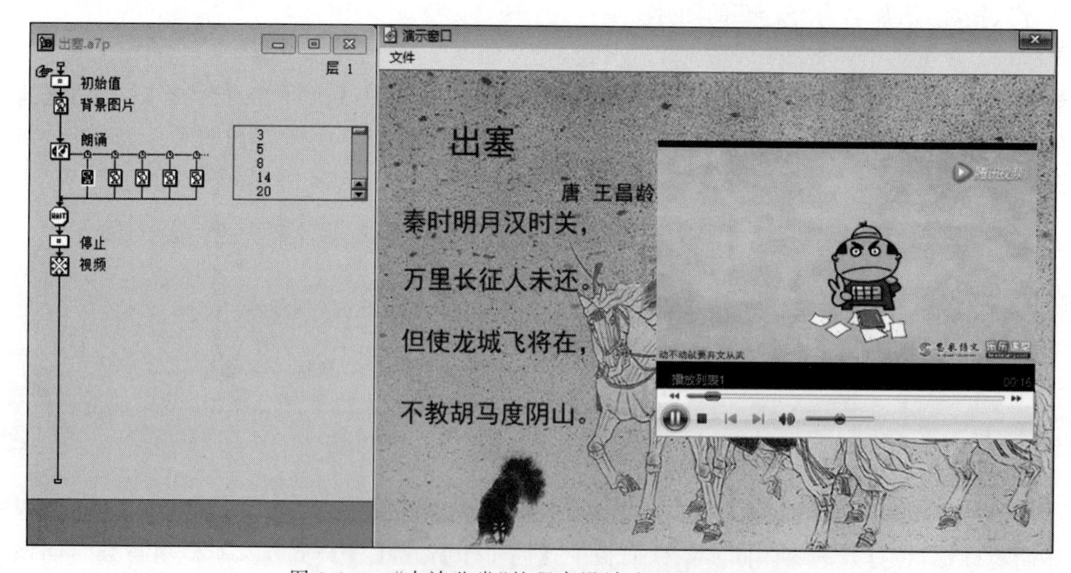

图 3-103　“古诗鉴赏”的程序设计流程和演示窗口

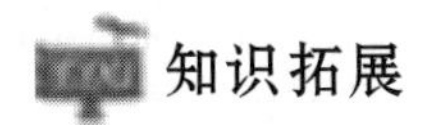

知识拓展

一、等待图标和擦除图标

1. 等待图标

等待图标位于图标面板中第四行第一列，单击等待图标，属性面板如图 3-104 所示，左侧区域有预览窗口、大小、修改时间等基本信息，右侧区域包括图标名【文本框】【事件】【时限】【选项】。【事件】里有【单击鼠标】和【按任意键】两个复选框命令，表明可以选择两种方式进行结束等待继续运行程序。【时限】文本框中可以设置等待时间，单位是秒，这里可写数值、变量或表达式。【选项】里有【显示倒计时】和【显示按钮】两个复选框命令，其中【显示倒计时】在设置【时限】后才可以进行选择。选择后，在程序运行过程中，演示窗口左下角会出现一个倒计时闹钟。若想调整闹钟位置，直接鼠标拖动闹钟即可。【显示按钮】默认是选中的，在程序运行时，演示窗口的左上角会出现【继续】按钮，单击该按钮可以继续运行程序。若想调整按钮大小和位置，需要单击工具栏中的【控制面板】按钮，在弹出的控制面板中单击暂停，用鼠标单击演示窗口的【继续】按钮，按钮周围出现控制点，拖动控制点可以调整【继续】按钮的大小，单击【继续】按钮可以进行拖动。若想调整【继续】按钮的外观和按钮中的文字，需要在文件属性面板中的【交互作用】选项卡进行设置，如图 3-105 所示。单击【等待按钮】右侧的按钮，可以调整按钮的外观。【标签】文本框可以调整等待按钮中的文字内容。

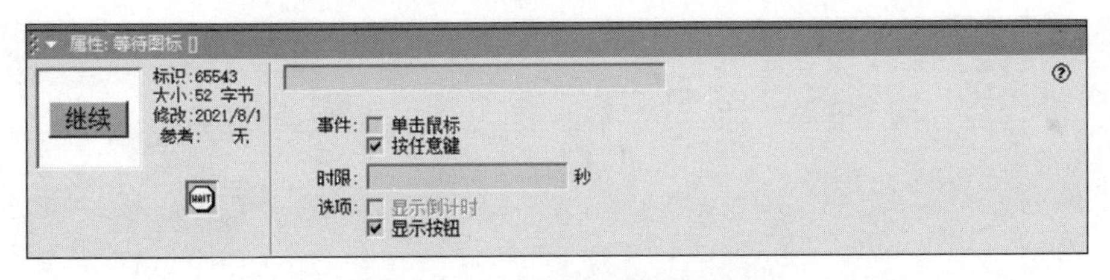

图 3-104　等待图标的属性面板

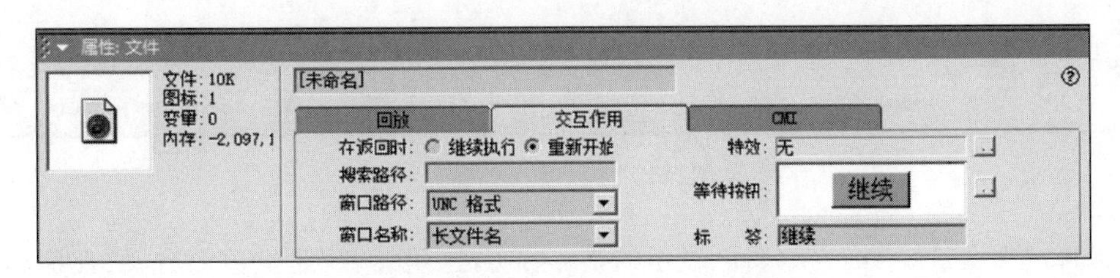

图 3-105　文件属性面板的【交互作用】选项卡

2. 擦除图标

擦除图标位于图标面板中第三行第一列，单击擦除图标，属性面板如图 3-106 所示，左侧区域有预览窗口、大小、修改时间等基本信息。单击【预览】按钮可以查看当前的擦除效果。右侧区域包括图标名【文本框】【特效】【单击要擦除的对象】【列】。想要擦除某个对象，可以在打开擦除图标属性面板的情况下，单击要擦除的对象，在【列】中右侧空白处会出现该对象所在的图标，这里可以选择显示【被擦除的图标】或【不擦除的图标】。选中【列】右侧空白处的图标，单击【删除】按钮可以删除要擦除的对象。【特效】用来设置擦除效果，复选框【防止重叠部分消失】可以保证多个对象叠加时按照先后次序采用相同的擦除效果。

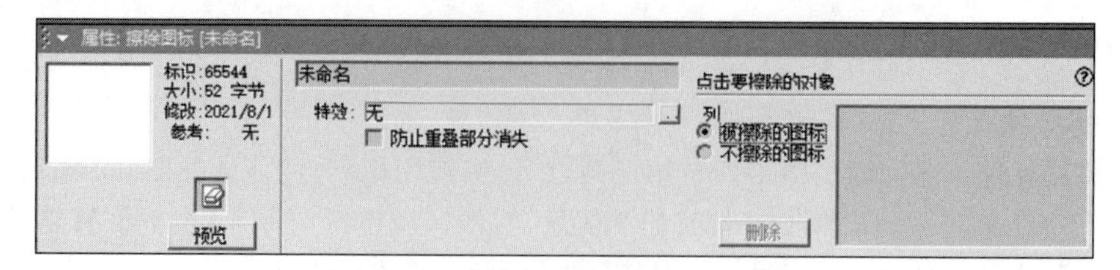

图 3-106　擦除图标的属性面板

二、计算图标和群组图标

1. 计算图标

计算图标位于图标面板中第二行第二列，它可以实现函数的调用、变量的定义及程序代码的编写等。计算图标除了可以采用拖曳的方式添加到流程线上，还可以附着在其他图标上，具体方法是首先用鼠标选中要附着的图标，然后选择【修改】|【图标】|【计算】，这样就可以打开计算图标窗口，如图 3-107 所示，窗口由标题栏、工具栏、编辑区和状态栏四部分组成。在编辑区在窗口中添加完代码后，在附着图标的左上角有一个【=】，双击【=】可以打开计算图标窗口。若想删除附着的计算图标，只需要把计算图标窗口中的代码删除即可。

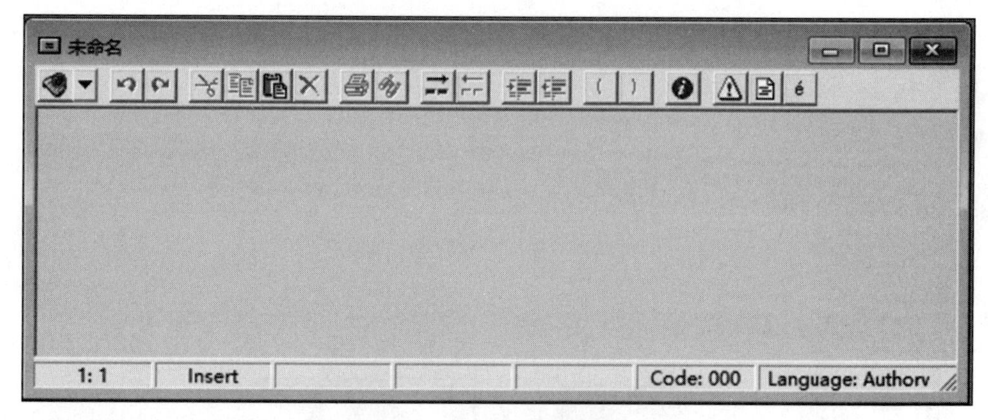

图 3-107　计算图标窗口

例如，定义变量 a=0，在编辑区显示的是 a：=0，这里"：="是赋值的含义，在编辑时不用输入"："，直接写"="即可。对于第一次添加的新变量，在保存时会提示输入初值和描述，这里可写可不写。在语句的后面可以添加注释，注释前要添加破折号"--"。注意，函数里引用的所有符号是英文输入法的符号。调用函数时可以从函数面板中选择，单击工具条中的 ，在 Authorware 窗口右侧出现函数面板，如图 3-108 所示。【分类】中默认是全部，单击右侧下拉列表按钮可以按类别选择函数。注意：最后一个分类是未命名，这里可以添加外部的函数库文件，在官网中可以下载，单击最下方【载入】即可添加。这里以【分类】跳转为例，选中 GoTo，下方描述窗口中出现此函数的格式和使用说明，单击【粘贴】按钮可以添加此函数,也可以直接双击【分类】下方的 GoTo 函数添加。若单击面板中的【显示图标】,则在【参考】中会显示该图标的名字。

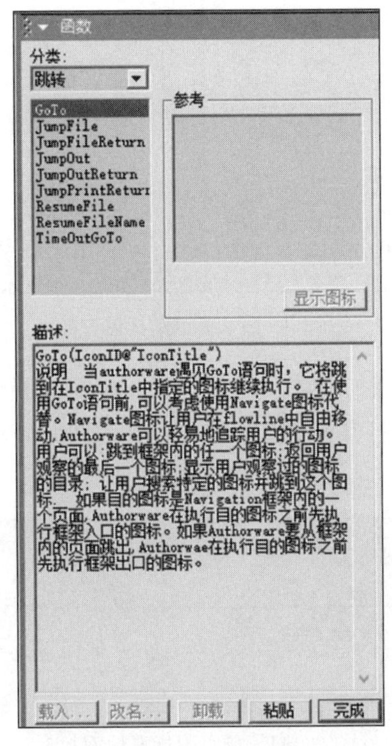

图 3-108 函数面板

单击计算图标,属性面板如图 3-109 所示。左侧区域有预览窗口、大小、修改时间等基本信息,单击【打开】按钮可以打开计算图标窗口。右侧区域未命名【文本框】显示计算图标的名字,【函数】里显示的是计算图标中使用的所有函数,【变量】显示的是使用的所有变量,若选中【变量】中的某一个变量,则在【当前值】会显示该变量的内容,它是只读的。

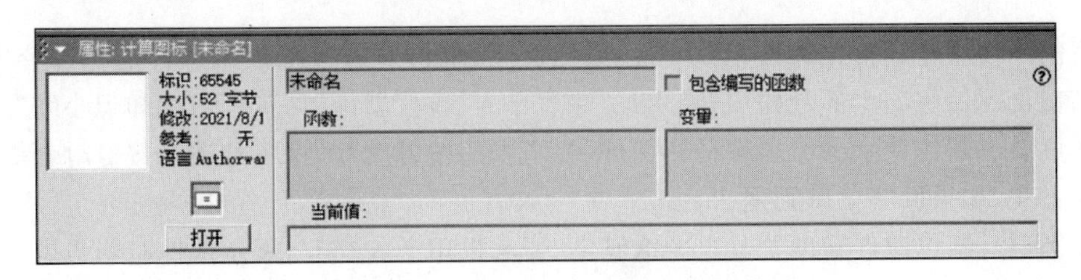

图 3-109 计算图标的属性面板

2. 群组图标

群组图标位于图标面板中第三行第二列,它的作用是可以简化程序设计流程,把多个图标按组管理。把群组图标拖曳到流程线上,双击群组图标即可打开一个新的程序设计窗口,如图 3-110 所示。这个新窗口就是群组图标的窗口,在这个窗口中继续添加新的图标;也可以选择多个图标后,选择【修改】|【群组】,这样选中的多个图标就添加到一个群组里。

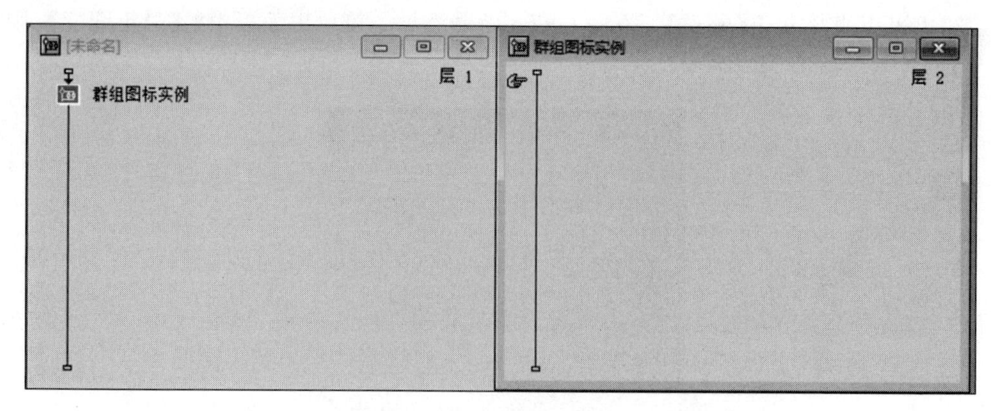

图 3-110　群组图标窗口

单击群组图标，属性面板如图 3-111 所示。左侧区域有预览窗口、大小、修改时间等基本信息，单击【打开】按钮可以打开群组图标窗口。右侧区域显示该群组图标的名字，【层】下显示每个层的名字。

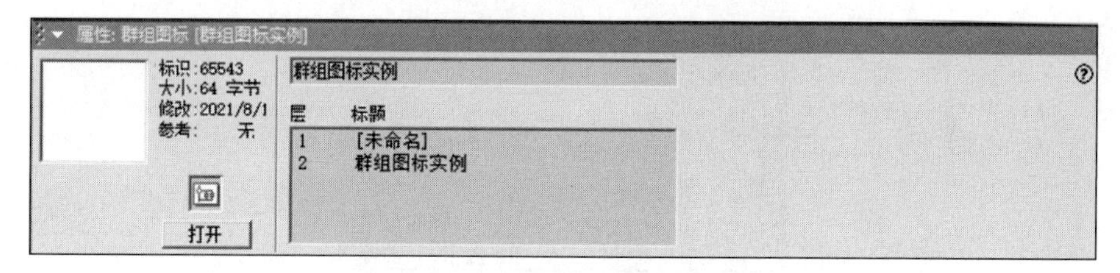

图 3-111　群组图标属性面板

任务 3　交互图标的使用

任务描述

案例一　制作结构化课件，要求采用按钮交互，单击对应按钮展示课件的每部分内容。通常结构化课件由四个部分构成，分别是“课程导入、讲授新课、课堂练习和知识小结”。

案例二　制作课堂练习之选择题课件，要求采用按键交互，按下选项的按键时会提示答案是否正确，如果回答正确则退出。

案例三　制作课件辅助工具电子涂鸦笔，要求采用条件交互，展示课件时单击鼠标可以进行书写。

案例四　制作西湖十景课件，要求采用热对象交互和热区域交互，单击地理位置或景点图片时有对应景点介绍。

任务目标

- 掌握交互图标使用及属性设置。
- 掌握交互结构的组成
- 学会使用常用的交互结构进行制作课件。

知识介绍

一、交互结构的组成

1. 交互图标的作用

交互图标位于图标面板中第一行第二列,它的主要作用是管理交互分支,单独使用时功能同显示图标一致,可以添加图片和文字,所以通常在交互图标中设置交互的背景。

单击交互图标,可以打开交互图标属性面板,如图 3-112 所示。左侧区域有预览窗口、大小、修改时间等基本信息,单击文本区域按钮可以打开交互作用文本字段属性。面板中共有【版面布局】【交互作用】和【文本】三个选项卡,使用文本输入交互结构时对输入文本的一些属性进行设置,如【版面布局】可以调整输入文本框的大小和位置,【交互作用】用来设置与交互有关的一些常规命令,【文本】用来设置输入文本框中的文本格式。单击打开按钮,可以在演示窗口中查看交互图标中添加的图片或文字。右侧区域未命名【文本框】显示交互图标的名字,下面有【交互作用】【显示】【版面布局】和【CMI】四个选项卡。其中【显示】选项卡和【版面布局】选项卡同显示图标属性设置相似,【交互作用】是最常用的选项卡,如图 3-113 所示,包括【擦除】【擦除特效】和【选项】。【擦除】表示对交互图标里添加的素材所设置的擦除方式,单击【擦除】右侧下拉列表按钮,有【在下一次输入之后】【在退出之前】和【不擦除】三种方式,其中【在下一次输入之后】表示在执行下个分支之后擦除,【在退出之前】表示在退出交互结构时擦除,【不擦除】表示交互图标中的内容会一直显示。【擦除特效】可以设置交互图标中素材在擦除时的效果。【选项】中有【在退出之前中止】和【显示按钮】两个复选框命令,当选中【在退出之前中止】时,【显示按钮】才可以选中,表示在退出交互结构前添加一个等待图标,若选中【显示按钮】,则在演示窗口中出现等待按钮。CMI 用来设置交互跟踪功能。

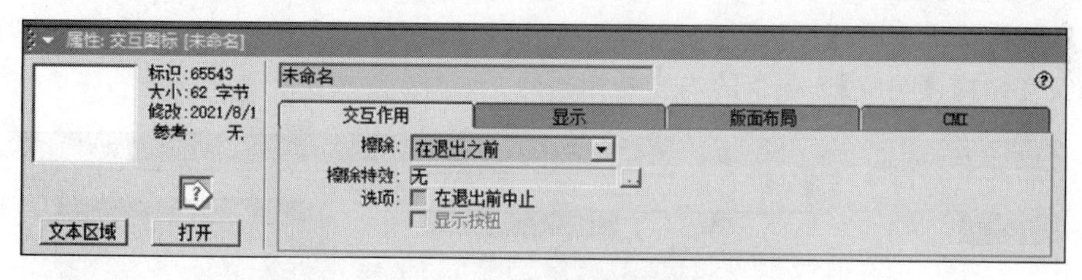

图 3-112 交互图标属性面板

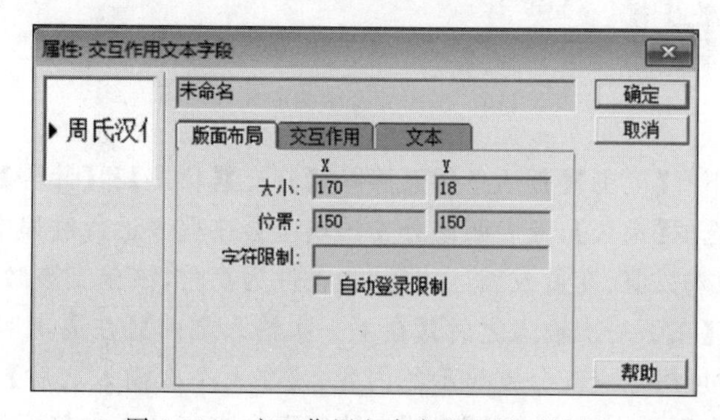

图 3-113 交互作用文本字段属性对话框

2. 交互结构的组成

交互是 Authorware 中最具特色的功能，交互结构由交互图标和其右下方的交互分支、交互类型符号等构成，如图 3-114 所示。

在构造交互分支时，先添加交互图标，然后再拖曳其他图标到交互图标的右下方，此时会弹出【交互类型】对话框，如图 3-115 所示。Authorware 中共有 11 种交互结构，根据需要选择交互类型后单击【确定】按钮即可。

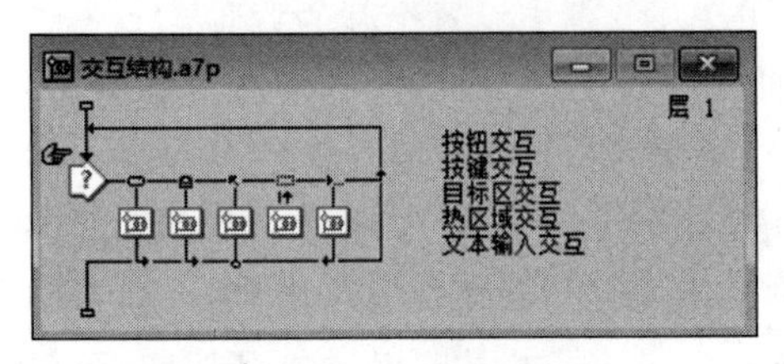

图 3-114　交互结构组成

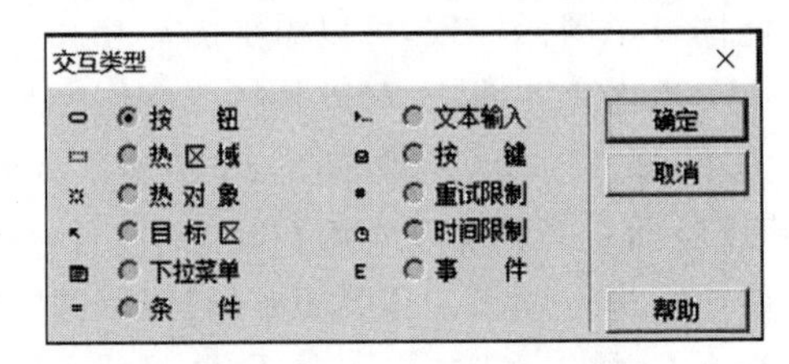

图 3-115　【交互类型】对话框

注意，每个交互分支只能添加一个图标。若需要添加多个图标，则可以使用群组图标。注意在使用交互图标、决策图标、框架图标、声音图标或数字电影图标构造交互分支时，系统会自动使用群组图标构造交互分支。

程序运行时，先演示交互图标的内容，然后在交互分支执行条件相同的情况下，按照从左到右的顺序依次执行。执行交互分支后，根据交互分支走向决定程序流程走向。交互分支共有 4 种走向，分别是【重试】【继续】【返回】和【退出交互】。

3. 交互结构属性的设置

以按钮交互为例，单击交互类型符号，弹出属性面板，如图 3-116 所示。右侧区域【文本框】显示的是该交互分支的名字，单击【类型】右侧的下拉列表按钮，可以选择不同的交互结构。在改变交互类型时，【按钮】选项卡发生变化，而【响应】选项卡不发生变化。所以不管是哪一种交互结构，【响应】选项卡的内容是相同的。

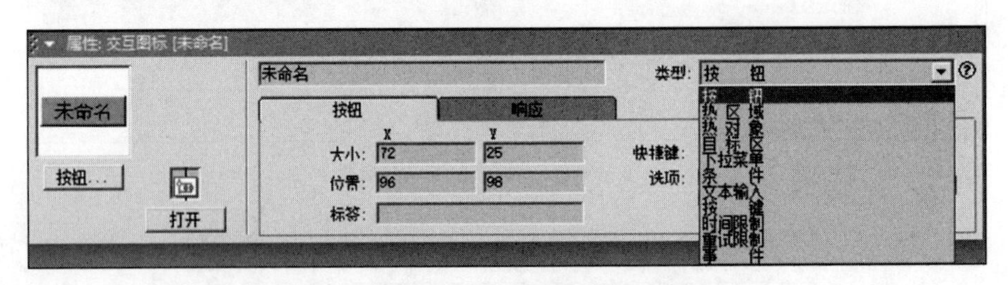

图 3-116　按钮交互结构的属性面板

【响应】选项卡下有【范围】【激活条件】【擦除】【分支】【状态】和【计分】，如图 3-117 所示。若选中【范围】的复选框【永久】，则表明该分支的响应会在程序运行过程中一直有效。在【激活条件】文本框中输入数值、变量或表达式等，当条件为真时，该分支被激活。单击【擦除】右侧下拉列表按钮，有【在下一次输入之后】【在下一次输入之前】【在退出时】和【不擦除】四种方式可选，表明何时可擦除交互分支显示的内容。【在下一次输入之后】表明在执行下个交互分支之后擦除，【在下一次输入之前】表明在执行下个交互分支之前擦除，【在退出时】表明在退出交互结构时擦除，【不擦除】表明交互分支的内容不会擦除。单击【分支】右侧下拉列表按钮，有【重试】【继续】和【退出交互】三种分支走向；选中【范围】复选框中的【永久】，则增加一个分支走向【返回】。【重试】表明执行分支后返回交互图标等待执行新的交互分支，【继续】表明执行分支后，继续执行其右侧分支，【退出交互】表明执行分支后退出交互结构，【返回】表明在任何位置都可以调用该分支，执行完该分支后返回之前调用的位置，继续执行之前的程序。单击【状态】右侧下拉列表按钮，有【不判断】【正确响应】和【错误响应】三种状态，可以对交互的状态进行跟踪和记录。【不判断】表明对分支是否执行不做判断，【正确响应】会在该分支名称前显示"+"，并在系统变量 Total Score 中记录正确执行该分支的得分。【错误响应】会在该分支名称前显示"-"，并在系统变量 Total Score 中记录错误执行该分支的得分。在【计分】文本框中需要输入一次正确响应或错误响应的分值。

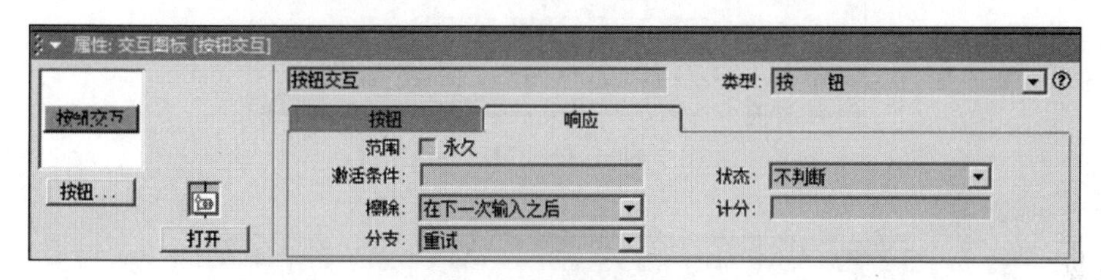

图 3-117 【响应】选项卡

二、常用的交互结构

1. 按钮交互

按钮交互是系统默认的交互结构，通过单击演示窗口中显示的按钮产生响应，执行交互分支。按钮的标签、外观和位置可以自行调整，也可以自定义按钮。

单击按钮交互类型符号，可以打开按钮交互属性面板，如图 3-118 所示。

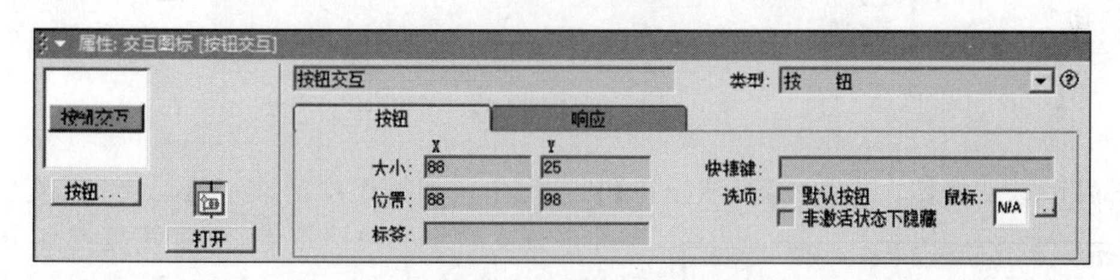

图 3-118 【按钮交互】属性面板【按钮】选项卡

左侧区域有【按钮交互】【按钮】和【打开】按钮。单击【按钮】按钮后，打开【按钮】对话框，如图 3-119 所示。系统共提供了 12 种按钮方案，单击下方【系统按钮】右侧两个下拉列表按钮可以调整按钮中的字体和字号，单击对话框最下方【添加】按钮可以打开【按钮编辑】对话框，如图 3-120 所示。这里可以根据需求自定义按钮，单击选中按钮的状态，在【按钮描述】文本框中添加文字，单击【导入】按钮可以分别导入本地磁盘的图像和声音文件作为按钮的图案和声音，按钮中标签的内容可以选择显示或隐藏，显示时单击右侧下拉列表按钮可以调整标签的对齐方式。单击【打开】按钮，可以打开该交互分支的设计对象窗口。

如图 3-118 所示，【按钮交互】属性面板的右侧区域有【按钮】选项卡和【响应】选项卡。【按钮】选项卡下有【大小】【位置】【标签】【快捷键】【选项】复选框和【鼠标】。【大小】和【位置】通过调整 X 和 Y 的坐标值来改变按钮的大小和位置，可以在运行程序时按下暂停按钮，通

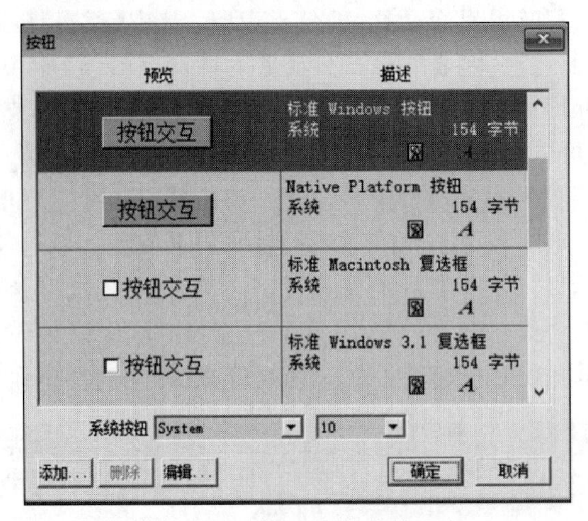

图 3-119 【按钮】对话框

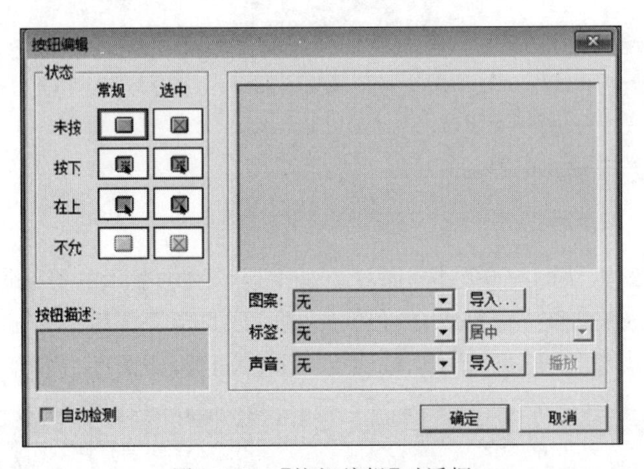

图 3-120 【按钮编辑】对话框

过鼠标拖动改变按钮大小和位置。【标签】文本框中添加按钮中的文字,【快捷键】文本框可添加该分支响应的快捷按键,注意快捷键区分大小写,多个快捷键用"|"分割。【选项】复选框有【默认按钮】和【非激活状态下隐藏】选项,【默认按钮】表明选择该按钮为系统默认按钮,选中后按钮四周出现黑色边框,按 Enter 键相当于单击按钮,【非激活状态下隐藏】表明按钮没有激活时不显示。单击【鼠标】右侧的【…】按钮,打开【鼠标指针】对话框,如图 3-121 所示。系统共提供了 7 种鼠标指针方案,单击【添加】按钮加载本地磁盘的鼠标指针方案。

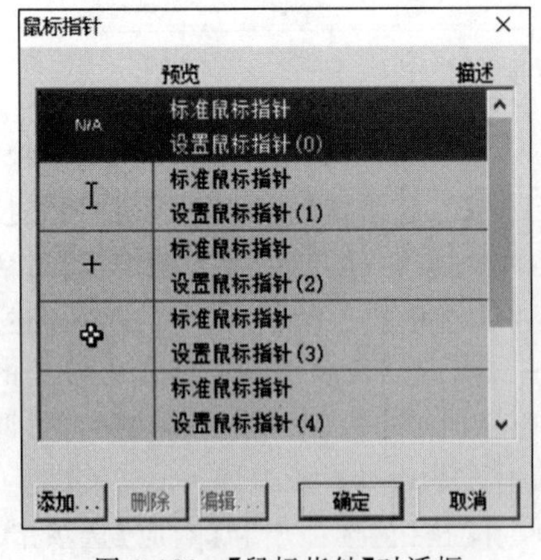

图 3-121 【鼠标指针】对话框

2. 按键交互

按键交互同按钮交互相似,它是通过操作键盘的按键产生响应,执行交互分支。

单击按键交互类型符号，可以打开按键交互属性面板，如图 3-122 所示。左侧区域有预览窗口和【打开】按钮，单击【打开】按钮，可以打开该交互分支的设计对象窗口。右侧区域有【按键】选项卡和【响应】选项卡。【按键】选项卡下只有【快捷键】文本框，填写激活响应的按键，可以是单一键，也可以是组合键。注意，键名需要用英文双引号括起来，组合按键直接写键名就可以，不需要连接符号，如 CtrlP，表示按下 Ctrl 键和 P 键即可。按键区分大小写。若不区分，则需要用分隔符"|"连接，如 D|d。输入"?"，表示任何按键都可以产生响应。

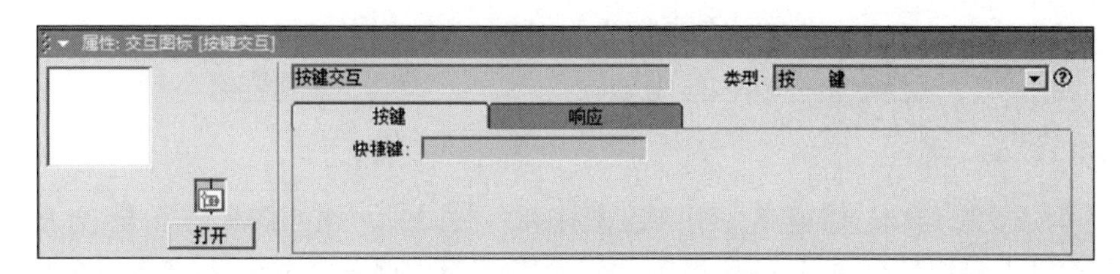

图 3-122　按键交互属性面板

3. 条件交互

条件交互是通过判断条件表达式是否为真而产生的响应。若为真，则执行交互分支。

单击条件交互类型符号，可以打开条件交互属性面板，如图 3-123 所示。左侧区域有预览窗口和【打开】按钮，单击【打开】按钮，可以打开该交互分支的设计对象窗口。右侧区域有【条件】选项卡和【响应】选项卡。【条件】选项卡下有【条件】和【自动】，【条件】文本框后需要填写条件表达式，条件表达式即为分支名称。注意，填写"0"时表示假，非零表示真，字符串如"true、yes、on、t"表示真，其他字符串表示假。单击【自动】右侧下拉列表按钮，有【关】【为真】和【当由假为真】三个选项。【关】表示当条件表达式为真时执行分支，【为真】表示判断条件表达式是否为真，若为真就反复执行分支，只有当表达式为假才能退出交互结构，【当由假为真】表示当条件表达式由假变为真时执行分支。

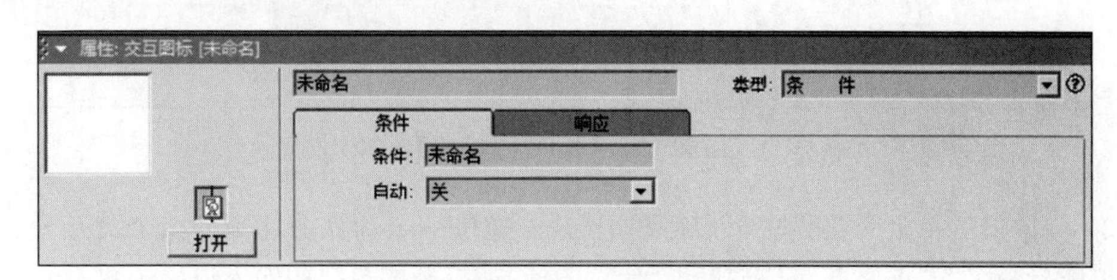

图 3-123　条件交互属性面板

任务实施

一、结构化课件

(1) 拖曳一个交互图标到流程线的起始位置，命名为"课件封面"。双击"课件封面"交互图标，单击工具条中的导入按钮，添加名为"课件背景"的图片。为了让图片铺满整个演示窗口，双击演示窗口中的图片，打开图像属性对话框，如图 3-124 所示。在版面布局选项卡中【显示】选择【比例】，【位置】设为"X=0，Y=0"，【大小】设为"X=640，Y=480"。

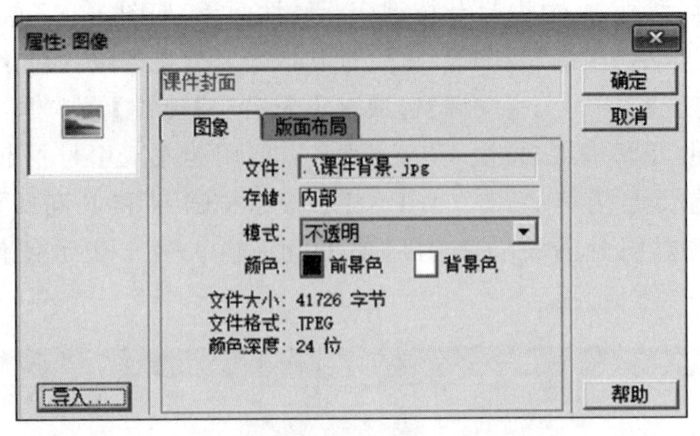

图 3-124 课件封面的大小设置

(2) 构造交互结构。①拖曳一个群组图标到“课件封面”交互图标右下方,交互类型选择“按钮交互”,群组图标命名为“课程导入”。②单击按钮交互类型符号,在按钮交互属性面板中设置【响应】选项卡,如图 3-125 所示。【范围】选择【永久】,【擦除】选择【在下一次输入之后】,【分支】选择【返回】。③双击“课程导入”群组图标,在新打开的设计对象窗口中的流程线上添加显示图标,命名为“创设情境”。④双击显示图标,单击绘图工具箱中的文本工具A,在按钮的右侧空白处添加提示性文字信息,如图 3-126 所示,设置字体为【楷体】,大小为14,【模式】为【透明】。⑤分别拖曳三个群组图标到第一个交互分支的右侧,分别命名为“讲授新课”“课堂练习”和“知识小结”。参考第一个交互分支中群组图标的设置,分别添加三个显示图标,命名为“新课内容”“练习”和“小结”。在每个显示图标中,分别添加提示性文字信息。

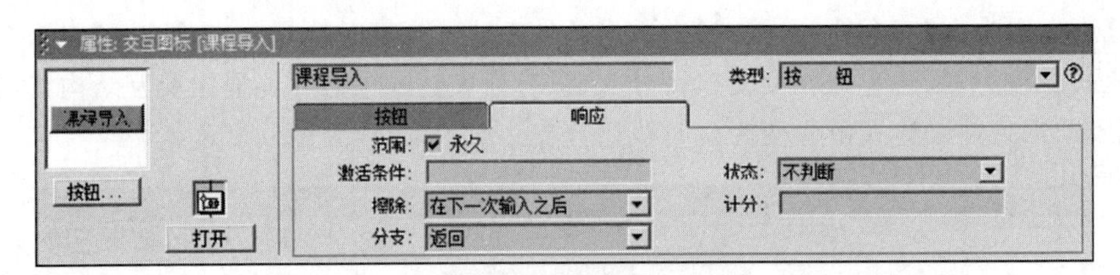

图 3-125 按钮交互属性面板【响应】选项卡设置

(3) 构造最后一个交互分支,命名为“退出”。拖曳一个计算图标到第四个交互分支的右侧,群组图标命名为“退出”。双击“退出”计算图标,在打开的窗口中输入退出函数 Quit()。

(4) 单击工具条中的控制面板按钮,在弹出的控制面板中运行程序,查看运行效果,单击暂停按钮时可拖动按钮位置。为了使按钮位置美观,需要对所有按钮设置统一的对齐方式。在程序暂停时,先单击选中第一个按钮,然后再按住 Shift 键依次单击其他按钮,直到选中全部按钮,选择【修改】菜单下的【排列】命令,设置对齐方式。

完整的程序设计流程和演示窗口如图 3-127 所示。

二、选择题

(1) 拖曳一个计算图标到流程线的起始位置,命名为“初始值”。双击计算图标,在打开的窗口中输入“result=0”,这里定义一个变量 result,显示的是答案是否正确的提示信息。

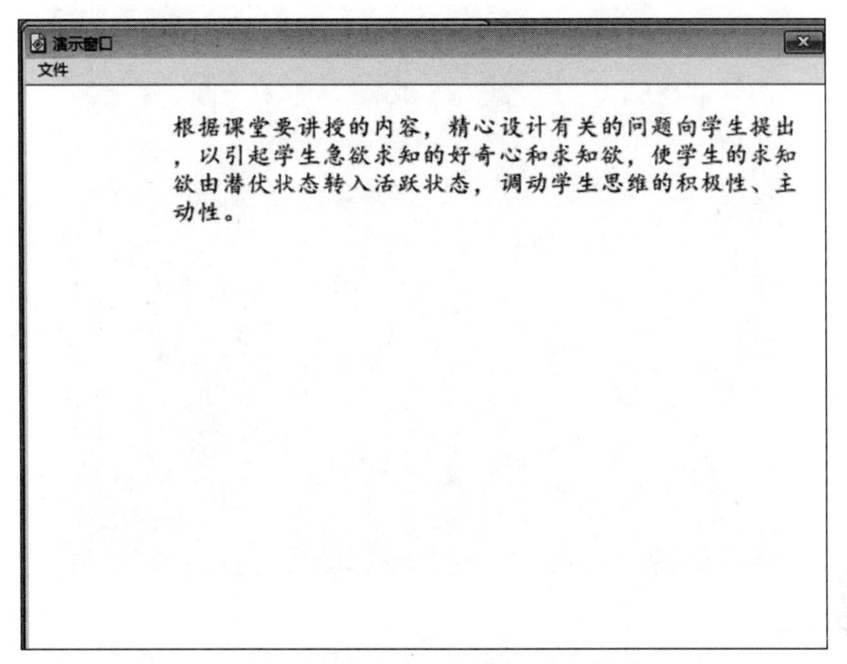

图 3-126 “创设情境”显示图标中添加的内容

图 3-127 “结构化课件”设计流程和演示窗口

(2) 拖曳一个交互图标到流程线上,命名为“选择题”。双击“课件封面”交互图标,单击工具条中的导入按钮,添加名为“选择题背景”的图片。为了让图片铺满整个演示窗口,双击演示窗口中的图片,打开图像属性对话框。在版面布局选项卡中【显示】选择【比例】,【位置】设为“X=0,Y=0”,【大小】设为“X=640,Y=480”。再次双击交互图标,在演示窗口添加选择题的文字内容,如图 3-128 所示。设置字体为【楷体】,大小为 18,【模式】为【透明】。

(3) 构造交互分支。①拖曳一个计算图标到“选择题”交互图标右下方,交互类型选择【按键交互】,计算图标命名为 A|a。②单击按键交互类型符号,在按键交互属性面板中设置

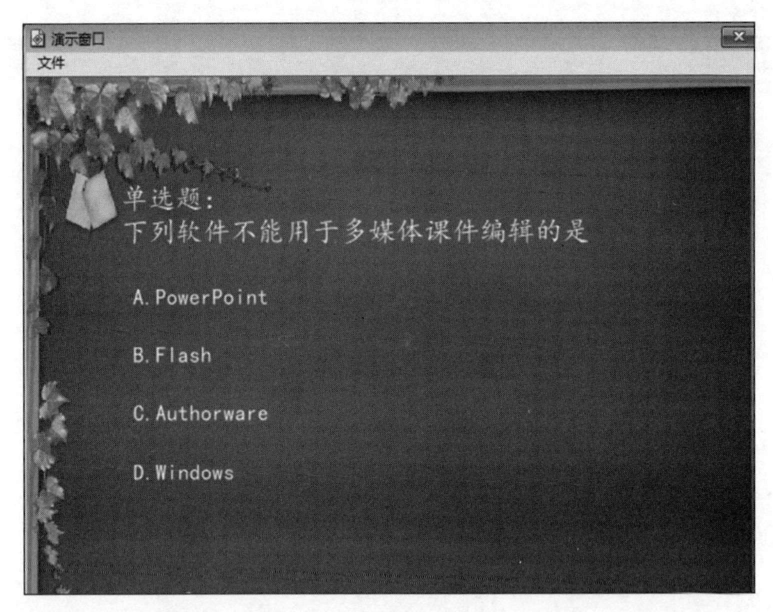

图 3-128　交互图标的内容

【响应】选项卡，如图 3-129 所示。【擦除】选择【在下一次输入之后】，【分支】选择【退出交互】。③依次拖曳三个计算图标到 A|a 的右侧，分别命名为 B|b、C|c 和 D|d。④由于选择题的正确答案为 D，所以在 D|d 计算图标中的内容为“result：="回答正确"”，其他三个计算图标的内容均为“result：="回答错误"”。

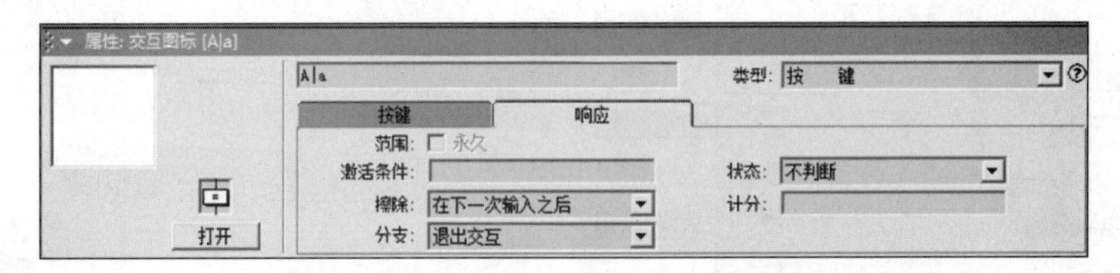

图 3-129　按键交互属性面板【响应】选项卡设置

(4) 拖曳一个显示图标到流程线上，命名为“显示结果”。双击显示图标，单击绘图工具箱中的 A 文本工具，在演示窗口最下方输入“{result}”。设置字体为【华文彩云】，大小为 24。

(5) 拖曳一个等待图标到流程线上，命名为 3s。单击等待图标，在下方等待图标的属性面板中，把时限设置为 3s。

(6) 拖曳一个计算图标到流程线上，命名为“判断”。双击计算图标，在打开的窗口中输入如图 3-130 所示代码，这里主要判断答案是否错误，若错误则程序返回图标“初始值”位置继续执行，若正确则退出。

if 语句是最常用的一种语句，它的一般格式为：

```
if 条件表达式 then
语句 1
else
语句 2
end if
```

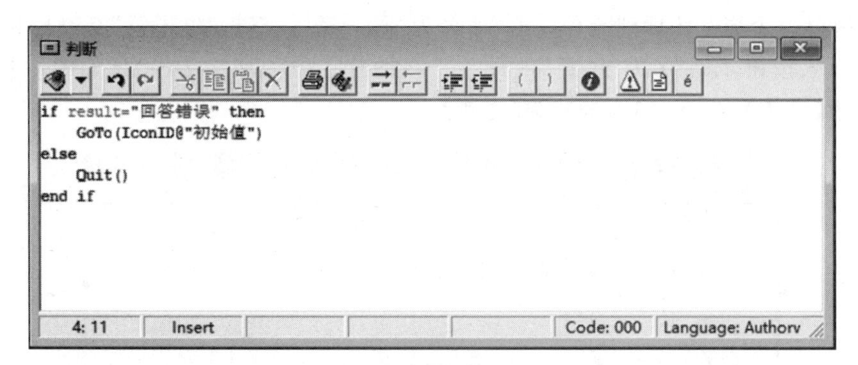

图 3-130　“判断”计算图标中的内容

它的含义为：如果表达式成立，则执行语句 1；如果不成立，则执行语句 2。

(7) 单击工具条中的运行按钮，查看运行效果。完整的程序设计流程和演示窗口如图 3-131 所示。

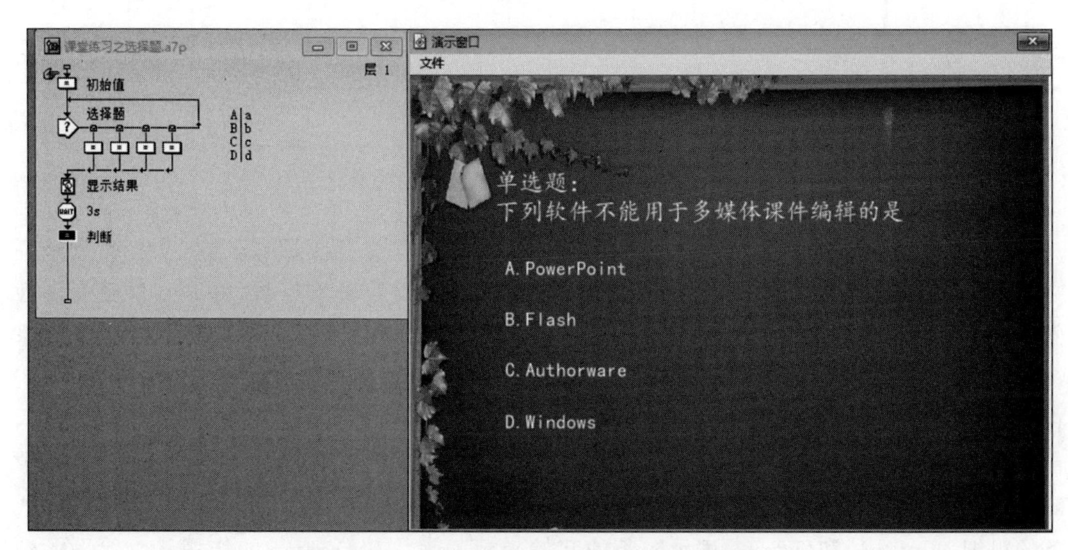

图 3-131　“选择题课件”设计流程和演示窗口

三、涂鸦笔

(1) 拖曳一个计算图标到流程线的起始位置，命名为“电子笔初始状态”。双击计算图标，在打开的窗口中输入的内容如图 3-132 所示，这里用到了变量 Movable。它的一般格式为 Movable@"Icontitle"，当指定图标可以移动时，该变量为真，否则为假。

图 3-132　“电子笔初始状态”计算图标中的内容

(2) 拖曳一个交互图标到流程线上，命名为“电子笔”。双击“电子笔”交互图标，单击工具条中的导入按钮，添加名为“题目”的图片。在图片上方添加文字内容，如图3-133所示。设置字体为【楷体】，大小为18，模式为【透明】。

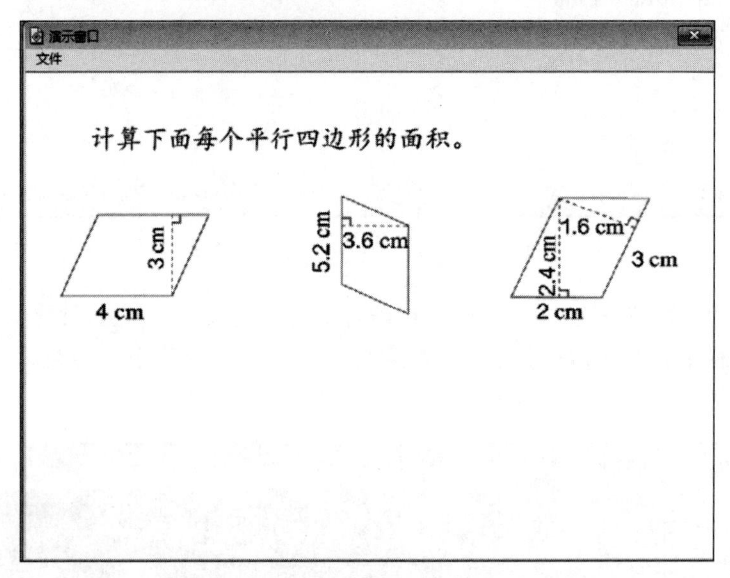

图3-133 “电子笔”交互图标中的内容

(3) 构造交互分支。①拖曳一个计算图标到“电子笔”交互图标右下方，交互类型选择“条件交互”，计算图标命名为MouseDown。②单击条件交互类型符号，打开条件交互属性面板，在【条件】选项卡中，如图3-134所示，【条件】同计算图标名称相同，MouseDown为系统变量，当鼠标按下时为真，否则为假。这里按下鼠标可以涂鸦，所以【自动】选择【为真】。在【响应】选项卡中，【擦除】选择【不擦除】，【分支】选择【重试】。③双击“电子笔”计算图标，在打开的窗口中输入的内容如图3-135所示。这里用到了函数Line和SetFrame。函数Line的作用是画直线，它的一般格式为：Line(pensize, x1, y1, x2, y2)，其中pensize为线条的粗细，(x1,y1)和(x2,y2)表示线条的起始坐标。函数SetFrame的作用是为绘图函数设置边框样式，它的一般格式为：SetFrame(flag,color)，其中flag为TRUE时填充，为FALSE时不填充，填充颜色由color设定。颜色的设定有函数RGB决定，函数RGB将红(red)绿(green)蓝(blue)三色合成为某一颜色。它的一般格式为：RGB(R, G, B)，其中R、G、B的色值范围为0到255，RGB(255, 0,0)表示红色，RGB(0,255,0)表示绿色，RGB(0,0,255)表示蓝色。这里的颜色采用随机函数random产生，它的一般格式为：Random(min, max, units)，它可以生成在min到max之间是units倍数的随机数。

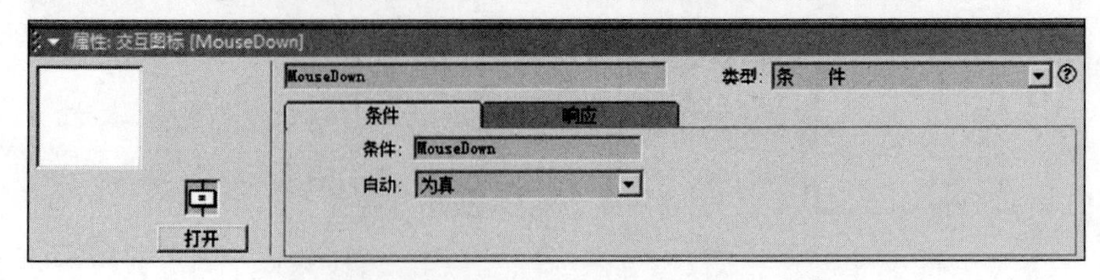

图3-134 条件交互属性面板【条件】选项卡设置

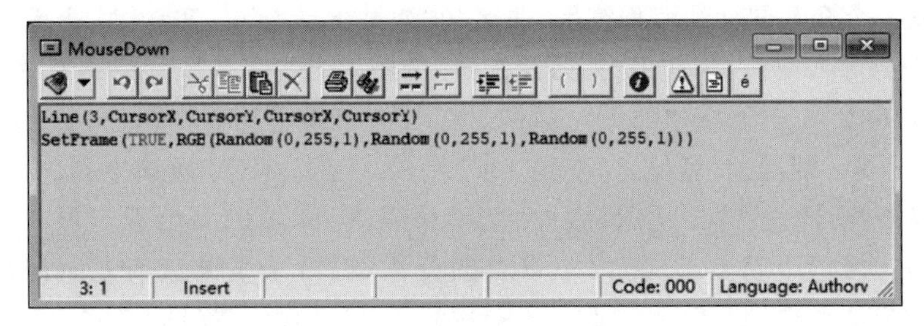

图 3-135　MouseDown 计算图标中的内容

(4) 单击工具条中的运行按钮，查看运行效果。完整的程序设计流程和演示窗口如图 3-136 所示。

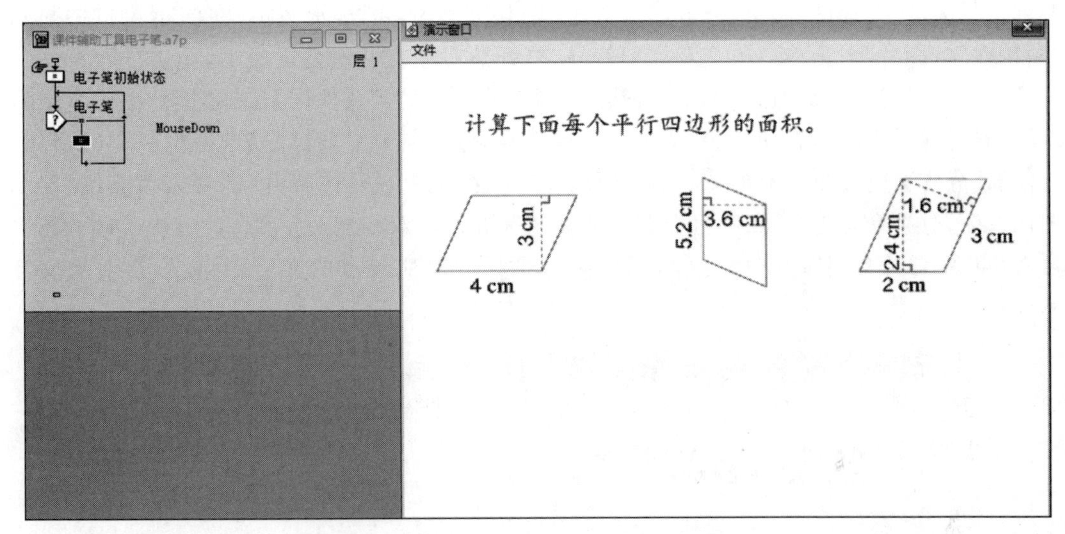

图 3-136　电子笔的程序设计流程和演示窗口

四、西湖十景

(1) 拖曳一个显示图标到流程线的起始位置，命名为“断桥残雪”。①双击“断桥残雪”显示图标，单击工具条中的导入按钮，添加名为“断桥残雪”的图片。双击图片，在绘图工具中设置【模式】为【阿尔法】，设置“断桥残雪”显示图标属性中的【层】为 1，如图 3-137 所示。②依次拖曳 4 个显示图标，分别命名为“平湖秋月”“曲院风荷”“双峰插云”和“苏堤春晓”，在每个显示图标中分别插入景点名称的图片，属性设置如图 3-137 所示。

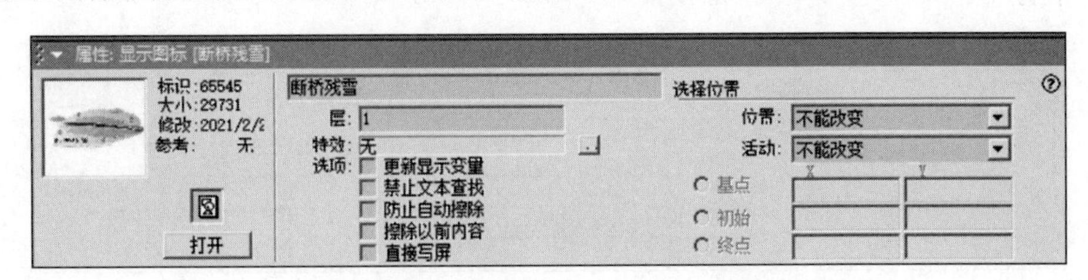

图 3-137　“断桥残雪”显示图标属性设置

(2) 拖曳一个交互图标到流程线上，命名为“西湖十景”。①双击“西湖十景”交互图标，单击工具条中的导入按钮，添加名为“西湖十景”的图片。为了让图片铺满整个演示窗口，双击演示窗口中的图片，打开图像属性对话框。在版面布局选项卡中【显示】选择【比例】，【位置】设为“X=0，Y=0”，【大小】设为“X=640，Y=480”。②双击“西湖十景”交互图标，按住Shift键，再双击“断桥残雪”显示图标，此时“断桥残雪”图片四周出现矩形。单击“断桥残雪”图片后，拖动到“西湖十景”图片中景点的位置，也可采用键盘的方向键来移动图片。③采用相同的方法依次把其他四个景点的图片移动到“西湖十景”图片中的位置。

(3) 构造热对象交互分支。①拖曳一个显示图标到“西湖十景”交互图标右下方，交互类型选择【热对象交互】，显示图标命名为“断桥残雪介绍”。②双击“断桥残雪介绍”显示图标，单击图标面板上的文本工具A，在空白处添加景点介绍文字“断桥残雪：尤以冬天观赏西湖雪景为胜。”，如图3-138所示。③双击“断桥残雪介绍”显示图标，在演示窗口中显示“断桥残雪”图片，单击热对象交互类型符号，打开热对象交互属性面板后，单击“断桥残雪”图片，此时设置【热对象】选项卡中的【热对象】为“断桥残雪”，【匹配】选择【指针在对象上】，【鼠标】选择【手型标志】，如图3-139所示。在【响应】选项卡中，【擦除】选择【在下一次输入之前】，【分支】选择【重试】，如图3-140所示。④依次拖曳显示图标到“断桥残雪介绍”显示图标右侧，分别命名为“平湖秋月介绍”“曲院风荷介绍”“双峰插云介绍”和“苏堤春晓介绍”。参考“断桥残雪介绍”，在每个显示图标中分别插入对应景点的文字，并设置热对象交互属性。

图3-138 “断桥残雪介绍”显示图标中的内容

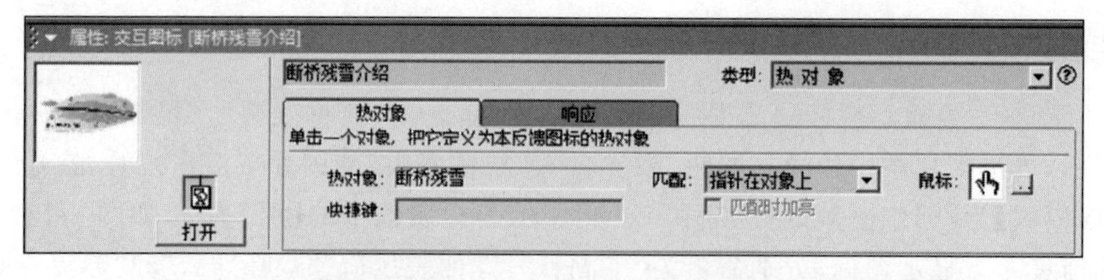

图3-139 “断桥残雪介绍”热对象交互属性面板【热对象】选项卡设置

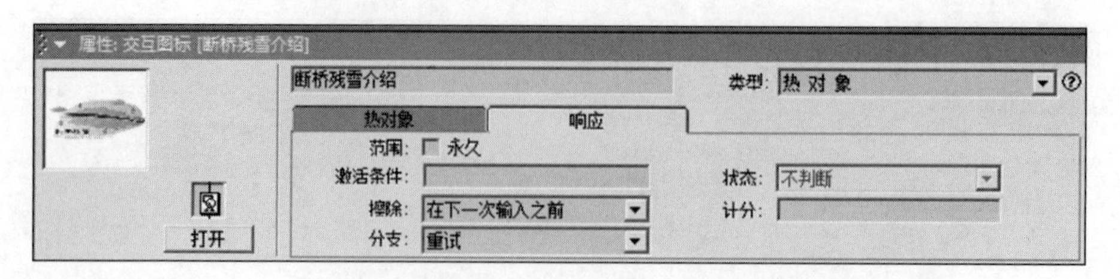

图3-140 “断桥残雪介绍”热对象交互属性面板【响应】选项卡设置

(4) 构造热区域交互分支。①拖曳一个显示图标到“苏堤春晓介绍”显示图标右侧，显示图标命名为“三潭印月介绍”。②双击“三潭印月介绍”显示图标，单击图标面板上的文本工具 A，在空白处添加景点介绍文字“三潭印月：以月夜里在岛上观赏月、塔、湖的相互映照、引发禅境思考和感悟为欣赏主题。”。③单击热对象交互类型符号，打开热对象交互属性面板后，【类型】选择【热区域】，【匹配】选择【指针处于指定区域内】，【鼠标】选择【手型标志】，如图 3-141 所示。④双击“西湖十景”显示图标，按住 Shift 键，再单击“三潭印月介绍”显示图标上方的热区域交互类符号，此时显示演示窗口出现一虚线矩形区域，区域内部显示文字“三潭印月介绍”，四周出现矩形。单击区域内部，拖动区域到“西湖十景”图片中景点文字的位置，也可采用键盘的方向键来移动图片。采用相同的方法依次把其他四个景点的区域移动到“西湖十景”图片中景点文字的位置。⑤依次拖曳显示图标到“三潭印月介绍”显示图标右侧，分别命名为“柳浪闻莺介绍”“花港观鱼介绍”“雷峰夕照介绍”和“南屏晚钟介绍”。参考“三潭印月介绍”，在每个显示图标中分别插入对应景点的文字，并设置热区域交互属性。

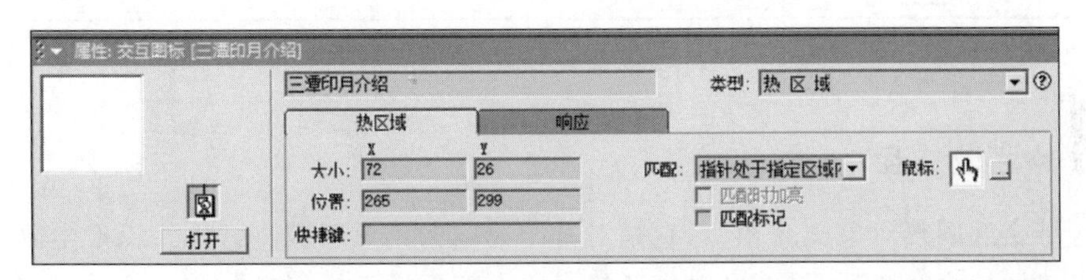

图 3-141 “断三潭印月介绍”热区域交互属性面板【热区域】选项卡设置

(5) 单击工具条中的运行按钮，查看运行效果。完整的程序设计流程和演示窗口如图 3-142 所示。

图 3-142 “西湖十景”设计流程和演示窗口

知识拓展

一、热对象交互

热对象交互是对某个设定的对象进行操作而产生的响应。

单击热对象交互类型符号，可以打开热对象交互属性面板，如图 3-143 所示。左侧区域有预览窗口和【打开】按钮，单击【打开】按钮，可以打开该交互分支的设计对象窗口。右侧区域有【热对象】选项卡和【响应】选项卡。【热对象】选项卡下有【热对象】【快捷键】【匹配】和【鼠标】。用鼠标单击要操作的对象后，【热对象】后会显示该对象的名字。【快捷键】文本框后填写激活响应的快捷键。单击【匹配】右侧下拉列表按钮，有【单击】【双击】和【指针在对象上】三种形式，这里表示产生响应时鼠标对对象的操作，【匹配时加亮】复选框表示在产生响应时，对象高亮显示。单击【鼠标】右侧的【…】按钮，打开鼠标指针对话框，可以设置鼠标指针方案。

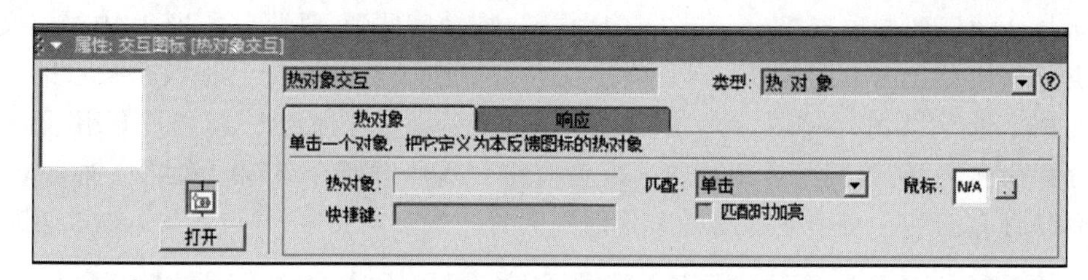

图 3-143　热对象交互属性面板

二、热区域交互

热区域交互同热对象交互相似，它是对某个设定的矩形区域进行操作而产生的响应。

单击热区域交互类型符号，可以打开热对象交互属性面板，如图 3-144 所示。左侧区域有预览窗口和【打开】按钮，单击【打开】按钮，可以打开该交互分支的设计对象窗口。右侧区域有【热对象】选项卡和【响应】选项卡。【热对象】选项卡下有【大小】【位置】【快捷键】【匹配】和【鼠标】。【大小】和【位置】文本框通过坐标轴 X 和 Y 的大小表示区域大小和位置，可以直接填写数值，也可以通过鼠标拖曳方式调整。【快捷键】文本框后填写激活响应的快捷键。单击【匹配】右侧下拉列表按钮，有【单击】【双击】和【指针处于指定区域内】三种形式，这里表示产生响应时鼠标对区域的操作，【匹配时加亮】复选框表示在产生响应时，区域高亮显示，【匹配标记】复选框表示在匹配时，区域内会显示一个方形标记。单击【鼠标】右侧的【…】按钮，打开鼠标指针对话框，可以设置鼠标指针方案。

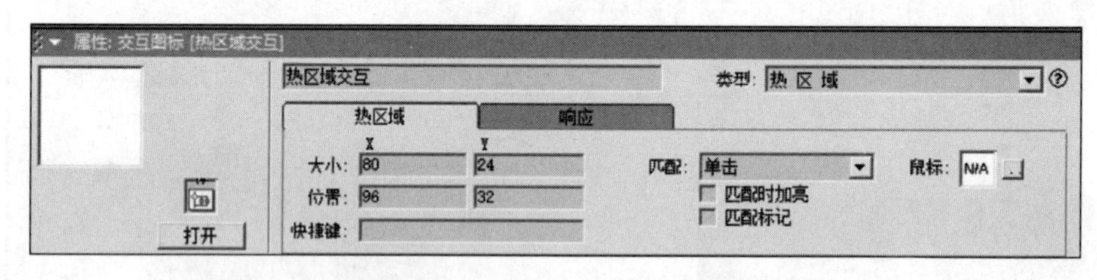

图 3-144　热区域交互属性面板

任务 4　Authorware 综合应用

任务描述

案例一　制作模拟密码验证，要求采用文本输入交互和重试限制交互，运行时输入 6 位正确密码进入登录成功界面，如输入错误，则显示错误次数，3s 后可以重新输入，错误 5 次则退出系统。

案例二　制作模拟考试系统，要求采用下拉菜单交互、时间限制交互、文本输入交互和按钮交互，考试时间为 120s，题型包括填空题和判断题，答对 1 题得 10 分，提交试卷后显示得分情况。

案例三　制作地图拼图课件，要求采用目标区交互和条件交互，拼错时图片回到原位置，拼对时显示“成功!”。

任务目标

■ 学会综合利用多种类型的图标制作交互式课件。

知识介绍

一、文本输入交互

文本输入交互是输入的文本内容与设定的内容匹配时执行分支，产生响应。

单击文本输入交互类型符号，可以打开文本输入交互属性面板，如图 3-145 所示。左侧区域有预览窗口和【打开】按钮，单击【打开】按钮，可以打开该交互分支的设计对象窗口。右侧区域有【文本输入】选项卡和【响应】选项卡。【文本输入】选项卡下有【模式】【最低匹配】和【忽略】。

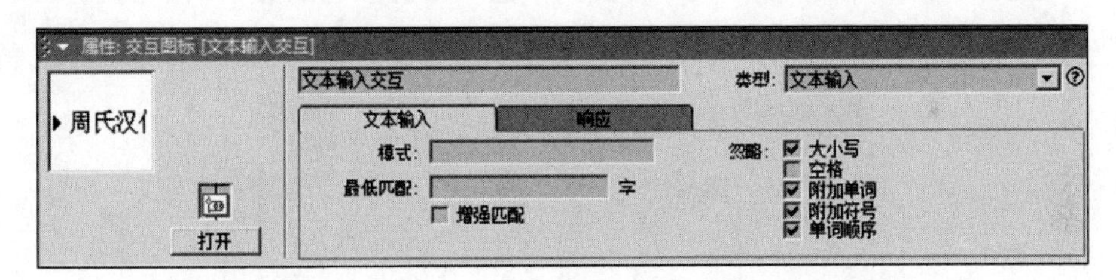

图 3-145　文本输入交互属性面板

【模式】文本框输入匹配的内容，可以是词语或者是句子。若内容未知，可采用通配符表示。“＊”表示一个字符串，“?”表示一个字符，若不确定某个词语或句子中的字符或字符串，用“\?”或“\＊”表示。注意输入时要添加英文状态下的双引号，不加引号则认为是系统变量；输入多个词语时用空格分隔；若需要匹配多个文字内容，中间需要用分隔符“|”分开，这里最多可分隔 400 个文本。若需要设定输入正确次数而产生响应，需要在次数前添加“＃”来描述。

【最低匹配】文本框设定的是输入的文本和【模式】中设定的文本最低匹配的字数，若【模式】中设置的是多个词语，则【最低匹配】的字数就是词语的个数。【增强匹配】复选框表示当【模式】中有多个词语时，通过多次输入也可以完成匹配。

【忽略】下有【大小写】【空格】【附加单词】【附加符号】和【单词顺序】5 个复选框，表示在对输入文本与设定的内容进行匹配时可以忽略的内容。

创建文本输入交互结构后，在演示窗口会出现一虚线表示的矩形区域，区域前方有一实心黑色三角标识，表示输入标记。双击虚线矩形区域空白处，可打开交互作用文本字段属性对话框。里面包括【版面布局】【交互作用】和【文本】三个选项卡。

在【版面布局】选项卡中,【大小】和【位置】表示当前文本输入区域的坐标值,通过调整坐标值或者鼠标拖动可以改变大小和位置。【字符限制】表示限制文本输入区域的字符数。【自动登录限制】复选框表示当输入字符数达到字符限制时,无须按 Enter 键,即进行交互匹配。

【交互作用】选项卡如图 3-146 所示,【作用键】表示结束文本输入的功能键,默认是 Enter 键。【选项】下有【输入标记】【忽略无内容的输入】和【退出时擦除输入的内容】三个复选框,选中【输入标记】,在文字输入区域前方显示黑色三角标识;选中【忽略无内容的输入】,表明没有输入任何文本时,忽略按下作用键;选中【退出时擦除输入的内容】,表明退出交互时擦除输入的文本。

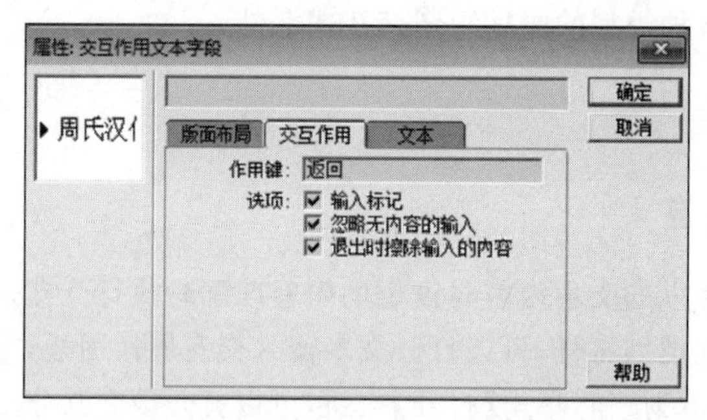

图 3-146　交互作用文本字段属性对话框的交【互作用】选项卡

【文本】选项卡如图 3-147 所示,【字体】【大小】【风格】【颜色】和【模式】设置的是矩形区域内输入文本的格式。

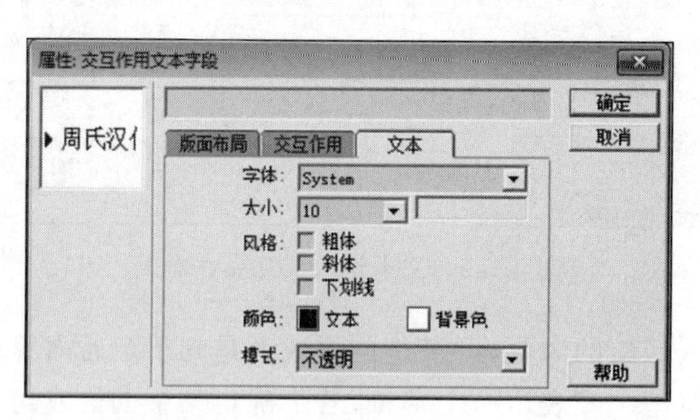

图 3-147　交互作用文本字段属性对话框的【文本】选项卡

二、下拉菜单交互

下拉菜单交互是单击下拉菜单而执行交互分支,产生响应。交互图标的名字为下拉菜单的名字,交互分支的名字为下拉菜单下的命令。

单击下拉菜单交互类型符号,可以打开下拉菜单交互属性面板,如图 3-148 所示。左侧区域有预览窗口和【打开】按钮,单击【打开】按钮,可以打开该交互分支的设计对象窗口。右侧区域有【菜单】选项卡和【响应】选项卡。【菜单】选项卡下有【菜单】【菜单条】和【快捷键】。【菜单】后显示的是交互图标的名字,也是下拉菜单的名字。【菜单条】是当前菜单下显示的子菜单名,在文本框中可输入数字、字符串、变量及表达式,注意输入字符串时必须加上双引号;如空白,则默认是当前响应图标的名字。【快捷键】文本框可设置执行菜单命令的快捷键。

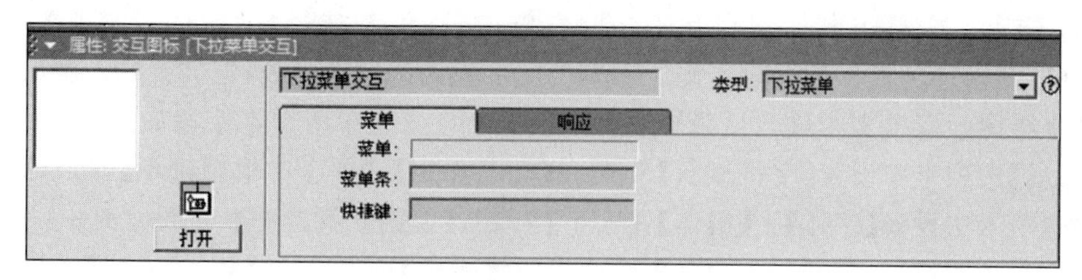

图 3-148　下拉菜单交互属性面板

三、目标区交互

目标区交互是把对象移动到目标区域后执行分支,产生响应。注意,移动的对象需要放在不同的显示图标中。

单击目标区交互类型符号,可以打开目标区交互属性面板,如图 3-149 所示。左侧区域有预览窗口和【打开】按钮,单击【打开】按钮,可以打开该交互分支的设计对象窗口。右侧区域有【目标区】选项卡和【响应】选项卡。【目标区】选项卡下有【大小】【位置】【目标对象】和【放下】。用鼠标选中显示图标中要移动的对象后,【目标对象】显示该显示图标的名字;选中【允许任何对象】复选框,表明把任何对象拖动到目标区都能产生响应。【大小】和【位置】文本框通过坐标轴 X 和 Y 的大小表示当前对象目标区域的大小和位置,可以直接填写数值,也可以通过鼠标拖曳方式调整。单击【放下】右侧下拉列表按钮,有【在目标点放下】【返回】和【在中心定位】三种方式,【在目标点放下】表明拖动对象到目标位置后释放鼠标,在当前位置放下对象;【返回】表明拖动对象到目标位置后释放鼠标,返回对象原来位置;【在中心定位】表明拖动对象到目标位置后释放鼠标,在目标的中心点放下对象。

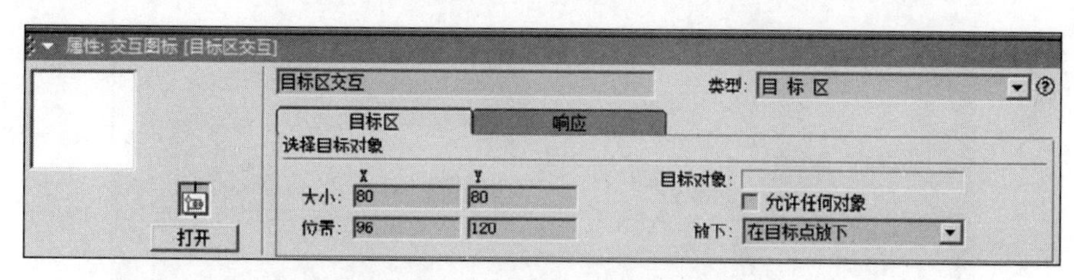

图 3-149　目标区交互属性面板

任务实施

案例一　模拟密码验证

(1) 拖曳一个计算图标到流程线上,命名为“初始值”。双击计算图标,在打开的窗口中输入“x=0”,这里定义的变量 x 表示密码输入的次数。

(2) 拖曳一个交互图标到流程线上,命名为“密码登录”。双击交互图标,单击工具条中的导入按钮,添加“背景图片”,单击绘图工具箱上的文本工具 A,在演示窗口中添加文字“请输入密码:”,设置字体为【楷体】,大小为 18,模式为【透明】。

(3) 单击交互图标,同时按下 Ctrl 键和+=键,打开,名为“密码登录”的计算图标窗口,这是交互图标上创建一个附着在其上的计算图标。在窗口中添加“x=x+1”。此时执行一次交互,密码输入次数增加一次。

(4) 拖曳一个群组图标到交互图标的右侧,交互类型选择【文本输入交互】,命名为"123456",名字即为此次的登录密码。①单击文本输入区域空白处,把文本输入区域移动到提示文字结尾。双击文本输入区域空白处,在弹出的交互作用文本字段属性对话框中,在【版面布局】选项卡中设置【字符显示】为 6,在【交互作用】选项卡中取消选项【输入标记】,在【文本】选项卡中设置【字体】为【楷体】,【大小】为 18,【模式】为【透明】,效果如图 3-150 所示。②单击交互类型符号,打开文本交互属性面板,在【响应】选项卡中,【擦除】选择【在下一次输入之前】,【分支】选择【退出交互】。③双击群组图标,在新打开的设计对象窗口中,分别拖曳擦除图标、显示图标和等待图标。④擦除图标命名为"擦除密码",单击工具条中的运行按钮,窗口下方弹出擦除图标属性面板,单击文本输入区域,把区域擦除掉,属性面板如图 3-151 所示。⑤显示图标命名为"成功",单击绘图工具箱上的文本工具 A,在演示窗口居中处添加文字:"登录成功",设置字体为【华文彩云】,大小为 36。在显示图标属性面板中,【特效】选择【以点式由内往外】,【选项】勾选【擦除以前内容】。⑥在等待图标属性面板中,【事件】勾选【单击鼠标】。

图 3-150 "密码登录"交互图标中的内容

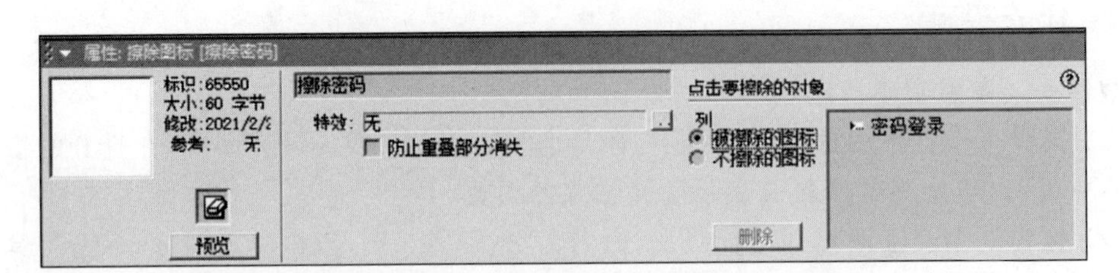

图 3-151 "擦除密码"擦除图标属性面板的设置

(5) 拖曳一个群组图标到"123456"交互分支的右侧,命名为"*"。①单击交互类型符号,打开文本交互属性面板,在【响应】选项卡中,【分支】选择【重试】。②双击群组图标,在新打开的设计对象窗口中,分别拖曳擦除图标、显示图标和等待图标。③擦除图标命名为"擦除密码”,设置参考“123456”群组图标下的“擦除密码”擦除图标。④显示图标命名为“错误”,单击绘图工具箱上的文本工具 A,在演示窗口居中处添加文字:“密码错误第{x}次”。在显示图标属性面板中,【特效】选择【以相机光圈开放】,【选项】勾选【更新显示变量】和【擦除以前内容】。⑥在等待图标属性面板中,把时限设置为 3s。

(6) 拖曳一个计算图标到“*”交互分支的右侧,命名为“次数”。①单击交互类型符号,打开文本交互属性面板,更改【类型】为【重试限制】,在【重试限制】选项卡中,设置【最大限制】为 5,在【响应】选项卡中,【分支】选择【退出交互】。②双击计算图标,在打开的窗口中输入“quit()”。

(7) 单击工具条中的运行按钮,查看运行效果。完整的程序设计流程如图 3-152 示。

图 3-152　模拟密码验证系统的程序设计流程和演示窗口

案例二　模拟考试系统

(1) 构造【文件】菜单。①拖曳一个交互图标到流程线上,命名为“文件”。②拖曳一个计算图标到交互图标右侧,交互类型选择“下拉菜单交互”,计算图标命名为“退出”。双击计算图标,在打开的窗口中添加“quit()”。单击下拉菜单交互类型符号,打开下拉菜单交互属性面板后,在【响应】选项卡中,【范围】勾选【永久】,【擦除】选择【不擦除】,【分支】选择【返回】。

(2) 拖曳一个擦除图标到流程线上,命名为“擦除文件菜单”。单击工具条中的运行按钮,窗口下方弹出擦除图标属性面板,单击演示窗口下的【文件】菜单,把【文件】菜单擦除掉,属性面板如图 3-153 所示。

图 3-153　“擦除文件菜单”擦除图标属性面板

(3) 拖曳一个显示图标到流程线上,命名为“考试系统”。

双击显示图标,单击绘图工具中的文本工具 A,在演示窗口上方输入文字“考试系统”,设置字体为【华文彩云】,大小为 14。在显示图标属性面板中设置【特效】为【马赛克效果】。

(4) 拖曳一个等待图标到流程线上,在属性面板中,【事件】勾选【单击鼠标】和【按任意键】,取消【选项】中的【显示按钮】。

(5) 拖曳一个擦除图标到流程线上,命名为“擦除考试系统”。单击工具条中的运行按钮,窗口下方弹出擦除图标属性面板,单击演示窗口下的文字“考试系统”,把考试系统显示图标擦除掉,属性面板如图 3-154 所示。

图 3-154 “擦除考试系统”擦除图标属性面板设置

(6) 拖曳一个计算图标到流程线上,命名为“初始值”。双击计算图标,在打开的窗口下输入如图 3-155 所示内容。这里用两个变量 q1 和 q2 分别表示两道题的得分情况,两个变量的初始值为 0。

图 3-155 “初始值”计算图标中的内容

(7) 构造“填空题”菜单。①拖曳一个交互图标到流程线上,命名为“填空题”。②拖曳一个群组图标到交互图标右侧,交互类型选择【下拉菜单交互】,群组图标命名为“1”。③单击下拉菜单交互类型符号,打开下拉菜单交互属性面板后,在【响应】选项卡中,【范围】勾选【永久】,【擦除】选择【不擦除】,【分支】选择【返回】,如图 3-156 所示。④双击“1”群组图标,在新打开的设计对象窗口中,拖曳一个交互图标到流程线上,命名为“第一题”,双击交互图标,在演示窗口中输入题目内容如图 3-124 所示,字体为【楷体】,大小为 14。⑤拖曳一个计算图标到交互图标右侧,交互类型选择【文本输入交互】,计算图标命名为“*”。单击文本输入区域空白处,把文本输入区域移动到题目结尾,如图 3-157 所示。双击文本输入区域空白处,在弹出的交互作用文本字段属性对话框中,在【文本】选项卡设置【字体】为【楷体】,【大小】为 14,【模式】为【透明】。⑥双击计算图标,在打开的窗口中添加如图 3-158 所示的内容。这里用到了函数 LowerCase 和系统变量 EntryText。函数 LoweCase 的作用是将 string 中的字母转化为小写,它的一般格式为:LowerCase("string"),其中 string 表示字符串。系统变量 EntryText 中存放的是通过键盘输入的字符串。⑦单击文本输入交互类型符号,打开文本输入交互属性面板后,在【响应】选项卡中,【擦除】选择【在下一次输入之前】,【分支】选择【退出交互】，如图 3-159 所示。

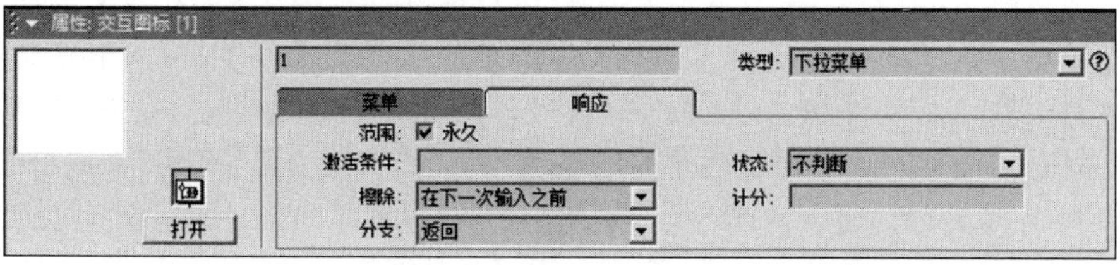

图 3-156 “1”交互分支下拉菜单交互属性面板设置

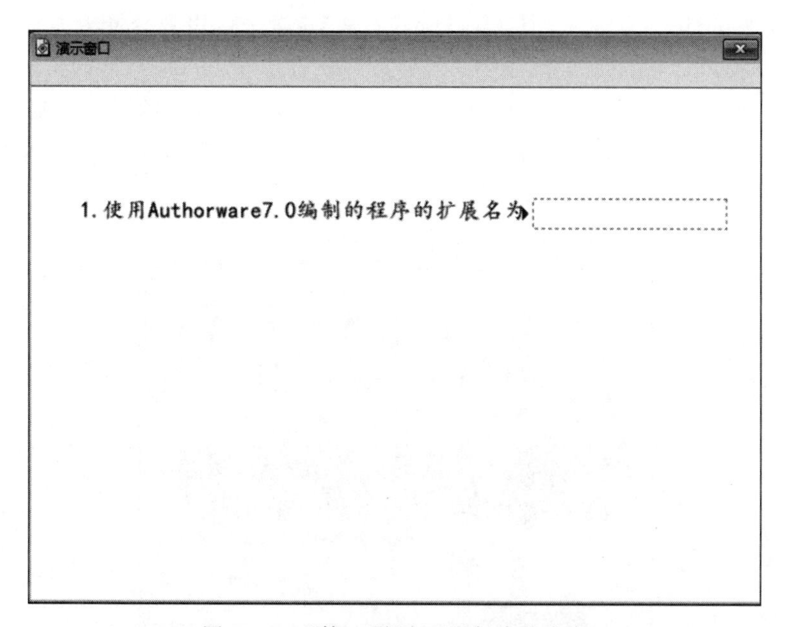

图 3-157 “第一题”交互图标中的内容

图 3-158 “ * ”计算图标中的内容

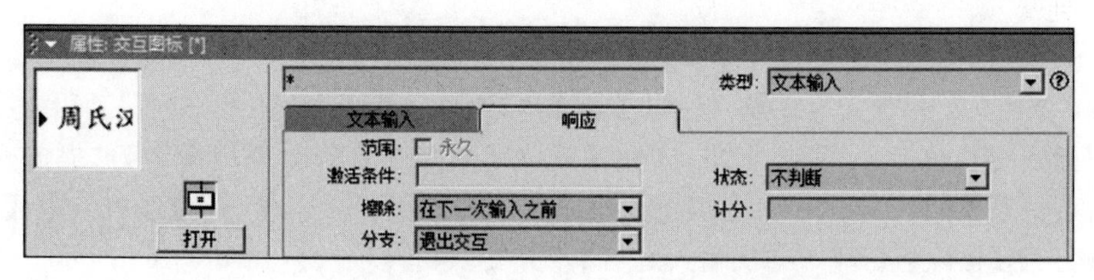

图 3-159 “ * ”交互分支文本输入交互属性面板【响应】选项卡设置

(8) 构造“判断题”菜单。①拖曳一个交互图标到流程线上,命名为“判断题”。②拖曳一个群组图标到交互图标右侧,交互类型选择【下拉菜单交互】,群组图标命名为“1”。③单击下拉菜单交互类型符号,打开下拉菜单交互属性面板后,在【响应】选项卡中,【范围】勾选【永久】,【擦除】选择【不擦除】,【分支】选择【返回】。④双击“1”群组图标,在新打开的设计对象窗口中,拖曳一个交互图标到流程线上,命名为“第一题”,双击交互图标,在演示窗口中输入题目内容,字体为【楷体】,大小为14。⑤拖曳一个计算图标到交互图标右侧,交互类型选择“按钮交互”,计算图标命名为“对”。单击按钮交互类型符号,打开按钮交互属性面板后,在【按钮】选项卡中,【标签】文本框填写“对”,【鼠标】选择【手型标志】,单击【按钮】对按钮设置,设置好的【按钮】选项卡如图3-160所示。【响应】选项卡的设置参考图3-161。⑥双击计算图标,在打开的窗口中添加“q2=10”。由于答对题目得10分,所以此时q2=10。⑦拖曳一个计算图标到“对”计算图标右侧,计算图标命名为“错”。双击计算图标,在打开的窗口中添加“q2=0”。由于答对错题目不得分,所以此时q2=0。调整“对”和“错”两个按钮位置,最终效果如图3-162所示。

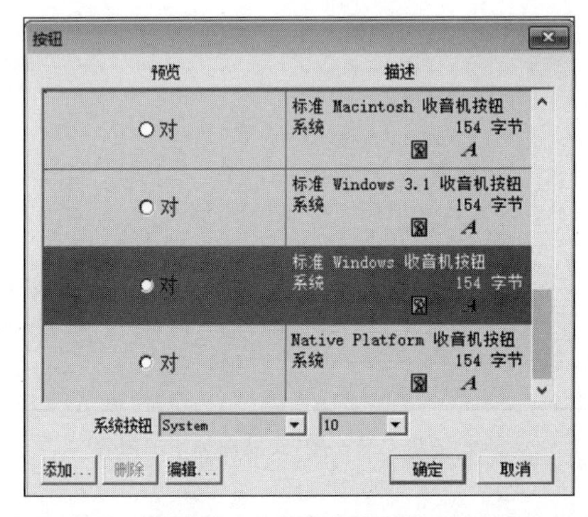

图3-160 按钮方案设置

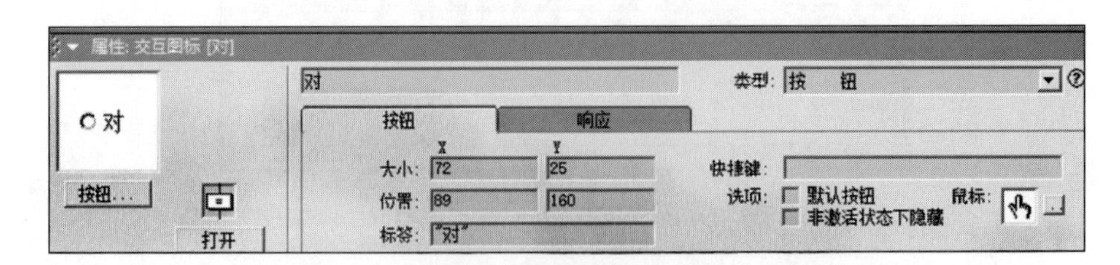

图3-161 按钮交互属性面板【按钮】选项卡设置

(9) 构造“交卷”菜单。①拖曳一个交互图标到流程线上,命名为“交卷”。②拖曳一个群组图标到交互图标右侧,交互类型选择【下拉菜单交互】,群组图标命名为“提前交卷”。③单击下拉菜单交互类型符号,打开下拉菜单交互属性面板后,在【响应】选项卡中,【范围】勾选【永久】,【擦除】选择【下一次输入之后】,【分支】选择【继续】,如图3-163所示。④双击“提前交卷”群组图标,在新打开的设计对象窗口中,拖曳一个交互图标到流程线上,命名为“提示”,双击交互图标,在演示窗口中输入提示信息“是否交卷?”,字体为【楷体】,大小为

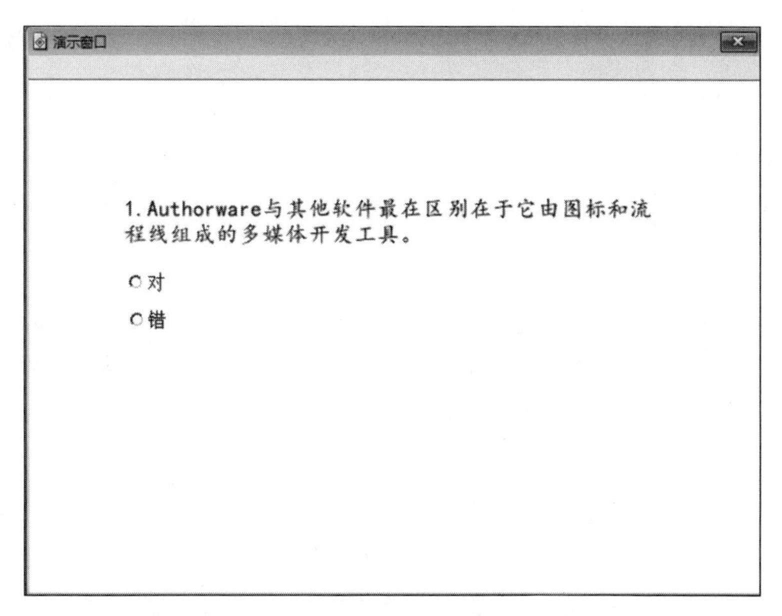

图 3-162 “第一题”交互图标中的内容

14。⑤拖曳一个群组图标到交互图标右侧，交互类型选择【按钮交互】，计算图标命名为“是”。单击按钮交互类型符号，打开按钮交互属性面板后，在【按钮】选项卡中，【鼠标】选择【手型标志】，在【响应】选项卡中，【擦除】选择【在退出时】，【分支】选择【重试】。⑥拖曳一个群组图标到“是”群组图标右侧，群组图标命名为“否”。单击按钮交互类型符号，打开按钮交互属性面板后，在【响应】选项卡中，【擦除】选择【在退出时】，【分支】选择【退出交互】。⑦在“是”群组图标中，分别拖曳擦除图标、显示图标、等待图标和计算图标。擦除图标命名为“擦除按钮”，单击演示窗口下的“是”和“否”按钮，把两个按钮擦除掉，属性面板如图 3-164 所示。显示图标命名为“显示得分”，双击“显示得分”显示图标，在演示窗口中输入“得分：{q1+q2}”，设置字体为【华文彩云】，大小为 14。由于 q1 和 q2 是变量，所以显示的时候需要加“{}”。在显示图标属性面板中，【选项】勾选【更新显示变量】和【擦除以前内容】。在等待图标属性面板中，把时限设置为 3 秒。计算图标命名为“退出”。双击计算图标，在窗口中输入“quit()”。⑧拖曳一个计算图标到“提前交卷”群组图标右侧，计算图标命名为“时间到”。双击计算图标，在窗口中输入“quit()”。单击交互类型符号，在弹出的下拉菜单交互属性面板中，更改【类型】为【时间限制交互】。在【时间限制】选项卡中，【时限】填写 0，【选项】中勾选【显示剩余时间】，如图 3-165 所示。在【响应】选项卡中，【擦除】选择【在下一次输入之前】，【分支】选择【退出交互】。

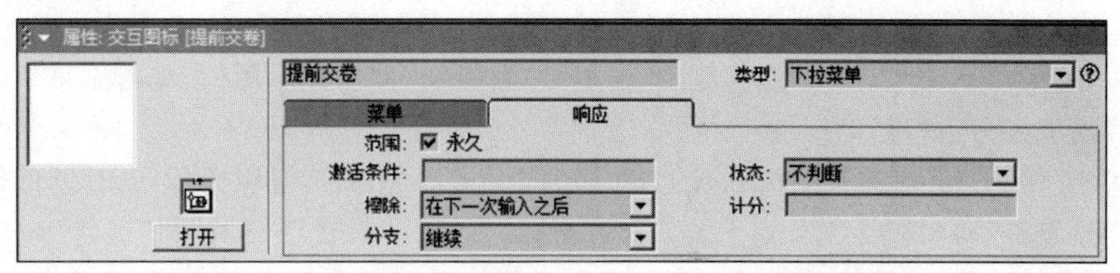

图 3-163 提前交卷分支下拉菜单交互【响应】选项卡设置

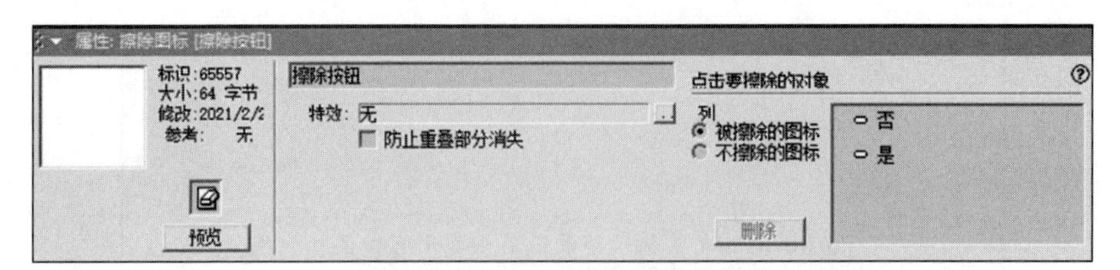

图 3-164　擦除图标的属性设置

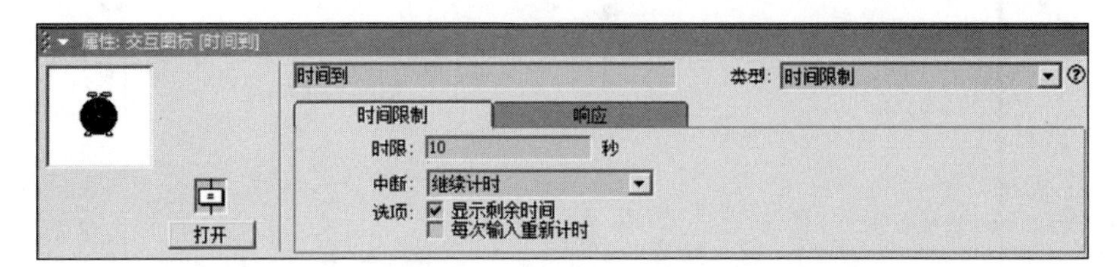

图 3-165　时间限制交互【时间限制】选项卡设置

（10）单击工具条中的运行按钮，查看运行效果。完整程序设计流程如图 3-166 所示。

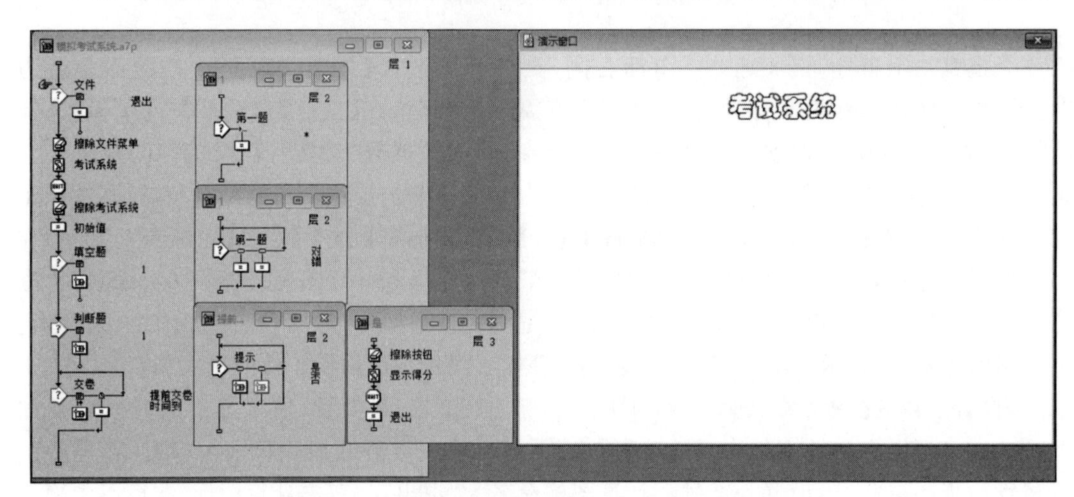

图 3-166　模拟考试系统的程序设计流程和演示窗口

案例三　拼图

（1）拖曳一个显示图标到流程线上，命名为“封面”。双击显示图标，单击绘图工具箱中的文本工具 A，添加文字 “地图拼图”，设置字体为【华文彩云】，大小为 48。

（2）拖曳一个等待图标到流程线上，命名为“开始”。单击【修改】菜单，选择【文件】下的【属性】，在文件属性面板中【交互作用】选项卡设置【标签】为【开始】。

（3）拖曳一个显示图标到流程线上，命名为“背景”。双击显示图标，单击工具条中的导入按钮，添加名为“背景”的图片。

（4）拖曳一个群组图标到流程线上，命名为“碎片”。①双击群组图标，在打开的设计对象窗口中，导入“白山”“辽源”“四平”“松原”“通化”“延边”“长春”“白城”和“吉林”9 张图片。②双击背景显示图标，按住 Shift 键，在分别双击碎片群组图标的每个图片，设置图片的【模式】为【阿尔法】，并把 9 个图片移动到背景中正确的位置。

(5) 拖曳一个计算图标到流程线上,命名为“初值”。双击计算图标,在打开的窗口中输入“t=0”,这里定义一个变量 t,表示拼图时拼对的次数。

(6) 拖曳一个交互图标到流程线上,命名为“拼图”。①拖曳一个计算图标到交互图标右侧,交互类型选择“目标区交互”,计算图标命名为“1”。②单击目标区类型符号,打开目标区交互属性面板,单击“白山”显示图标中图片的位置,定位目标区,在【目标区】选项卡中,【目标对象】为白山,【放下】选择【在中心定位】,如图 3-167 所示。根据图片大小,调整目标区大小,使图片完全在目标区中。③双击“1”计算图标,在打开的窗口中输入如图 3-168 所示内容。拼对次数 t 增加 1,说明拼图位置正确,此时图片不能移动。④依次拖曳 8 个计算图标到“1”交互分支的右侧,分别命名为“2”“3”“4”“5”“6”“7”“8”和“9”。参考“1”交互分支,分别设置这 8 个交互分支。⑤拖曳一个计算图标到“9”交互分支的右侧,命名为“拼错”。单击目标区交互类型符号,打开目标区交互属性面板,在【目标区】选项卡中,【大小】设置为“X=50000,Y=50000”;【位置】设置为“X=-1000,Y=-1000”。【目标对象】下勾选【允许任何对象】,【放下】选择【返回】,如图 3-169 所示。双击“拼错”计算图标,在打开的窗口中添加如图 3-170 所示的内容。⑥拖曳一个群组图标到“拼错”交互分支的右侧,命名为“t=9”。单击目标区交互类型符号,打开目标区交互属性面板,更改【类型】为【条件交互】。在【条件】选项卡中,【自动】选择【为真】,如图 3-171 所示。在【响应】选项卡中,【分支】选择“退出交互”。⑦拖曳一个群组图标到“拼错”交互分支的右侧,命名为“t=9”。单击目标区交互类型符号,打开目标区交互属性面板,更改【类型】为【条件交互】。在【条件】选项卡中,【自动】选择【为真】。在【响应】选项卡中,【分支】选择【退出交互】。⑧双击“t=9”群组图标,在打开的设计对象窗口中,依次添加显示图标、等待图标和计算图标。显示图标命名为“拼对了”,双击显示图标,单击绘图工具中的文本工具 A 添加文字“成功!”,设置字体为【华文彩云】,大小为 48,在显示图标属性面板中,【选项】勾选【擦除以前内容】。在等待图标属性面板中,把时限设置为 3s。计算图标命名为“退出”,双击计算图标,在打开的窗口中添加“quit()”。

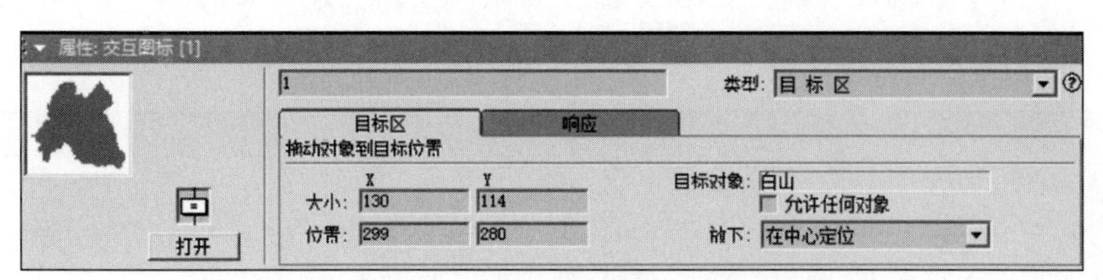

图 3-167 目标区交互属性面板【目标区】选项卡设置

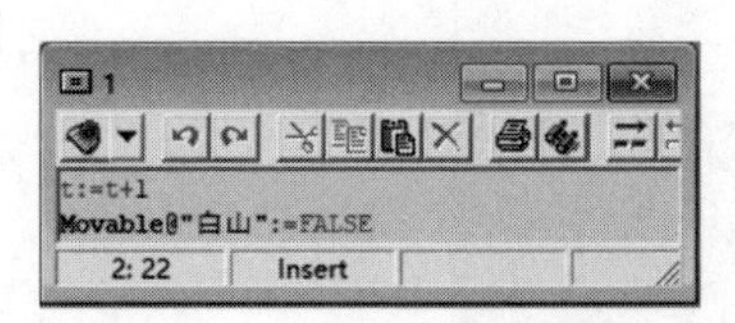

图 3-168 “1”计算图标中的内容

(7) 双击“碎片”群组图标,随机移动 9 个图片的位置,保证每个图片都不在背景图中正确的地理位置。单击工具条中的运行按钮,查看运行效果。完整的程序设计流程如图 3-172 所示。

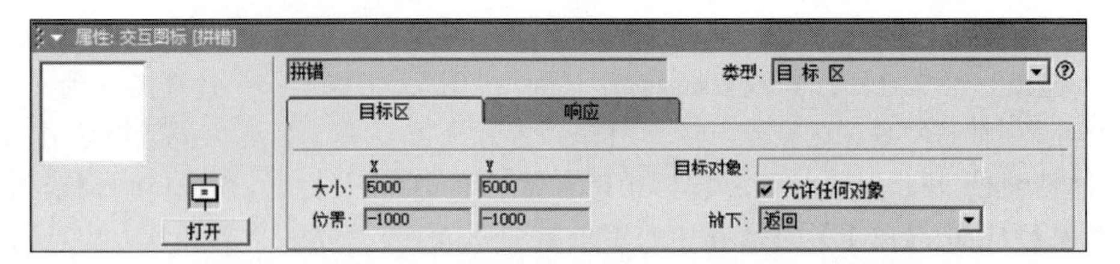

图 3-169 “拼错”交互分支目标区交互属性面板【目标区】选项卡的设置

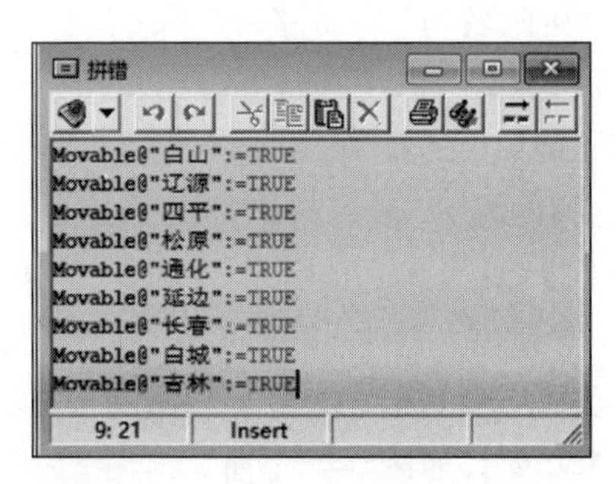

图 3-170 “拼错”计算图标中的内容

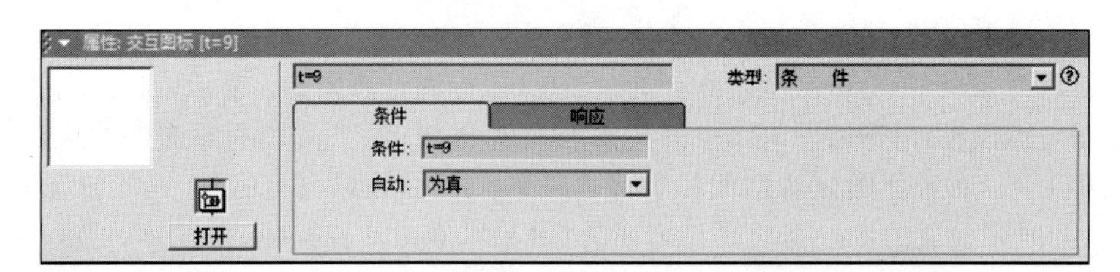

图 3-171 “t＝9”交互分支条件交互属性面板【条件】选项卡的设置

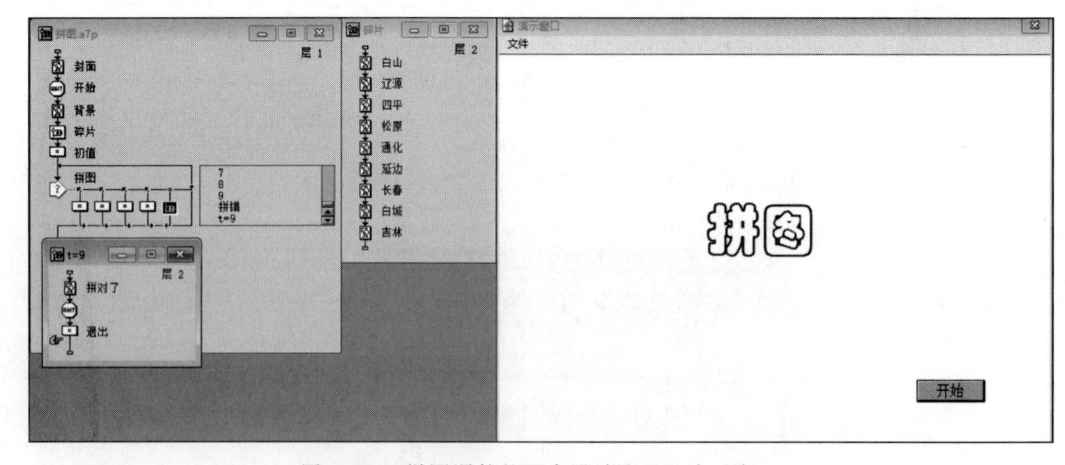

图 3-172 拼图课件的程序设计流程和演示窗口

知识拓展

一、重试限制交互

重试限制交互是限制交互次数的响应，当达到限定的交互次数后，执行交互分支的内容。它经常同文本输入交互一同使用，可以用于身份的验证。

单击重试限制交互类型符号，可以打开重试限制交互属性面板，如图 3-173 所示。左侧区域有预览窗口和【打开】按钮，单击【打开】按钮，可以打开该交互分支的设计对象窗口。右侧区域有【重试限制】选项卡和【响应】选项卡。【重试限制】选项卡下只有【最大限制】，这里填写限制的交互次数，可以是数值、变量或表达式。

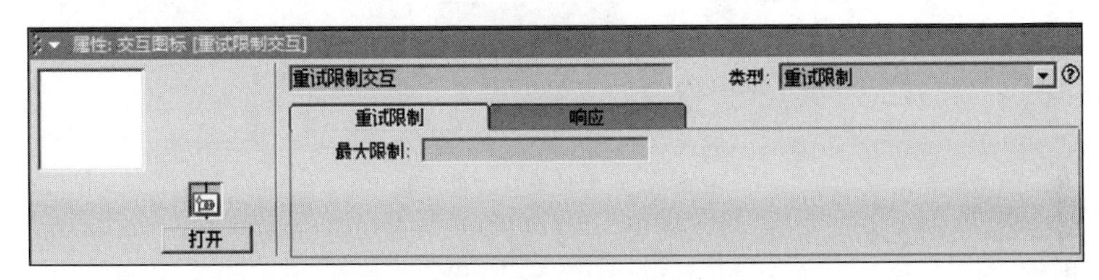

图 3-173　重试限制交互属性面板

二、时间限制交互

时间限制交互是限制交互时间的响应，当达到限定的时间后，执行交互分支的内容，通常和其他交互结构配合使用。

单击时间限制交互类型符号，可以打开时间限制交互属性面板，如图 3-174 所示。左侧区域有预览窗口和【打开】按钮，单击【打开】按钮，可以打开该交互分支的设计对象窗口。右侧区域有【时间限制】选项卡和【响应】选项卡。【重试限制】选项卡下有【时限】【中断】和【选项】复选框，【时限】文本框填写限制交互的时间，单位是秒，可以填写数值、变量或表达式。单击【中断】右侧下拉列表按钮，有【继续计时】【暂停，在返回时恢复计时】【暂停，在返回时重新开始计时】和【暂停，如运行时重新开始计时】四种方式，表示发生中断后计时的方式。【选项】下有【显示剩余时间】和【每次输入重新计时】两个复选框命令，当【时限】设置时，【显示剩余时间】才可选中，在执行时间限制交互时，会显示一个倒计时时钟；选中【每次输入重新计时】，表示每次执行交互时，会重新计时。

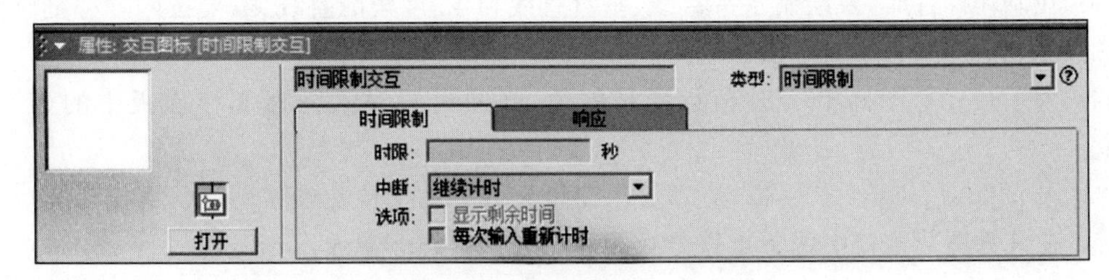

图 3-174　时间限制交互属性面板

三、事件交互

事件交互是对某个事件操作而产生的响应，主要用在Authorware和外部插件之间数据的交互。

单击事件交互类型符号，可以打开事件交互属性面板，如图3-175所示。左侧区域有预览窗口和【打开】按钮，单击【打开】按钮，可以打开该交互分支的设计对象窗口。右侧区域有【事件】选项卡和【响应】选项卡。【事件】选项卡下有【发送】列表框、【事】列表框、【esc】列表框和【挂起其他事件】复选框。

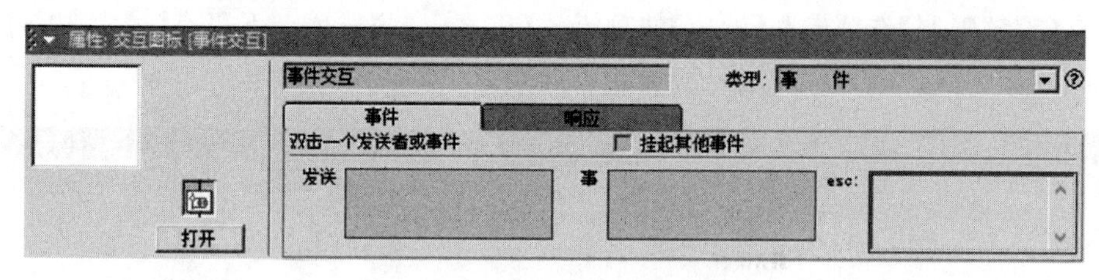

图3-175 事件交互属性面板

小 结

Authorware是一种功能强大的多媒体课件制作工具，它通过在流程线上添加图标构成程序，易于学习，适合开发多媒体课件。Authorware功能强大，尤其是它具有交互特性，构成的交互结构可以实现人机交互。

习 题

一、选择题

1. Authorware是一种颇受欢迎的(　　)开发工具。

A. 图形　　B. 多媒体　　C. 动画　　D. 文字

2. Authorware是通过(　)来代替复杂的编程语言。

A. 编程线上的手形标记　　B. 图标

C. 窗口　　D. 代码

3. 在制作课件时，要绘制水平直线、垂直直线和45度角的直线，需要按(　　)键。

A. Ctrl　　B. Ctrl+Shift　　C. Shift　　D. Alt

4. 为了在显示图标中实时显示变量的值，必须设置显示图标属性面板中的(　　)选项。

A. 层　　B. 更新显示变量　　C. 防止自动擦除　　D. 直接写屏

5. 在计算图标窗口中的标点符号必须在(　　)状态下输入。

A. 英文　　B. 全角　　C. 半角　　D. 中文

6. 等待图标的属性对话框中不包括的内容是(　　)。

A. 执行方式　　B. 事件　　C. 时限　　D. 选项

7. 下列关于移动图标的说法，错误的是(　　)。

A. 移动图标只能移动文字

B. 移动图标是文字、图像等需要移动时所要用到的设置

C. 移动图标可以在指定的路径上移动

D. 移动图标能使文字或图像从一个位置移动到另一个位置

8. 在 Authorware 中，(　　)可以用来容纳多个图标。

A. 运算图标　　B. 显示图标　　C. 移动图标　　D. 群组图标

9. 擦除图标的作用是(　　)。

A. 能擦除演示窗口中一些不需要出现的文字

B. 不能擦除显示图标中多余的图片

C. 不能设置擦除效果

D. 在擦除时，在图片的显示上不出现重叠、凌乱的现象。

10. 交互图标有(　　)种交互结构。

A. 10　　B. 11　　C. 12　　D. 13

二、简答题

1. 以“苏州园林”为主题制作课件，介绍“拙政园、留园、网师园、环秀山庄、沧浪亭、狮子林、耦园、艺圃和退思园”等景点。当鼠标在景点上时，显示景点的介绍，并设置显示效果。

2. 以“小动物”为主题制作电子相册，要求使用显示图标、等待图标和擦除图标等，设置显示效果。

3. 制作一个拼图游戏课件，拼错时图片回到原来位置，拼对一片得 1 分。当拼图游戏结束时显示所用时间和得分情况。

4. 制作一个考试系统，题型包括选择题、填空题、判断题。其中选择题 4 道，填空题 4 道，判断题 4 道。答对 1 题得 10 分，答题结束后显示得分情况。答题时间限制为 30 分钟。

第四部分　信息教育多元化

技能一　混合式教学平台

任务1　智慧树教学平台

混合式教学,即将在线教学和传统教学的优势结合起来的一种"线上"+"线下"的教学。通过两种教学组织形式的有机结合,可以把学习者的学习由浅到深地引向深度学习。混合式教学平台,即为混合式教学提供知识传播与管理分享等服务功能的具体解决方案平台。

任务描述

新型冠状病毒肺炎疫情时刻牵动着大家的心,突如其来的疫情打破了原有的教学计划,在此非常时期,响应"停课不停学,齐心抗疫情"的号召,某高校小宫老师,为保证教学计划顺利执行,积极探索混合式教学平台,采取"线上"+"线下"的教学模式开展教学工作,请你帮助小宫老师使用混合式教学平台完成相关教学资源的创建与使用工作。

任务目标

- 了解常用的混合式教学平台的特点和应用场景。
- 掌握智慧树教学平台的具体使用方法。

知识介绍

一、教学平台概述

智慧树是面向智能手机、平板电脑等移动终端的移动学习专业平台,独特的"平台+内容+服务",三位一体的业务模式,是国内一款优秀的知识传播与管理分享平台。智慧树网隶属于上海卓越睿新数码科技有限公司,是全球大型的学分课程运营服务平台。服务学校近3000所,已有2000万人次大学生通过智慧树网跨校修读并获得学分。智慧树网帮助高校实现跨校课程共享和学分互认,完成跨校选课修读。用户可以在智慧树网通过自助完成选课、上课、讨论作业、个人社交等服务,让海量学习资源在你的指尖随处可得,为用户提供方便快捷的移动学习服务。

二、教学平台与课程整合

1. 引用在线开放共享课程

(1) 共享课程是指对各个学校开放使用的课程,课程有完整的课程体系(课程视频、章节测试、期末考试)，整个学习过程平台已设置好规则。课程内容不可修改，也不能引用其章节用于其他课程中。

(2) 如果确定学生加入共享课程中，即按照平台规则学习就可以，老师通过平台实时了解学习进度，进行在线督促和答疑指导，以及在线布置作业、组织学生在问答区在线互动讨论等。

(3) 平台优质的课程近 3300 门，老师可查阅提供的课程清单，选择合适的课程，汇总给教务处，然后由教务处统一提交课程，平台工作人员会统一开通课程，按照学校提供要学习课程的学生名单导入到平台课程中，学生登录 App 或者网页端，即可在线直接进行课程的学习。

老师登录知到 App 教师版或者 www.zhihuishu.com，在“我的共享课”中查看课程并进行管理，学生登录知到 App 学生版或者 www.zhihuishu.com，在“我的共享课”中可以看到课程并且进行学习。

2. 利用平台自建课程，直播授课

(1) 对于平台没有或不适合的课程，老师可自己建设翻转课程，自行编制课程章节教学内容、课程 PPT、习题、题库、学习任务等，完成在线课程基础建设。

(2) 老师需要自己上传已有的、需要给学生使用的课程资源。

(3) 老师自己添加需要学习的学生名单。

(4) 平台为教学提供直播教学互动(PPT 等教学课件＋师生语音双向交互)。

老师登录知到 App 教师版或者 www.zhihuishu.com，在“我的翻转课”中查看课程并进行课程设置及管理，学生登录知到 App 学生版或者 www.zhihuishu.com，在“我的翻转课”中可以看到课程并且进行学习。

三、智慧树教学平台

(1) 在线教学上智慧树网。①网页端登录。在浏览器地址栏中输入系统的访问地址 https://www.zhihuishu.com 或百度搜索“智慧树网”，单击右上角的登录。在用户名框、密码框输入正确的用户名和密码，单击【登录】按钮即可登录本系统，如图 4-1 所示。②移动

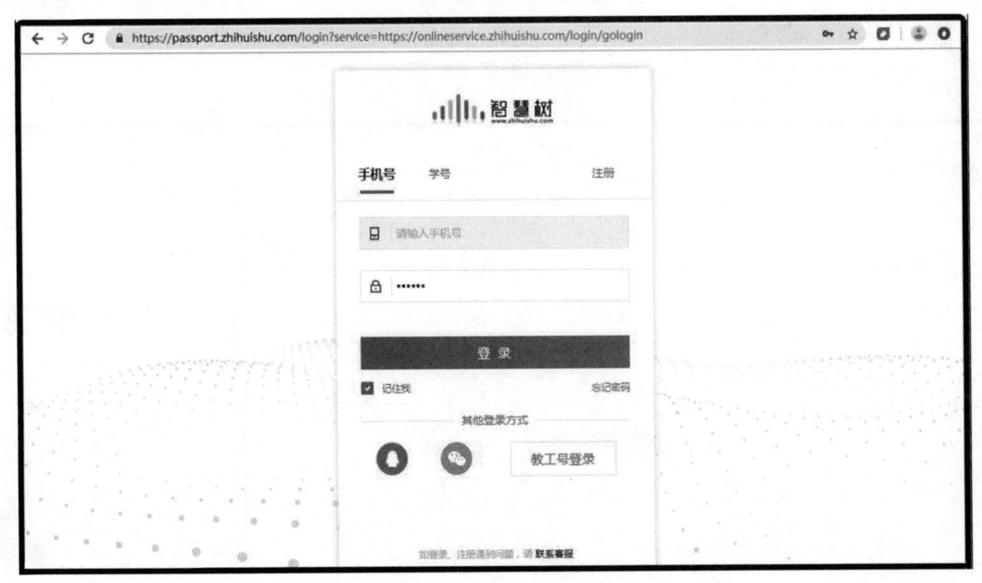

图 4-1 智慧树网页登录界面

端登录。扫描二维码，或者在应用商店中搜索“知到-教师版”，下载 App，如图 4-2 所示。在手机桌面上打开应用，即可通过用户名、密码登录。同时应用还提供验证码登录以及其他第三方快速登录方式，系统登录界面如图 4-3 所示。

图 4-2　知到-教师版下载二维码

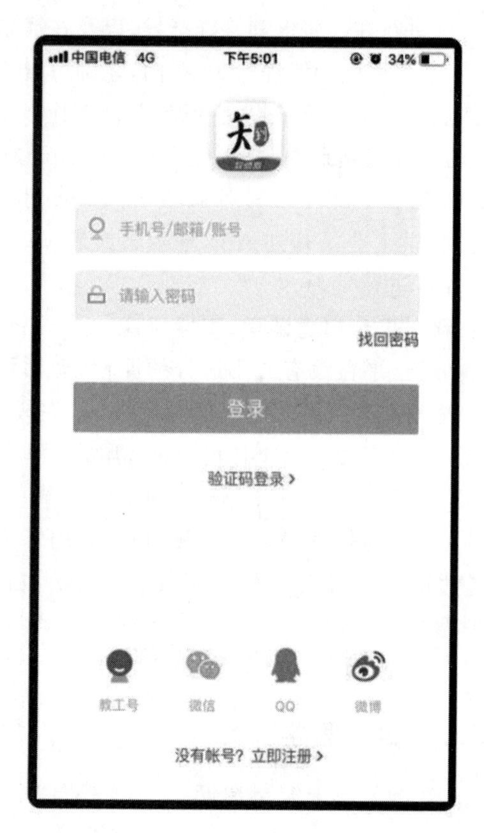

图 4-3　手机系统登录界面

(2) 老师一步建课，零起点在线教学。在开展线上教学之前，首先要拥有一门翻转课，老师仅需输入课程名称，就可以创建成功，如图 4-4 所示。

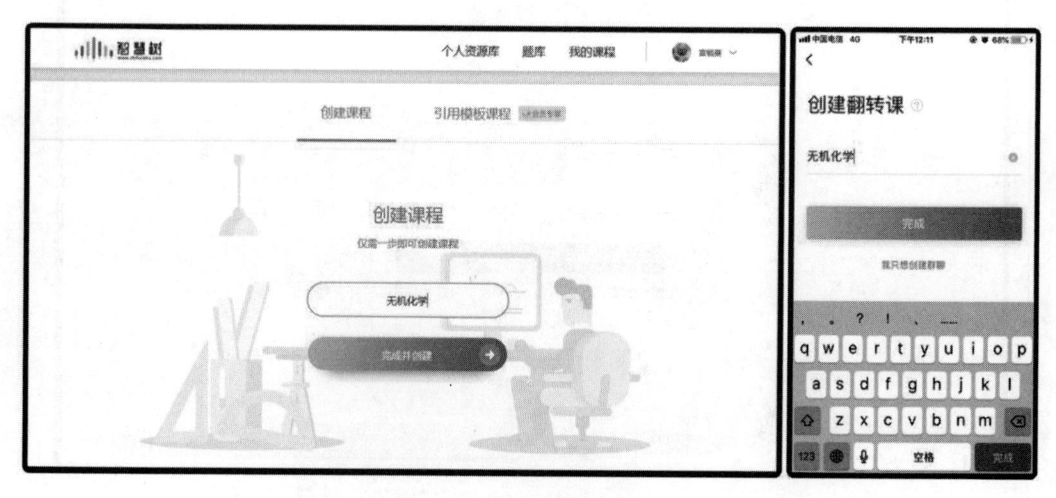

图 4-4　创建翻转课程界面

(3) 学生多渠道快速入班。老师可以通过分享课程二维码、通过手机号邀请学生或者导入学生名单等多种方式,邀请学生快速入班,如图 4-5 所示。

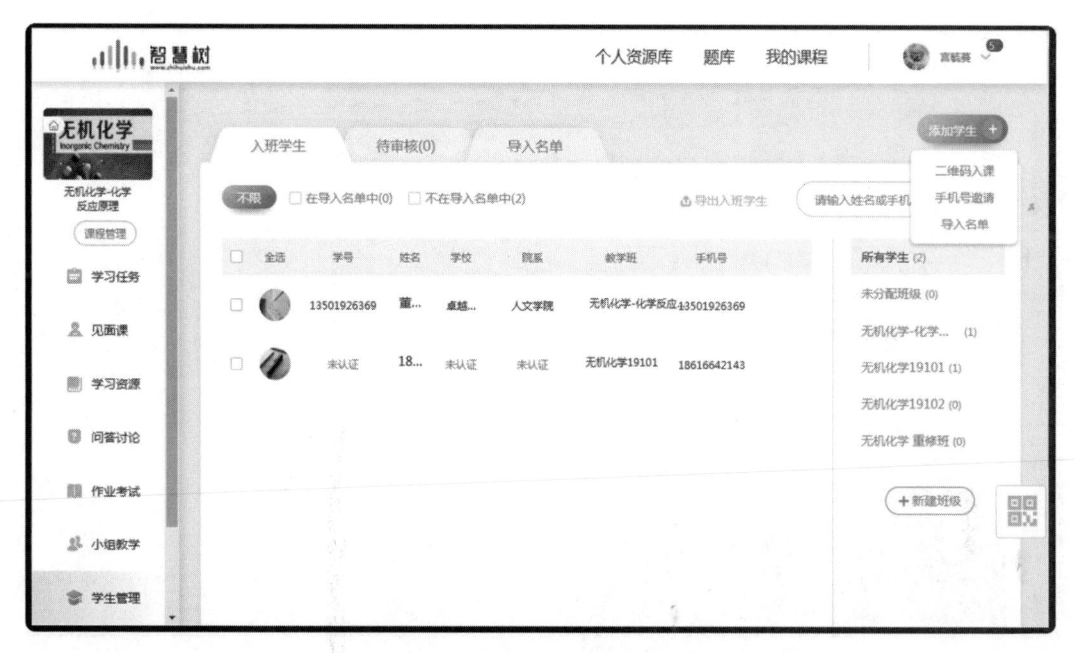

图 4-5　班级学生管理界面

(4) 灵活设置在线学习内容。老师可以在课前上传相应的资源内容给到学生作为课前预习或者混合式在线学习内容,支持上传各类教学资源,可灵活调整教学内容结构,支持视频、音频、文档、链接等多种类型,如图 4-6 所示。

图 4-6　学习资源管理界面

（5）利用线上“金课”快速搭建课程。如果老师没有现成的视频课程资源，可从专业资源库中直接引用，组合符合自己特色的 SPOC，如图 4-7 所示。

图 4-7 引用在线开放共享课程

（6）随时开启在线语音直播教学。当老师与学生无法进行面对面教学时，尤其是本次疫情，为避免传播风险，老师可利用线上直播教学工具进行线上教学，如图 4-8 所示。

图 4-8 直播教学界面

（7）课后在线作业巩固知识点。课后老师可以发布在线作业，可以让学生更好地巩固知识点，如图 4-9 所示。

（8）在线无纸化考核。支持在线无纸化考核，随时随地检测阶段性教学效果，如图 4-10 所示。

（9）成绩统计分析。多维度成绩管理分析，让学习评价更加高效，如图 4-11 所示。

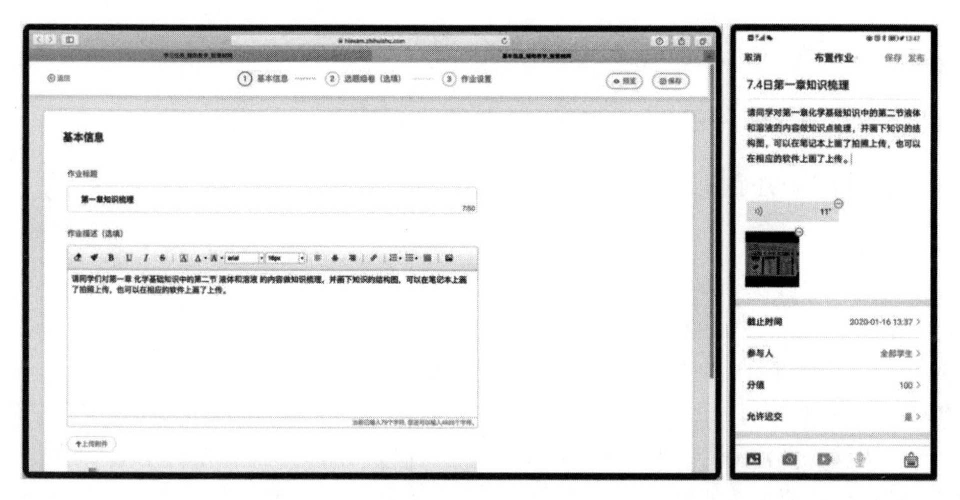

图 4-9 作业管理界面

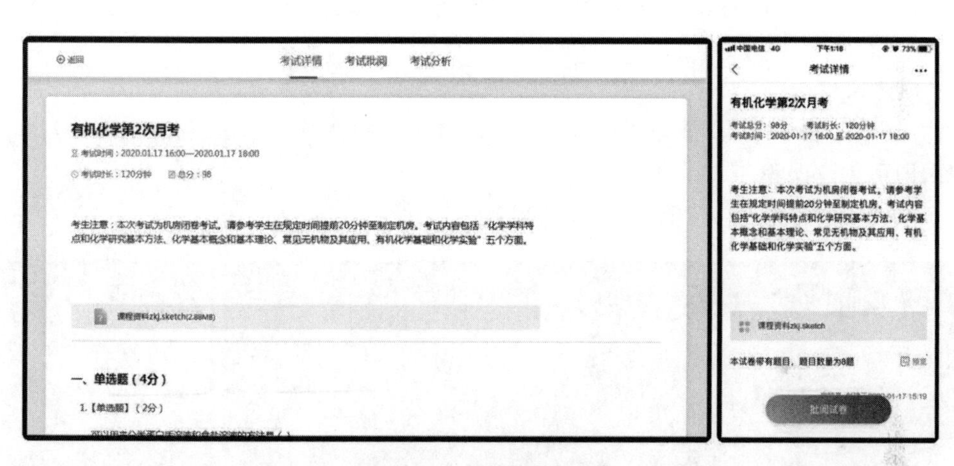

图 4-10 考试管理界面

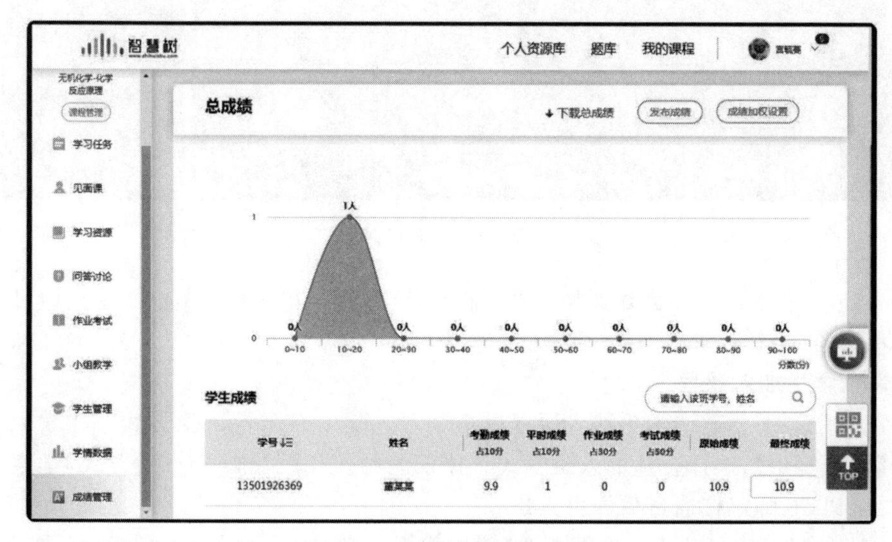

图 4-11 成绩管理分析界面

任务实施

利用智慧树教学平台帮助小宫老师完成相关教学资源的创建与使用工作。

一、登录注册并创建线上课程

1. 开通账号

使用智慧树在线大学平台，需要先开通智慧树网的账号。

(1) 在网页端注册/登录：在浏览器地址栏中输入系统的访问地址 https://www.zhihuishu.com或百度搜索“智慧树网”，单击右上角的登录。在用户名框、密码框输入正确的用户名(手机号)和密码，单击【登录】按钮即可登录本系统。注册只需手机即可完成注册流程。

(2) 使用移动端注册/登录：扫描下载知到-教师版二维码，或者在应用商店中搜索“知到-教师版”，下载知到-教师版 app。在手机桌面上打开“知到-教师版”应用，即可通过用户名、密码注册/登录。同时知到-教师版 app 应用还提供验证码登录以及其他第三方快速登录方式。

2. 创建课程

在开展线上教学之前，首先要拥有一门翻转课。老师在首页单击【新建翻转课】，输入课程名称，即可创建课程。

(1) 新建课程：在首页，单击【新建课程】按钮，如图 4-12 所示。

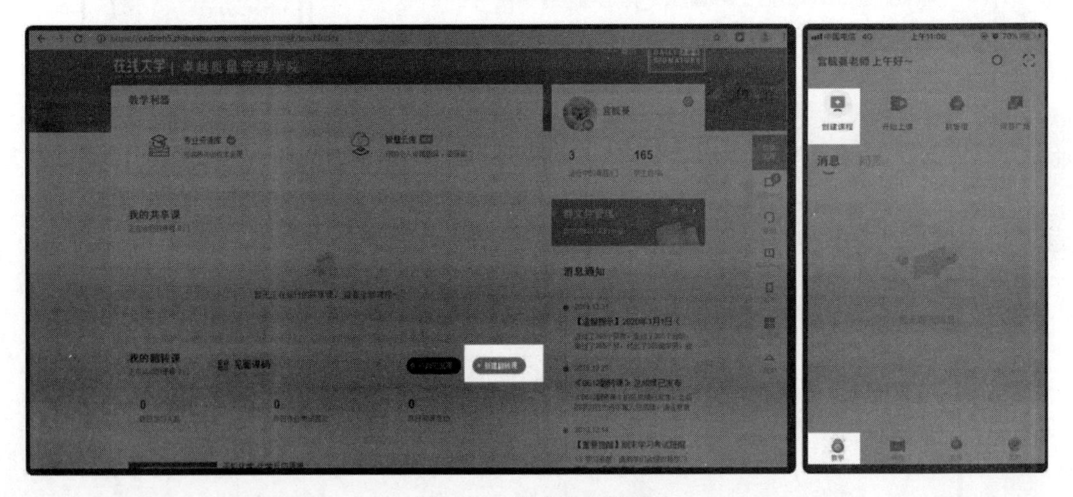

图 4-12　新建课程界面

(2) 输入课程名称：在创建课程页面，输入课程名称，单击【完成并创建】，即可成功创建线上课程，准备教学，如图 4-13 所示。

3. 邀请学生加入课程

课程建好后，需要邀请学生加入课程进行学习。学生有多种入课方式。在学生管理模块，单击【添加学生】，选择合适的入班方式。建议老师使用【二维码入课】方式，学生只需扫描课程二维码，老师审核通过后即可入班。

(1) 打开二维码：单击【二维码入课】按钮或右下角的“二维码”图标，打开课程专属二维码；如图 4-14 所示。

图 4-13　完善创建课程信息界面

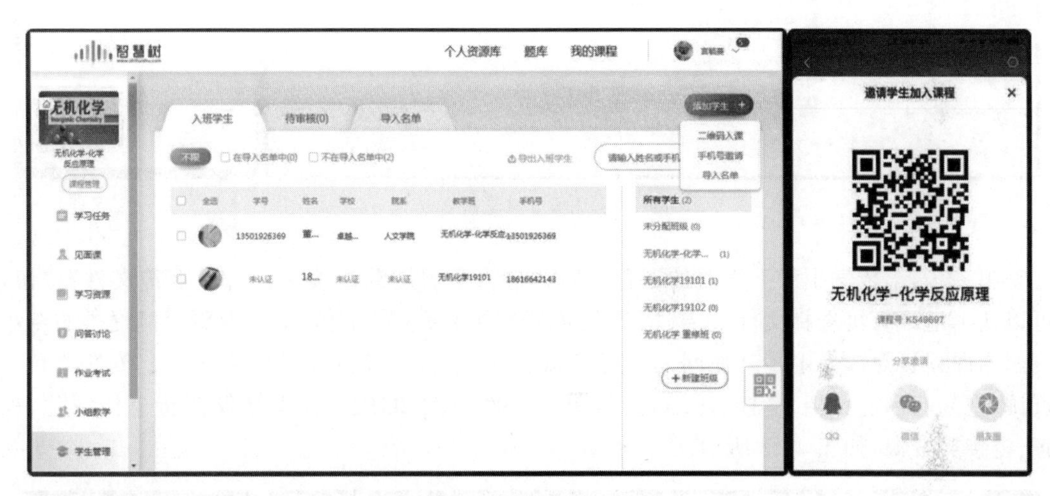

图 4-14　课程专属二维码

（2）学生扫码入课：学生用知到 APP 端，单击【扫一扫】按钮，扫描课程二维码入课，如图 4-15 所示。

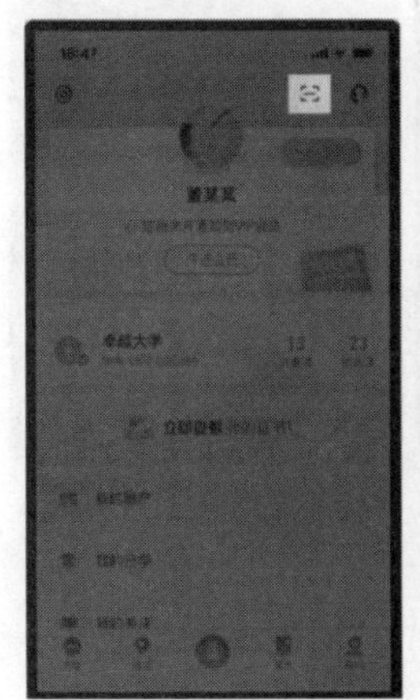

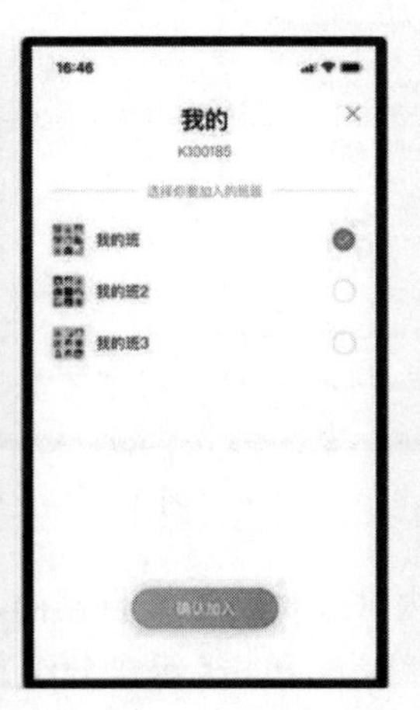

图 4-15　扫码入课

二、发布课程内容,让学生在线自主学习

老师如果想要将学习内容共享给学生,可使用学习资源。网页端单击左侧菜单【学习资源】;在移动端,进入课程空间后,单击菜单【学习资源】,均可进入教学内容页面。老师在此页面可上传课程的教学内容供学生学习,如图 4-16 所示。

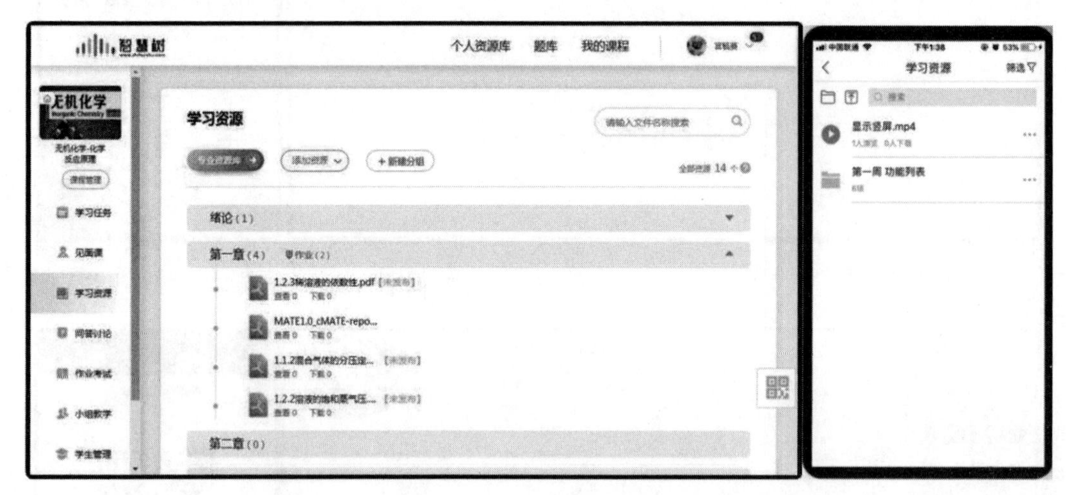

图 4-16　学习资源管理界面

第一步,上传学生线上学习的课程内容。进入学习资源模块后,单击【上传文件】按钮,可以从本地计算机选择文件上传、从个人资源库中选择文件上传、引用智慧树网提供的专业资源库课程资源或者上传其他网上学习资源的网络链接。注意,网页端支持上传各类教学资源(视频、音频、文档、链接、压缩包等,单个文件最大 2GB);移动端仅支持上传图片、视频、链接类资源,如图 4-17 所示。

图 4-17　上传教学资源

第二步,设计课程内容结构。根据自己的教学设计,合理设计自己的教学内容结构。

(1) 创建课程内容结构:单击【新建分组】按钮,填写分组名称,例如"第一章概论"等,单击【保存】,即可保存成功。鼠标悬停于分组,用户可以进行上传文件、发布分组、重命名和

删除操作。

(2) 设计合理的课程结构名称。各组名称可以根据教学内容实际需求灵活设计,可以按章节结构形式,如“第一章”“第一节”;也可以按教学时间计划来的,如“第一周”“第二周”;可以按照每次课堂的课前预习为目的,如“2 月 28 日第一堂课课前资料”;也可以根据内容类型来分组,如“学习视频”“相关论文”“优秀作品”等。各分组也支持新建分组,最多 3 层结构,如图 4-18 所示。

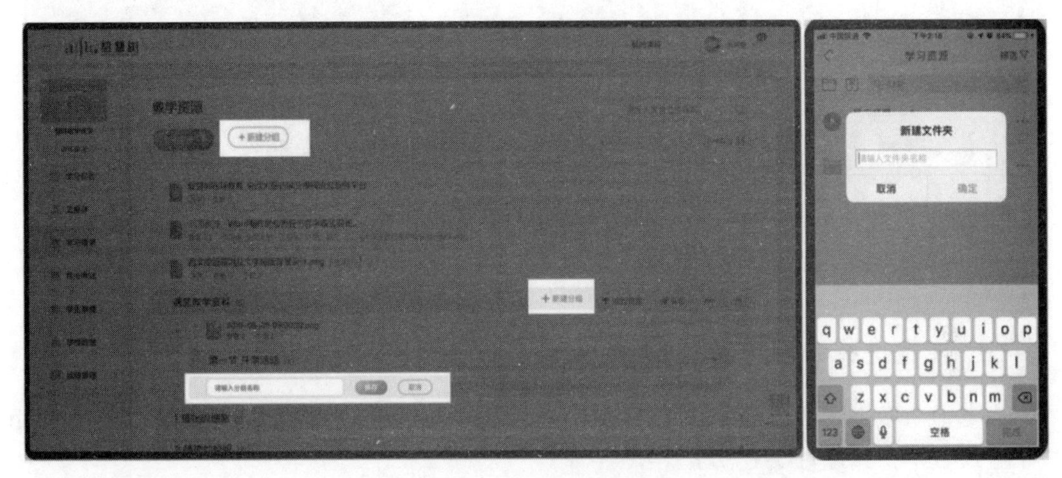

图 4-18　资源分组

第三步,按需调整课程框架结构。如果发现学习资源的内容分组有问题,可以使用【移动到】功能。鼠标悬停于文件或分组处,单击【移动到】按钮,选择要移动到的分组,单击确定可将文件或分组移动至想要移动到的分组内,如图 4-19 所示。

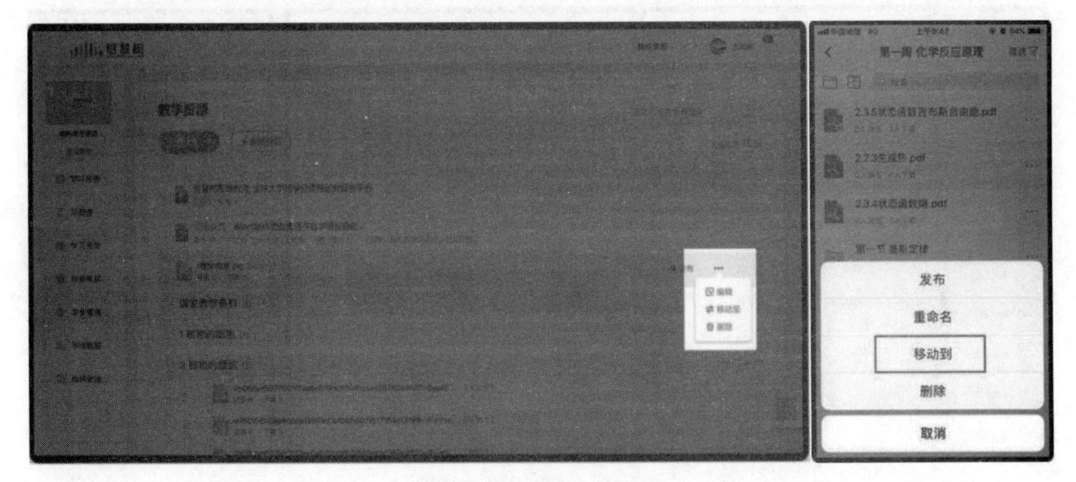

图 4-19　调整资源分组

第四步,发布课程内容,供学生在线自主学习。老师上传好课程内容后,如果不发布,学生是不会看到相应的课程内容的。只有单击【发布】按钮,学生才能看到该课程内容,如图 4-20 所示。

图 4-20　教学资源发布

三、在线进行课程直播

当老师与学生无法进行面对面教学时，尤其是本次疫情，为避免传播风险，老师可利用线上直播教学工具进行线上教学。

第一步，上传课件。课前，在学习资源中上传上课时需要使用的课件，课件可以是PPT，视频，图片，Word/PDF/Excel 等文件。

第二步，开启在线直播课。按照学校安排的课表，开启在线课堂。

(1) 开启线上课堂。进入见面课模块，单击【开始上课】按钮，如图 4-21 所示。

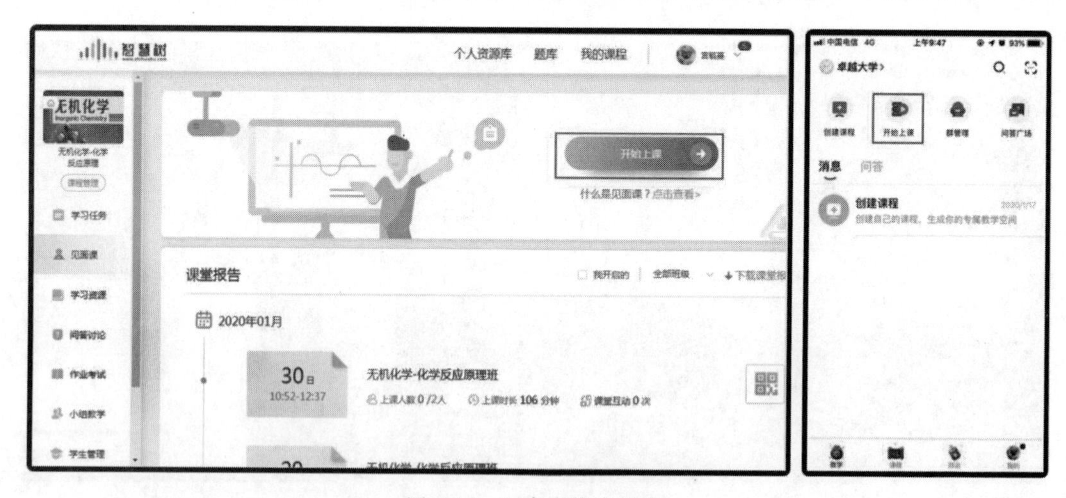

图 4-21　开启在线直播课

(2) 开启直播。当无法与学生面对面时，老师就可以开启直播。在见面课页面，单击【开启直播】按钮，老师就可以与学生进行语音直播，学生可以听到老师讲话，如图 4-22 所示。

图 4-22　直播界面

（3）选择课件。如果有课件需要让学生看到，单击【打开课件】按钮，选择要打开的课件文档，课件将自动分享给学生，如图 4-23 所示。

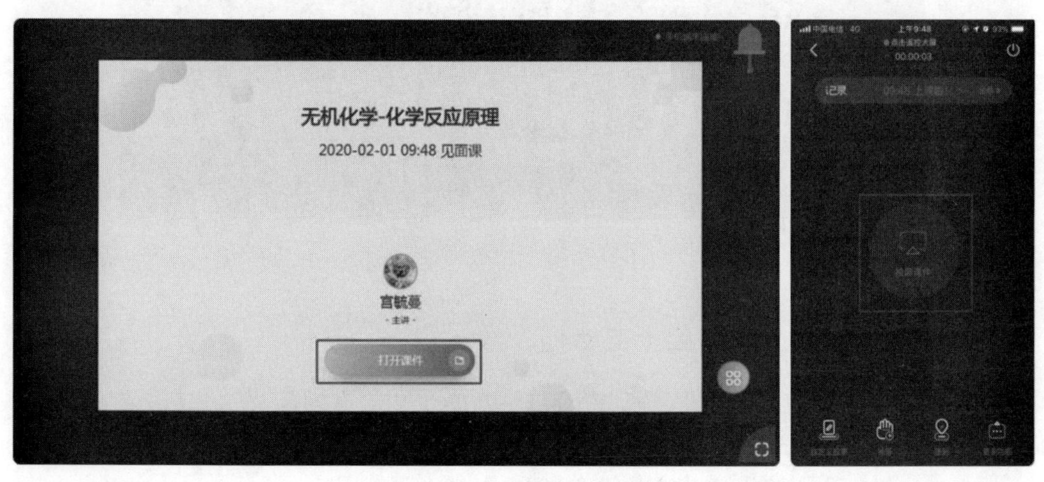

图 4-23　课件分享

（4）进行课堂互动。单击右下角蓝色图标【更多】按钮，老师可以选择课堂小工具与学生进行课堂互动。

如果上课前需要点名，如图 4-24 所示。老师可使用手势签到，进行点名，如图 4-25 所示。

如果上课允许学生提问，就可以使用答疑工具。

其他各类课堂互动如投票、随机点名、抢答、头脑风暴等，老师可以自由选择。

第三步，上课结束，下课。老师在 PPT 或文件播放页，单击右上角【关闭直播】或者单击【下课】，即可关闭直播。同时系统会为老师生成一份详细的课堂报告。

图 4-24 点名签到界面

图 4-25 手势签到

四、在课外跟学生进行线上互动

下课后老师该如何再跟学生进行线上互动呢，学生如果有问题又该怎么办呢？这时我们就可以使用“问答”功能，让问题有个沉淀的地方。

第一步，进入课程空间，单击左侧菜单【问答】，进入问答区。

第二步，在问答区跟学生进行互动，课后持续线上教学。

（1）查看学生的问题：老师可在【热门】【最新】【精华】栏目中，查看学生的线上问答，并对学生的提问进行回复、点赞或围观；

（2）发布话题：在问答模块右上方，单击【发布话题】，老师可以在线上给学生提问题；如图 4-26 所示。

（3）好问题置顶：好的问题或者讨论，进入问题详情页，单击【更多】中的【设置精华】功能，对问题进行精华置顶操作，如图 4-27 所示。

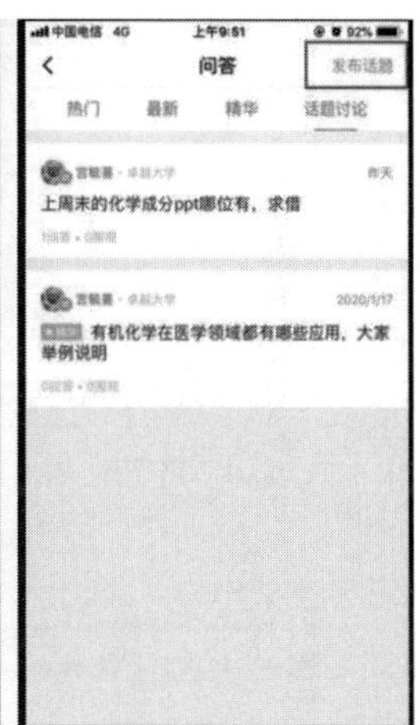

图 4-26　发布话题

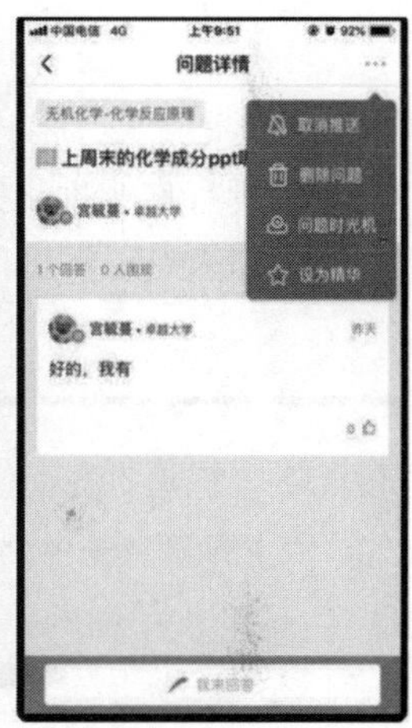

图 4-27　好问题置顶

五、布置作业

课后老师可以发布在线作业，让学生可以更好地巩固知识点。

第一步，布置在线作业。进入课程空间的左侧菜单栏【作业考试】模块，单击【新建作业】按钮，按照提示，完成 3 项内容的创建，单击【确认发布】即可发布成功。

(1) 填写基本信息。基本信息需填写作业标题、作业内容。

(2) 题库选题(选填)。对于想要建题目的老师，可以先将题目上传到题库中，再从题库中抽题布置作业，客观题系统将自动批阅。

(3) 作业设置。作业内容设置完成后，还需设置作业截止时间、作业分值等设置信息，如图 4-28 所示。

第二步，在线批阅作业。

(1) 单击作业列表中的批阅数量，进入【作业批阅】页面。

(2) 老师可查看学生的作业状况，对未交学生可进行催交，对已交的作业可进行打分批

图 4-28　作业设置

阅(可重复批阅)。

(3) 所有作业批阅完成之后,单击【发布成绩】,即可发布学生成绩。

(4) 如果希望学生自行查看答案,可单击【公布答案】,选择班级进行答案公布,如图 4-29 所示。

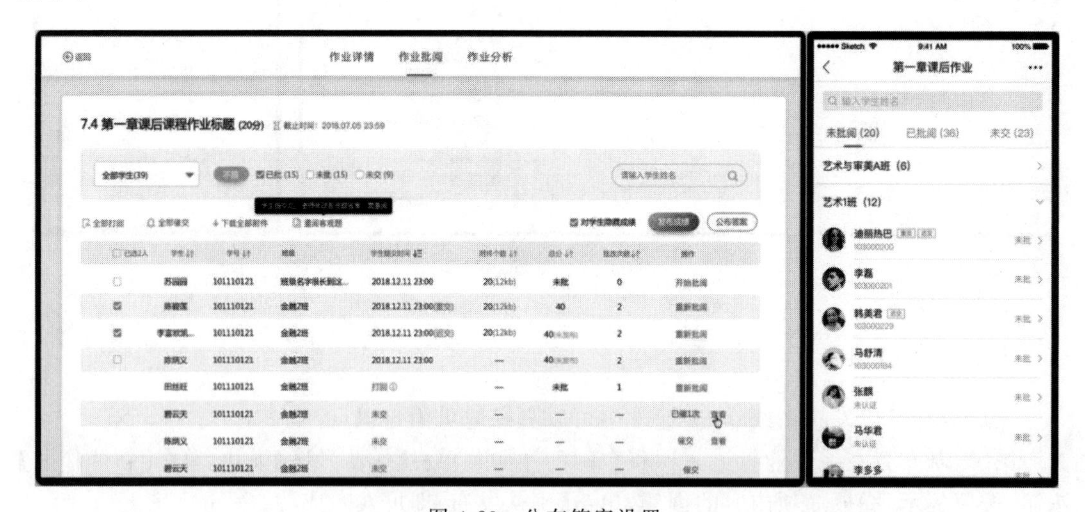

图 4-29　公布答案设置

第三步,查看作业分析。全部作业批阅完成后,老师可以查看系统对本次作业的整体分析,改进教学。

(1) 切换到【作业分析】页面,老师可查看学生的成绩分布情况,看看成绩分布是否合理,如图 4-30 所示。

(2) 试题类的作业还可查看此试题的学生答题情况,老师可以了解此试题已答、答错、未答的学生信息,如图 4-31 所示。

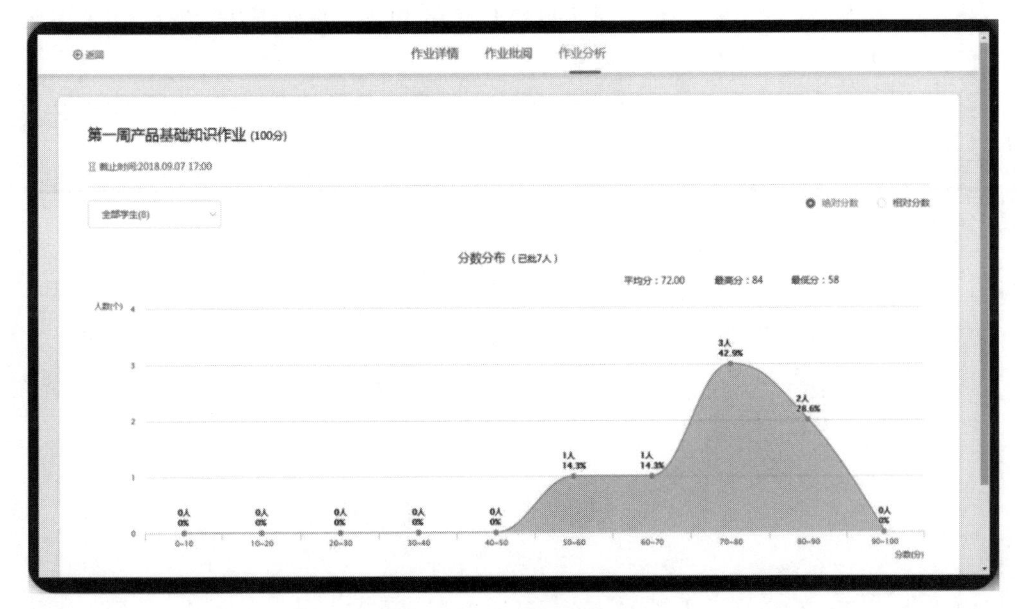

图 4-30　作业分析界面

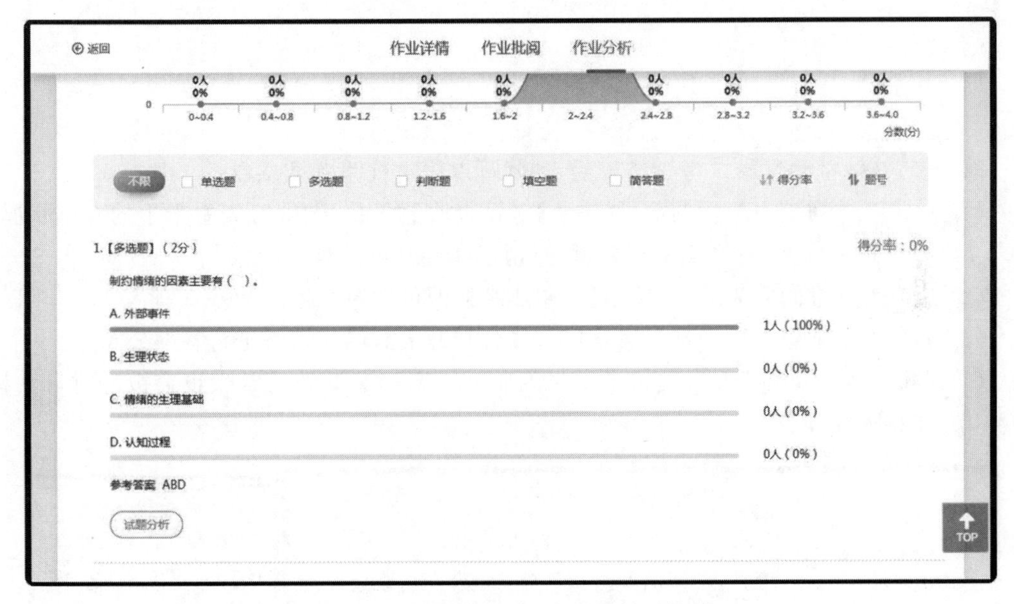

图 4-31　试题类作业学生答题情况统计

六、布置测验或考试

老师可以在线布置阶段性的测试(章测试、周测试、期中测试、甚至期末测试)，检测学生阶段性的学习成果。各个测试成绩将可单独作为学生整体考核成绩的一部分。

第一步，布置在线测验。进入“作业考试”模块，单击【新建考试】按钮；按照提示，完成3项内容的创建，单击【确认发布】即可发布成功。

(1) 填写基本信息。基本信息需填写考试标题、考试内容。

(2) 题库选题(选填)。对于想要建题目的老师,可以先将题目上传到题库中,再从题库中抽题布置作业,客观题系统将自动批阅。

(3) 考试设置。考试内容设置完成后,还需设置考试的开始截止时间、考试分值、考试时长等设置信息,如图 4-32 所示。

图 4-32　考试设置

第二步,在线批阅试卷。考试结束后,老师可以线上批阅考试试卷。

(1) 单击考试列表中的批阅数量,进入【考试批阅】页面。老师可查看学生的考试状况,对未交学生可进行催交,对已交的试卷可进行打分批阅(可重复批阅)。

(2) 所有考试批阅完成之后,单击【发布成绩】,即可发布学生成绩。

(3) 如果希望学生自行查看答案,可单击【公布答案】,选择班级进行答案公布。

(4) 考试结束后,系统会自动将学生试卷收回。未提交试卷的学生也会被准时自动提交,如图 4-33 所示。

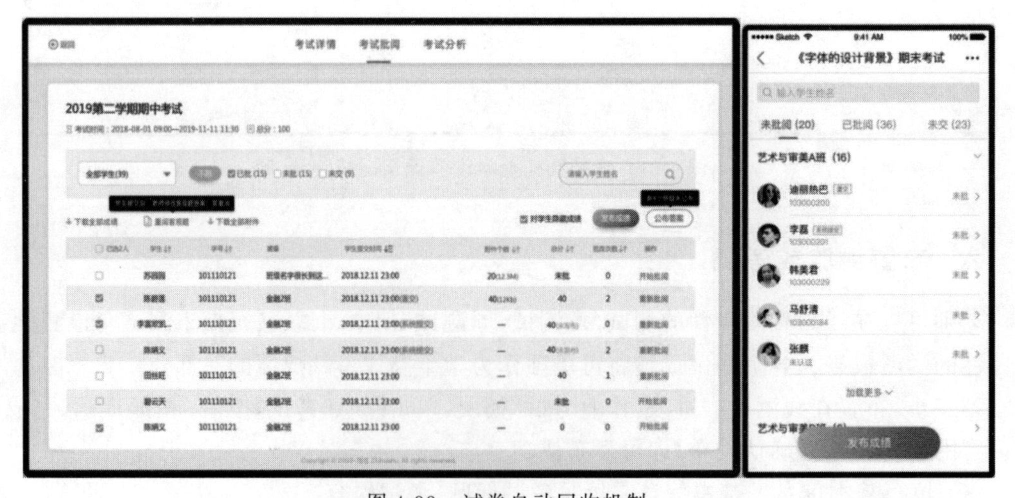

图 4-33　试卷自动回收机制

第三步，考后试卷分析。全部考卷批阅完成后，老师可以查看下系统对本次考试的整体分析，改进教学。切换到【考试分析】页面，老师可查看学生的成绩分布情况。同时有客观题的考试，老师还可以查看考试试题的得分率、易错选项等详细试题分析，如图 4-34 所示。

图 4-34　考试试卷分析界面

七、查看学生在线学习情况

平台会自动统计学生在线学习记录，老师可进入课程空间的左侧菜单栏【学情数据】，查看学生的在线学习数据，及时掌握学生学习进度，以便督促学习或调整教学进度。

1. 如何在网页端查看学生在线学习情况

第一步，查看资源学习情况。单击查看【资源学习情况】，在资源学习情况页面，可查看各资源的查看情况，单击【详情】，可查看未查看和已查看学生，对未查看的学生可进行提醒，实时掌握各学习内容的学习进度。

第二步，查看学生学习情况。单击【学生学习情况】，可查看各学生的学习情况，每个学生查看资源数、下载资源数以及视频学习时长，掌握每个学生的学习情况，用于学习督促，如图 4-35 所示。

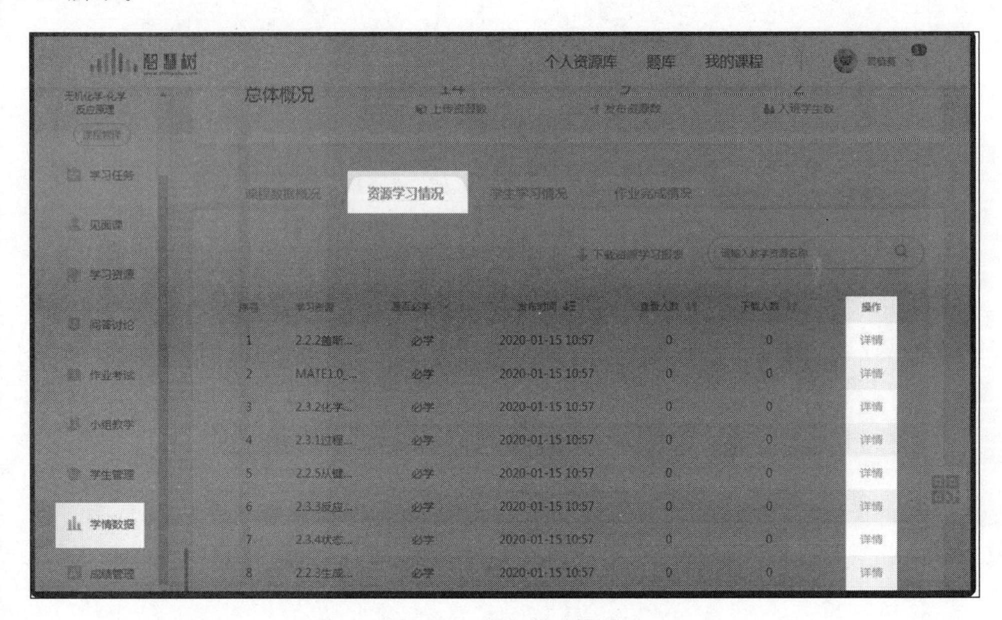

图 4-35　学生学习情况

2. 如何在移动端查看学生在线学习情况

第一步，查看资源学习情况。进入课程空间后，单击【学习资源】，可查看所有的教学资源。

第二步，查看资源查看和下载情况。单击某个教学资源的【统计】按钮，可查看该资料的查看和下载情况。单击数据图表，可查看具体的查看人员信息，如图 4-36(a)和图 4-36(b)所示。

第三步，查看资源相关的学生线上问题。单击某个教学资源的【问答】按钮，可查看该资料的相关的线上问答，老师可以直接参与互动，如图 4-36(a)和图 4-36(c)所示。

八、设置成绩来评判学生在线学习效果

多维度成绩管理分析，进行学习过程性评价，让学习评价更加有效。老师进入课程空间左侧菜单栏的【成绩管理】，可根据实际教学情况灵活设置各项教学活动的分数占比，节省教师在分析及汇总成绩过程中所消耗的精力。

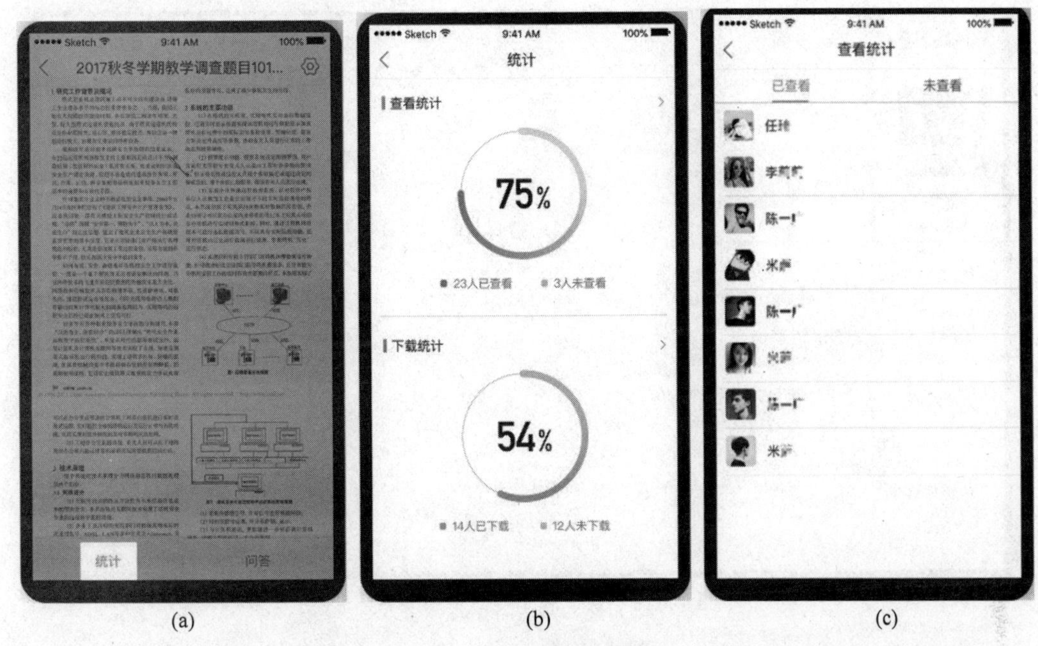

图 4-36　教学资源统计界面

第一步，设置成绩规则。单击【成绩加权设置】，根据教学测评设计，设置本课程的学习成绩占比，如图 4-37 所示。

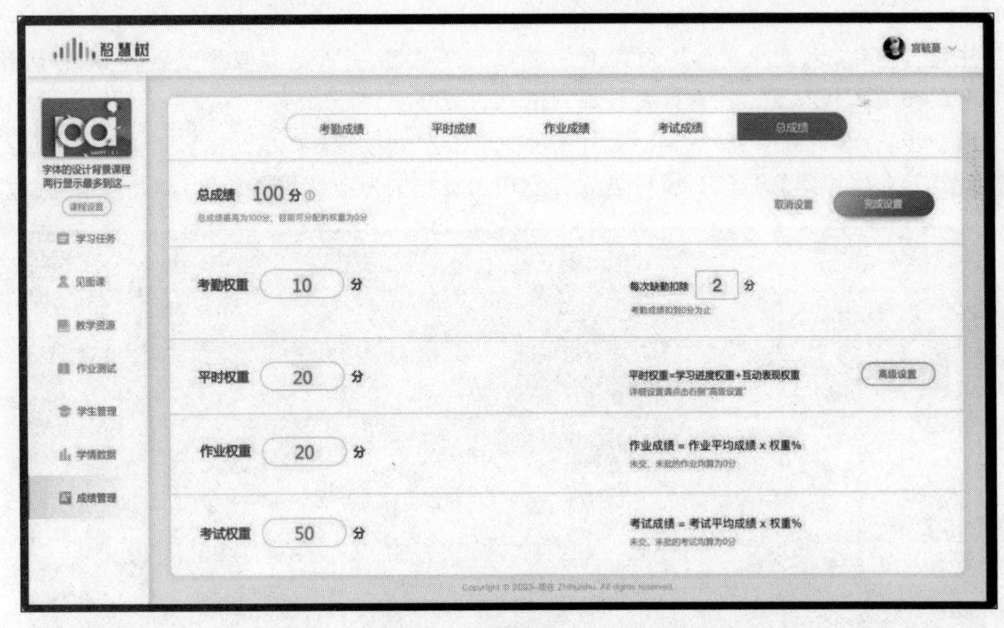

图 4-37　设置成绩规则界面

第二步，查看学生各维度成绩信息。除总成绩外，其他 4 个菜单分别显示了学生在考勤、平时成绩、作业成绩、考试成绩这四项的成绩明细，可用来评判学生的在线学习效果。同时，老师也可将线下的考勤、作业和考试成绩等没有在系统中的考核信息自行录入系统，与线上成绩整合，用于课程全流程的整体评判，如图 4-38 所示。

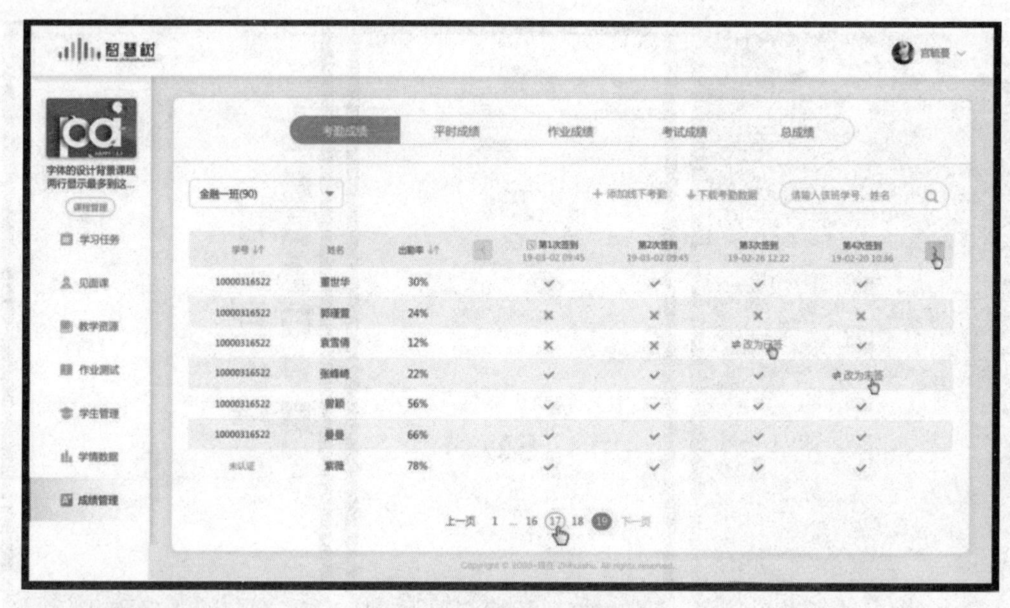

图 4-38　查看学生各维度成绩信息

九、利用线上“金课”快速搭建本校课程

如果老师没有现成的视频课程资源，可从专业资源库中直接引用，组合符合自己特色的SPOC。

注意：使用高校需申请加入中国大学专业共享联盟，并开通联盟会员。具体申请请联系智慧树相关工作人员。目前仅支持在网页端快速搭建课程。

第一步，查看资源库资源。在课程空间中单击左侧菜单【学习资源】，进入学习资源页面，单击【专业资源库】的按钮，就可进入智慧树网提供的专业课程资源库，如图 4-39 所示。

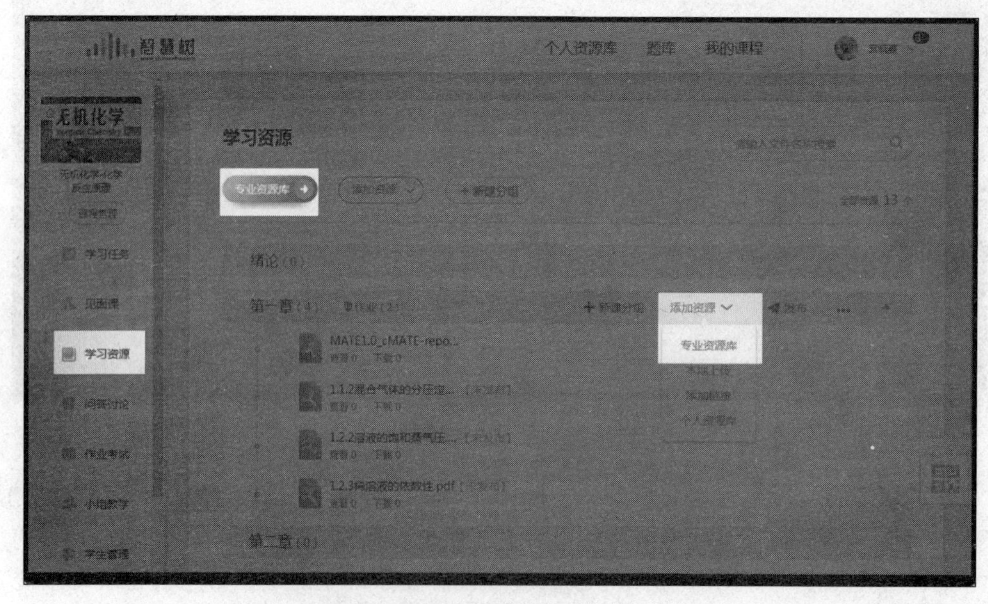

图 4-39　引入智慧树网提供的专业课程资源

第二步，选择适合自己课程的视频资源。单击【专业资源库】按钮，进入专业资源库引用页面。勾选视频内容，可以将视频加入资源包，如图 4-40 所示。

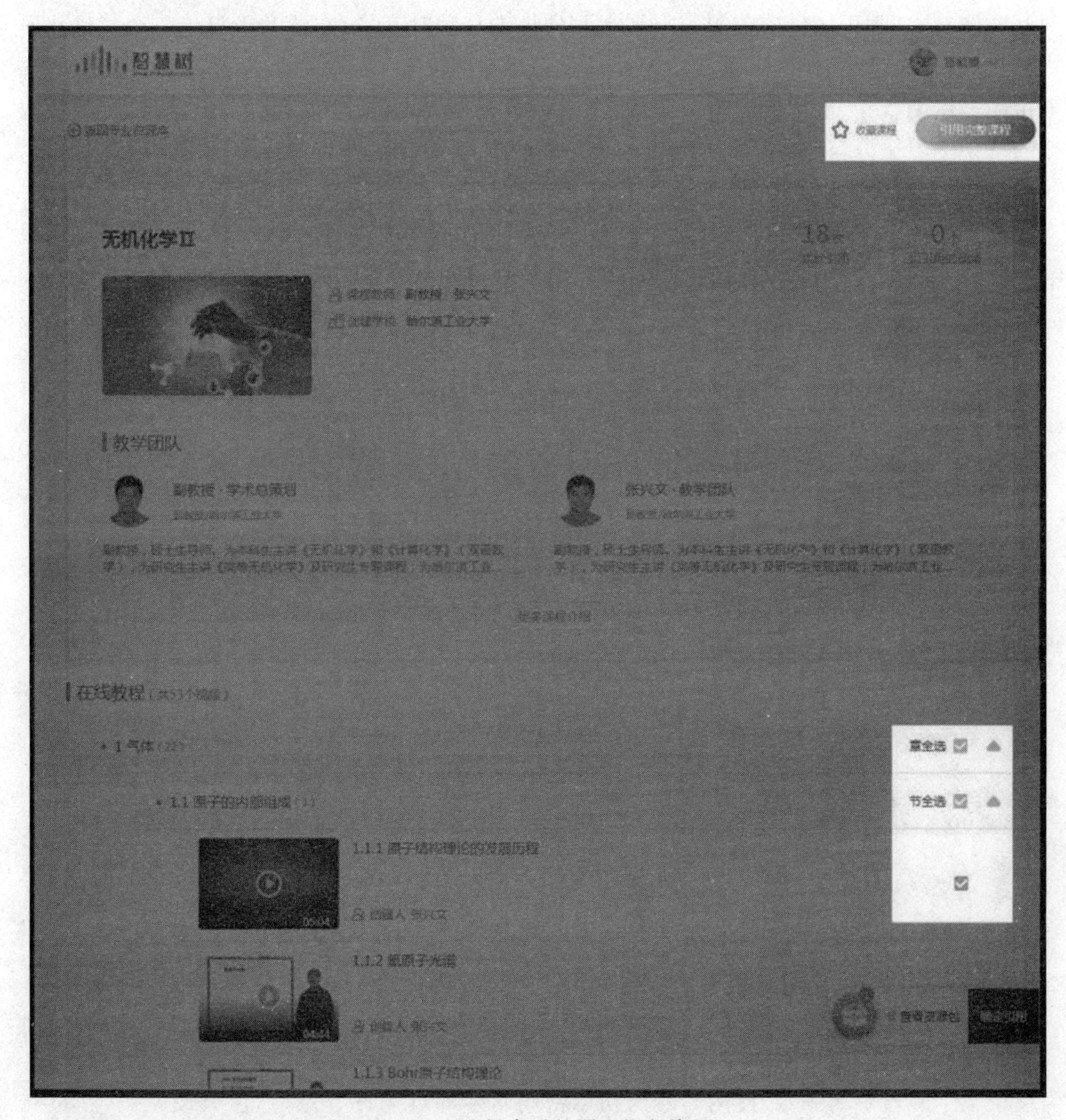

图 4-40　选择合适的课程视频资源

第三步，确认引用课程资源，作为自己的课程内容。单击右下角【资源包】按钮可查看已选择的内容，单击【确定引用】按钮，即可将视频引用至课程学习资源内。引入后，需要发布资源，学生才能开始在线学习。

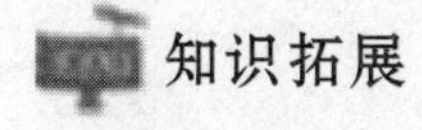 知识拓展

一、超星学习通简介

超星学习通是面向移动终端的专业移动学习平台之一，是国内较为优秀的一款知识管理、分享平台，目前 4G 网络成为主流，5G 网络加紧研发，无线网络基础设施的普及带来了

移动网络的极大改善，手机已经成为人类的第二大脑，而手机里面的各种移动应用，则渗透到我们生活的方方面面，影响着我们的生活学习和发展提高。超星学习通依托于先进的移动互联网技术，基于海量的资源数据平台和便捷的移动社交平台，致力于打造一个提供优质资源、辅助培养教化、提升国民素质的移动学习平台，用户可以在超星学习通上自助完成图书馆藏书借阅查询、电子资源搜索下载、图书馆咨询浏览，学习学校课程，为用户提供方便快捷的移动学习服务，让海量学习资源为己所用，为用户提供快捷方便的移动学习服务。

1. 进入超星学习通

进入应用程序或者网站，注册一个专属于自己的账号，创建属于自己的学习空间。超星学习通官方网站为 http://www.xuexi365.com/（访问日期：2020-01-26），如图 4-41 所示。

图 4-41　超星网

（1）安装手机应用程序，进入手机应用市场，搜索超星学习通，单击下载安装。

（2）注册、登录，超星学习通用户权限包含两种：普通注册用户、学校或者机构单位用户。

普通注册用户和使用其他社交平台账号注册类似，可使用手机号直接进行注册登录。

学校或者机构单位用户，例如某学校与超星联合进行学习课程方面的合作，超星公司会为该校学生开通专属账号，使用学号与初始密码学生即可完成登录，然后修改密码，不过在登录时会稍有区别，需要先选择好机构单位的名称。

2. 涵盖信息

超星学习通涵盖的信息资源类型非常丰富，囊括了报纸、中外期刊、中外图书、各类论文，甚至课件、视频、文史资料等，你想到的或者想不到的几乎所有类别与检索词相关的信息资源它都一一列举涵盖，根据需要可以进行选取阅读，如图 4-42 所示。

3. 在教学过程中使用超星学习通资源

超星学习通不仅为学习者提供了海量学习资源，还为教师提供了方便的教学功能，教师可以很方便地在学习通中创建网上学习课堂，上传学习资源，建立学习小组，甚至包括大数据跟踪分析学习者的学习情况，合理的在课前、课中、课后利用教学资源辅助课堂教学，有机的加强课堂互动，活跃课堂气氛，从而提高学生学习的兴趣与积极性，高效辅助教与学，实现

图 4-42　超星产品展示

教学效果的有效提升。

学习通用户划分角色有三类，分别为教师、学生、普通用户，角色切换方式：单击学习通首页右侧下拉框，出现【选择角色】按钮，根据实际需要选择即可，值得一提的是教师与学生的角色身份切换不影响学习通功能与资源的正常使用。

(1) 教师角色—创建课程。选择教师角色后，我们需要创建一个课程平台，在首页找到“课程”页面或者在首页中找到“我的课程”，左上角单击【创建课程】(我的课程为右上角【+】创建课程)，输入要创建课程的名称与课程封面，一门 Java 程序设计的网上课程就创建完成了。创建完成后，该课程中的学习者可以输入自动生成的邀请码或者扫描二维码进入课程的默认班级中，课程学习成员将自动建立班级群聊，便于学习沟通交流，如图 4-43 所示，观察一下在该课程中可以实现那些功能？

图 4-43　创建 Java 程序设计课程平台界面

(2) 学生角色—课程学习。教与学是密不可分的，每一个教学活动都是为了学生实现更好的学习效果，达到自己的学习目标。与教师角色略有不同，当角色选择“学生”，学生需要扫描相应的二维码或者输入相应的课程邀请码方可进入相应班级，参加正常的教学活动，同时可以利用学习通中的丰富资源拓宽自己的视野，丰富课内外学习活动。

通过在创建课程和实施教学过程等，学习通可以辅助教学从而丰富教学资源，丰富教学过程，在课前、课中、课后合理运用各种教学工具与教学资源，调节课堂气氛与学习者的积极性，有效提高学习质量；同时在学习资源方面，学习通不仅支持与课程内容相关的辅助资源，更注重学习者个人能力的培养与提升，如阅读资源丰富的书房、各类兴趣爱好小组的讨论区，个人笔记专题的创作区等都与教学有着密不可分的关系，合理地利用学习通各种优质教学资源，学生的学习成长与教师的个人教学能力提升都可以得到有效的帮助。

4. 使用超星学习通投屏功能

超星学习通的投屏功能给教师教学工作带来了极大的便利，之前我们上课教学场景可能是教师需要带着存有自己课件的移动硬盘插到教室的教学计算机上，或者需要各种同屏设备使得自己的计算机完成投屏操作，超星学习通的投屏功能可以实现无移动硬盘、无翻页笔完成同屏显示功能。

首先在云盘中上传所需要的 PPT 课件资源，可以建立相应的文件夹便于分类管理。

进入相应课程班级，如所创建的 Java 程序设计课程中的默认班级，选择需要投屏的 PPT 课件，单击投屏选项即可，如图 4-44 所示。

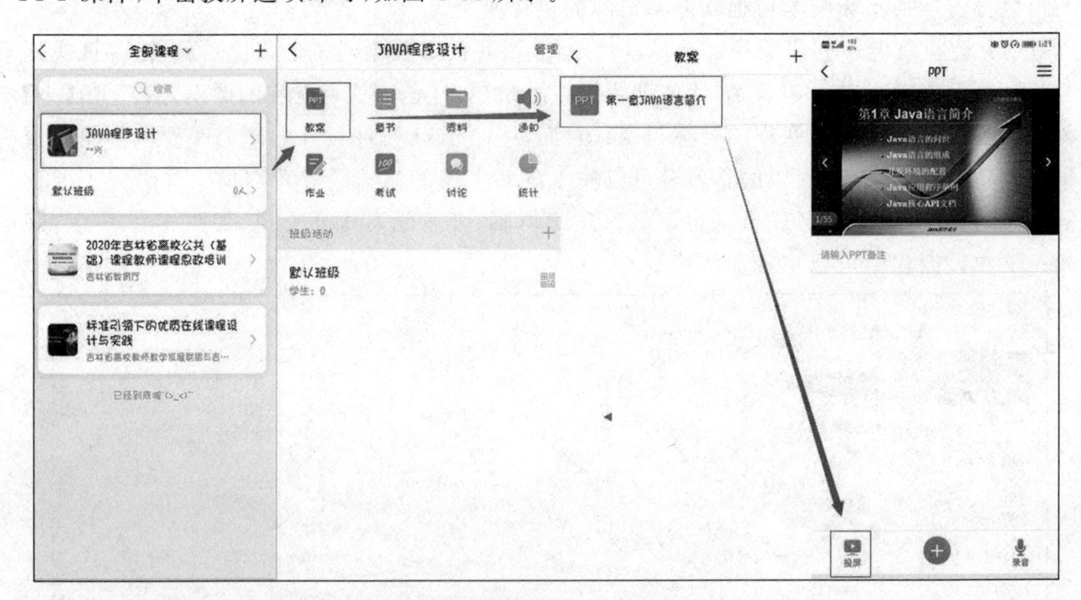

图 4-44　移动端 PPT 投屏操作

单击【投屏】后，在教室配备的计算机端（需接入网络）打开 http://x.chaoxing.com/（访问日期：2021-01-26），输入手机端提示的投屏码即可实现投屏操作，如图 4-45 所示。若教学环境满足学生使用移动学生客户端，也可邀请学生进入，更加便于开展教学活动。

实现投屏后，在投屏界面可添加多种教学互动活动。

通过对超星学习通各个模块功能的简单了解，以及在教学活动中投屏及其他互动功能的介绍，可以知道教师只需要一部手机和一台计算机，就可以实现丰富多彩的互动课堂教学。

图 4-45 投屏提示信息界面

任务2 雨 课 堂

任务描述

小郭老师是某高校计算机学院的专职教师，寒假期间小郭老师需要借助 PPT 对自己所带导师组同学进行毕业论文撰写要求培训，请你借助雨课堂帮助小郭老师完成对本组同学的线上论文撰写培训工作。

任务目标

- 了解雨课堂的优势特点。
- 基本掌握雨课堂辅助教学的使用方法。

知识介绍

一、雨课堂概述

雨课堂是清华大学和清华旗下在线教育品牌“学堂在线”共同推出的智慧教学工具，是提升课堂教学体验，丰富师生互动从而使教学更为方便的优质教学工具之一。雨课堂除了具有非常强大的师生互动功能外，还嵌入 PowerPoint 工具栏中，教学工作者使用微信扫描登录就可以将带有视频、音频等可签预习资料推送到学生手机端，使教师与学生之间的沟通更加及时，雨课堂教学能实时、客观、全面地反映当前的课程进度、教学状态以及学生的学习状态，课堂上还能提供实时弹幕互动，学生可以根据自身实时学习情况，对不懂的课件内容继续标记，教师能实时掌握学生对知识的掌握情况，是广大一线教师教学的优质辅助工具。

二、雨课堂的使用方法

通过雨课堂官方网址下载安装包进行安装(https://www.yuketang.cn/,访问日期:2021-01-27),如图 4-46 所示。安装后雨课堂会自动嵌入 PowerPoint 的工具栏中,如图 4-47 所示,功能模块主要包含三部分,一是课堂教学,掌握控制课堂进度;二是插入题目,可以设置课堂随堂练习;三是资源制作,可以创建试题,检验学生学习情况。

图 4-46　雨课堂下载界面

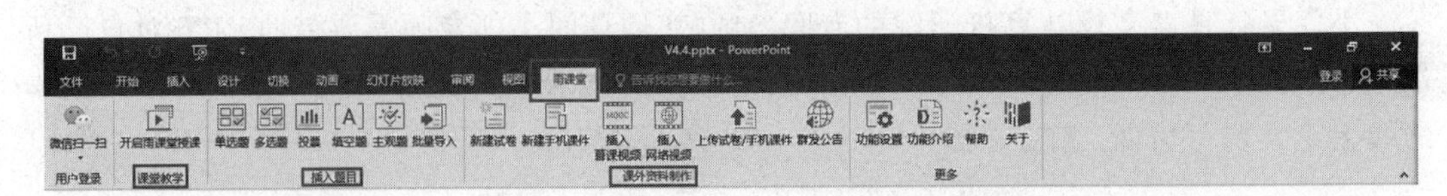

图 4-47　雨课堂嵌入 PowerPoint 界面

任务实施

利用雨课堂平台辅助教学步骤如下所述。

第一步,下载雨课堂应用程序进行安装,启动带有嵌入安装雨课堂的 PowerPoint 应用程序。

第二步,打开已经准备好的教学 PPT,使用微信扫一扫登录手机端,教师上课可以使用手机翻页课件并控制学生手机屏幕;单击【开启雨课堂授课】,弹出对话框,单击【开启雨课堂】,如图 4-48 和图 4-49 所示。

第三步,雨课堂呈现二维码,学生使用手机微信扫描二维码,进入课堂,认真听课,如图 4-50 所示;在教师单击公众号中单击进入课堂,控制学生学习进度,如图 4-51 所示。

第四步,教师单击【开始上课】,教师可通过手机控制课件,使用手机完成课件翻页操作。课程结束后可单击【结束】按钮,结束本次教学活动,此时会提示计算机端同步结束授课。课程结束后,授课教师进入手机端的管理后台页面,可以把本节课授课课件发布给学生,也可以发布试卷或公告。单击已发布的试卷,可以查看学生的完成情况,从而进行数据统计。

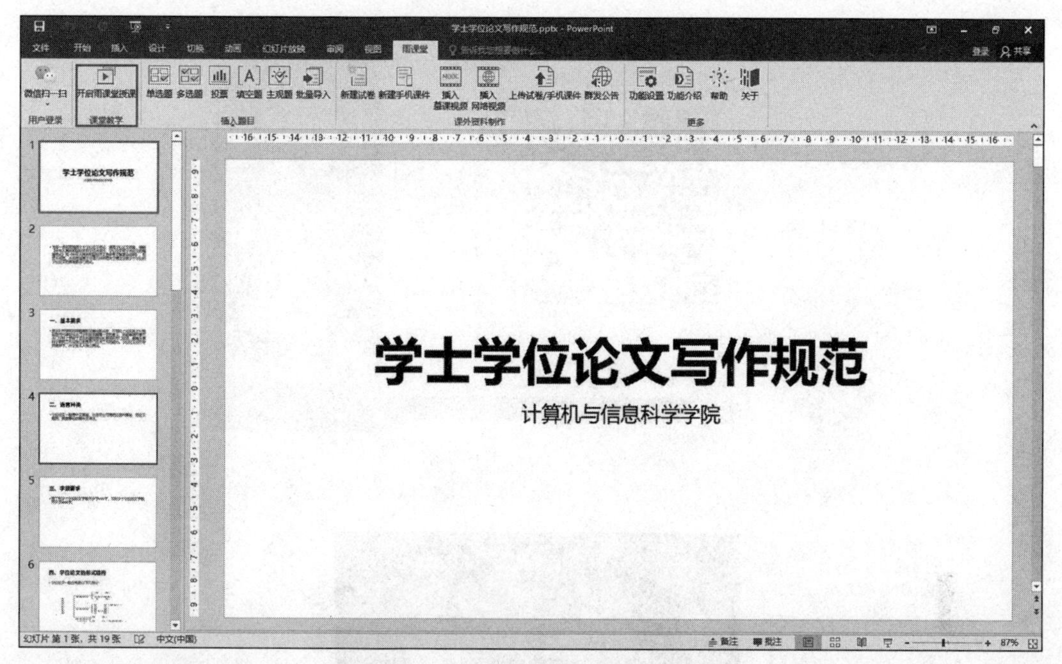

图 4-48　开启雨课堂授课

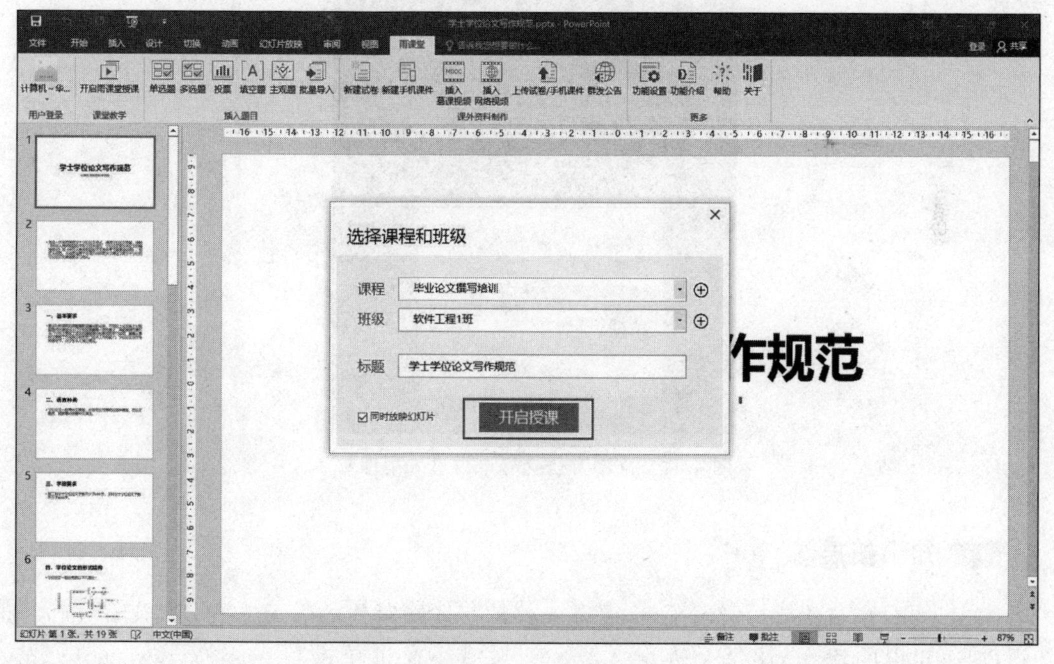

图 4-49　开启授课

提示：在 PowerPoint 应用程序中嵌入雨课堂插件后，会使 PowerPoint 应用程序打开加载过慢，如果长时间不使用雨课堂，可以关闭雨课堂相关插件，选择【文件】|【选项】|【加载项】|【转到】，单击需要关闭的插件即可，不需要卸载软件。

图 4-50　进入雨课堂二维码

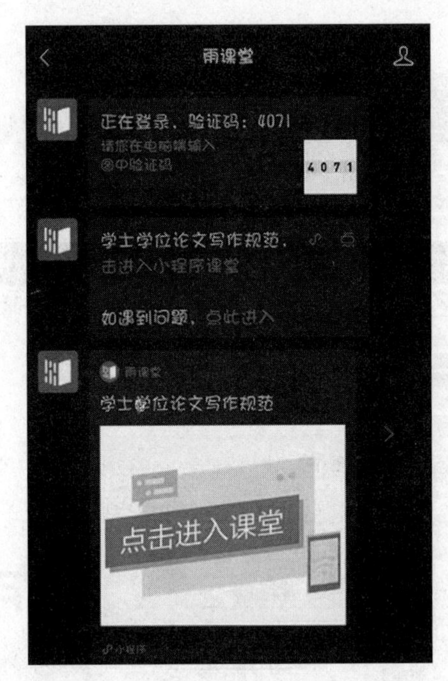

图 4-51　雨课堂公众号单击进入雨课堂

知识拓展

UMU 是分享与传播的学习平台，是基于移动互联网时代的学习方式，UMU 连接人与知识，加速知识的流动，让每个人融入、分享、收获。通过单击(https://www.umu.cn/home；登录于 2021-01-27)即可登录 UMU 网站，注册后完成互动学习与分享。UMU 功能包括以下几方面。

(1) 使用图文音视频轻松制作和萃取教学内容，如图 4-52 所示。

(2) 通过教学互动，提升参与度促进学生理解、记忆、联系，如图 4-53 所示。

(3) 不限人数的三分屏互动直播和多人视频会议，如图 4-54 所示。

图 4-52 UMU 音视频功能

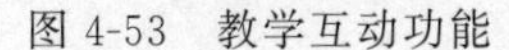

图 4-53 教学互动功能

图 4-54　多人互动直播功能

技能二　微课与 MOOC

任务 1　微课的设计与制作

任务描述

小郭老师是某高校计算机学院的专职教师，寒假期间，小郭老师准备设计并制作一节 Java 程序设计课程的微课，请你帮助小郭老师完成微课制作的前期设计和准备工作。

任务目标

■ 了解微课的定义及作用。
■ 了解微课的基本类型。
■ 掌握设计制作微课的大致过程。

知识介绍

一、微课简介

微课是指以视频为主要载体，记录教师在课堂内外教育教学过程中围绕某个知识点或教学环节而展开的精彩教与学活动的全过程。微课具有教学时间较短、教学内容较少、资源容量较小、资源使用方便等特点。对于教师而言微课将革新传统的教学与教研方式，突破教师传统的听评课模式，是教师专业成长的重要途径之一。对于学生而言，微课能更好地满足学生对不同学科知识点的个性化学习，按需选择学习，既可查缺补漏又能强化巩固知识，是传统课堂学习的一种重要补充和拓展资源。在互联网时代，随着信息与通信技术的快速发展，特别是随着移动数码产品和无线网络的普及，基于微课的移动学习、远程学习和在线学习将会越来越普及，微课必将成为一种新型的教学模式和学习方式。

1. 微课的定义及作用

(1) 微课是指利用 5～10 分钟时间讲解一个非常碎片化的知识点、考点、例题、作业题或者教学经验的一种微视频。

(2) 微课的作用是启惑、解惑而非授业，多用于不受时间、空间限制的网络在线教育，不能代替课堂新知识的教授。

2. 选择和分析处理知识点

一节微课能否设计的好，教学效果佳，知识点的选择和分析处理非常重要。因此，在实际制作每一节微课时，首先要慎重选择知识点，并对相关的知识点进行科学的分析和处理，使其符合教学的认知规律。

(1) 尽量选择热门的考点、教学重点、难点。

(2) 知识点选择要细致，尽量十分钟内能够讲解透彻

(3) 知识点要准确，不允许有文字、图片等知识性的错误或误导性描述。

3. 选择合适的微课类型

微课主要有以下几种类型。

(1) 讲授型——适用于教师运用口头语言向学生传授知识，这是最常见也是最主要的一种微课类型。

(2) 问答型——适用于教师按照一定的教学要求向学生提出问题，要求学生回答，并通过问答的形式来引导学生获取或巩固检查知识。

(3) 启发型——适用于教师在教学过程中根据教学任务和学习的客观规律，从学生的实际出发，采用多种方式，以启发学生思维为核心，调动学生的学习主动性和积极性。

(4) 讨论型——适用于在教师指导下，由全班或小组围绕某一种中心问题通过发表各自意见和看法，共同研讨，相互启发，集思广益地进行学习。

(5) 实验型——适用于学生在教师的指导下，使用一定的设备和材料，通过控制条件的操作过程，引起实验对象的某些变化，从观察这些现象的变化中获取新知识或验证知识。

4. 构建完整精炼的教学过程

(1) 课题选择要新颖，切入课题要迅速。由于微课时间较短，因此在设计微课时要注意切入课题的方法，途径力求新颖、迅速而且与题目关联紧凑，从而能够把更多的时间分配给内容的讲授。常用的切题方式有以下几种：设置一个题目引入课题；从以前的基本内容引入课题；从生活现象、实际问题引入课题；开门见山引入课题；设置一个疑问或者悬念等引入课题。

(2) 讲授线索要鲜明。在微课的设计中，要求尽可能地只有一条线索，在这一条线索上突出重点内容。在设计微课时要注意巧妙启发，积极引导，力争在有限的时间内，圆满完成微课所有的教学任务。

(3) 结尾要快捷。在微课的设计中，小结是必不可少的，它是内容要点的归纳。好的微课小结可以起到画龙点睛的作用，可以加深学生对所学内容的印象，减轻学生的记忆负担。微课小结不在于长而在于精，小结的方法要科学、快捷。

(4) 力求创新，亮点耀眼。在微课的设计中，一定要有自己独特的亮点，这个亮点可以是深入浅出的讲授，可以是细致入微的剖析，可以是激情四溢的朗诵，可以是精妙完美的课堂结构，也可以是准确生动的教学语言。微课教学有了自己独特的亮点，才能提升微课的水准。

5. 制作实用的微课教学课件

教学课件能充分创造出一个图文并茂、有声有色、生动逼真的教学环境，为教学过程的顺利实施提供形象的工具，能有效地突破教学难点，激发学生的学习兴趣。在微课设计过程中，制作实用、有效的教学课件是必不可少的环节。制作微课课件要把握好以下几点。

(1) 课件要具有美感。

(2) 课件要动静结合。

(3) 合理安排课件信息量。

(4) 课件使用要操作容易。

二、微课的主要实现手段

(1) Camtasia Studio 是最专业的屏幕录像和编辑的软件套装，如图 4-55 所示。软件提供了强大的屏幕录像、视频的剪辑和编辑、视频菜单制作、视频剧场和视频播放功能等。使用本套装软件，用户可以方便地进行屏幕操作的录制和配音、视频的剪辑和过场动画、添加说明字幕和水印、制作视频封面和菜单、视频压缩和播放。

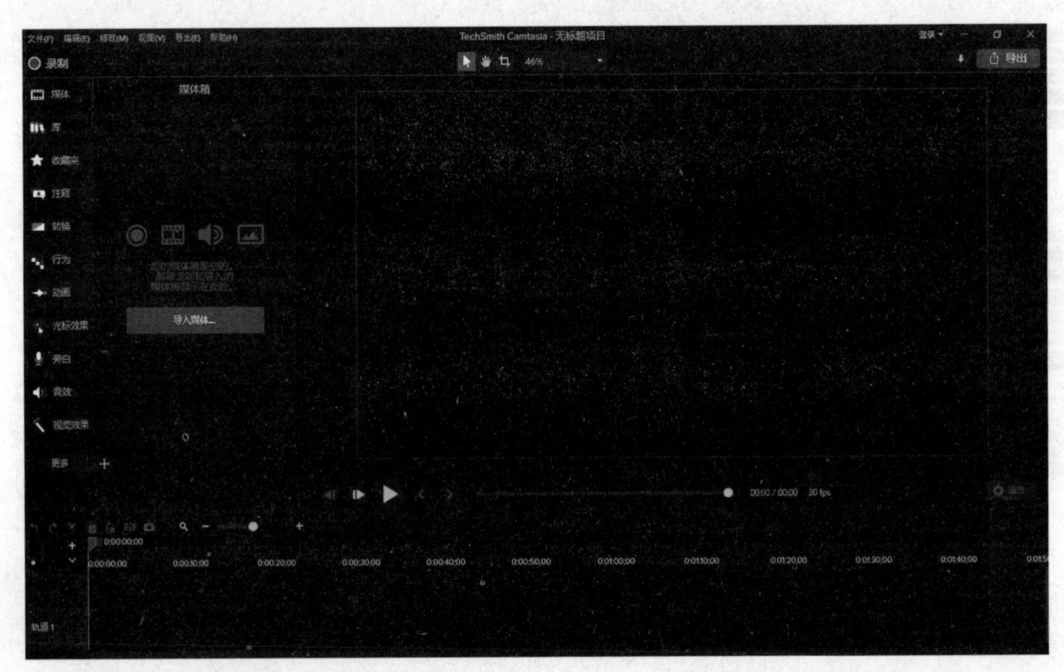

图 4-55　Camtasia Studio 窗口界面

(2) 小影是原创视频、全能剪辑的短视频社区 App(官方网址：http://www.xiaoying.tv/，登录于 2021-01-28)，如图 4-56 所示。可录制 10 秒短视频，同时提供拍摄、编辑更长原创视频内容的服务。小影内置多种拍摄镜头、多段视频剪辑、创意画中画等特效，有专业电影滤镜、字母配音、自定义配乐等特性。使用小影丰富的模板，可以快速制作带特效的微课教学视频。

图 4-56 小影官方网站

任务 2 MOOC 的使用

任务描述

小郭是某高校教师，寒假期间小郭老师想通过互联网上的课程资源进行自我提升，小郭老师主要想通过慕课形式进行自主学习，但小郭老师对慕课相关平台及其操作了解甚微，请帮助小郭老师结合自身实际情况选取合适的慕课平台进行学习，同时帮助小郭老师整理慕课相关的主要知识及操作技巧。

任务目标

■ 了解慕课的定义及特点。
■ 了解关于慕课的优秀平台。

知识介绍

一、MOOC 简介

所谓“慕课”(MOOC)，顾名思义，第一个字母“M”代表 Massive(大规模)，与传统课程只有几十个或几百个学生不同，一门 MOOC 课程动辄上万人；第二个字母“O”代表 Open(开放)，以兴趣为导向，凡是想学习的，都可以进来学，不分国籍，只需要一个邮箱，就可以注册参与；第三个字母“O”代表 Online(在线)，学习在网上完成，不受时空限制；第四个字母“C”代表 Course，就是课程的意思。

(1) 课程范围。MOOC 是以连通主义理论和网络化学习的开放教育学为基础的。课程范围不仅覆盖广泛的科技科学，例如数学、统计学、计算机科学、自然科学和工程学等，也包括了社会科学和人文科学。慕课并不提供学分，绝大多数的课程是免费的，部分课程是收费的。部分课程学习完成后可以得到证书。

(2) 授课形式。慕课不是搜集课程，而是一种将分布于世界各地的授课者和学习者通过某个共同的话题或者主题联系起来的方式方法。尽管这些课程通常对学习者并没有特别的要求，但是所有的慕课会以每周研讨话题的形式，提供一种大体的时间表，其余的课程结构也是最小的，通常会包括每周一次的讲授、研讨问题以及阅读建议等。

(3) 测验。每门课程都有频繁的小测验，有时候还有其中考试和期末考试。考试通常由学生评分。一些学生成立了网上学习小组，或跟附近的同学组成面对面的学习小组。

二、MOOC的主要特点及优秀平台

MOOC主要具有以下三个特点。

(1) 大规模的。不是个人发布的一两门课程。只有这些课程是大型的或者是大规模的，它才是典型的MOOC。

(2) 开放课程。创用共享(CC)协议，只有当课程是开放的，它才可以称之为MOOC。

(3) 网络课程。不是面对面的课程；这些课程材料分布于互联网上，人们上课的地点不受局限。

目前，国内外常用MOOC平台如下所述。

(1) Coursera是目前发展最大的MOOC平台，拥有将近500门来自世界各地大学的课程，门类丰富，不过也良莠不齐。

(2) edX是哈佛与MIT共同出资组建的非营利性组织，与全球顶级高效结盟，系统源代码开放，课程形式设计自由灵活。

(3) Udacity成立时间最早，以计算机类课程为主，课程数量不多，却极为精致，许多细节专为在线授课而设计。

(4) Stanford Online是斯坦福大学官方的在线课程平台，与“学堂在线”相同，也是基于Open edX开发，课程制作可圈可点。

(5) NovoED由斯坦福大学教师发起，以经济管理及创业类课程为主，重视实践环节。

(6) FutureLearn由英国12所高校联合发起，集合了全英许多优秀大学课程。

(7) Open2Study是澳大利亚最大MOOC平台，课程丰富，在设计和制作上很下功夫，值得一看。

(8) iversity是来自德国的MOOC平台，课程虽然不多，不过在课程的设计和制作上思路很开阔。

(9) Ewant是由两岸五大交通大学共同组建的MOOC平台。

(10) WEPS是由美国与芬兰多所高校合作开发，开设多门数学课程。授课对象包括开设院校的在校学生，课程内容符合教学大纲要求，考试合格者可获得开设院校所认可的该课程学分。

(11) 学堂在线(xuetangx)是清华大学于2013年10月10日推出的MOOC平台，面向全球提供在线课程。

(12) 慕课网(imooc)是由北京慕课科技中心成立的，是目前国内慕课的先驱者之一。现设有前端开发、PHP开发、Java开发、Android开发及职场计算机技能等课程。其中课程包含初级、中级、高级三个阶段。

(13) 酷学习(kuxuexi)是上海首个推出基础教育慕课的公益免费视频网站。在网站首页上，写着这么一句话：“你有一个苹果分给别人一半，你还有一半。你有一门知识，教会别人，你和别人都拥有一门知识。”

（14）MOOC学院（mooc.guokr.com）是最大的中文MMOC学习社区，收录了1500多门各大MOOC平台上的课程，有50万学习者在这里点评课程、分享笔记、讨论交流。

知识拓展

MOOC与过去的国家精品课程及其他网络课程的不同之处在于以下几个方面。

（1）MOOC是著名教师为你上课，而不是你看著名教师给他的学生上课。

（2）可以与网络上同修这门课的同学一起交流、相互结成小组、批改作业、留言，共同进步。

（3）课程学习结束并完成作业，能够获得老师签字的结业证书。

（4）课程安排自由，一周内自定步调学习，自由安排。

SPOC中的small（小众）、private（私密）与慕课的massive（大规模）、open（开放）相对应，这展现了SPOC与慕课的不同之处。SPOC是对MOOC的发展和补充，简单理解为：SPOC＝MOOC＋课堂，不仅弥补MOOC在学校教学中的不足，还将线上学习与线下相结合，采用MOOC视频实施翻转课堂教学。

SPOC是小规模在线课程，其中“s”是指学生规模一般在几十人到几百人，“p”是指对学生设置限制性准入条件，达到要求的申请者才能被纳入SPOC课程。对于符合准入条件的在线学习者学习课程，有学习强度和时间、参与在线讨论、完成作业和考试要求，合格后获得证书。

SPOC主要教学过程是：教师根据教学大纲，每周定期发布视频教学材料、布置作业和组织网上讨论。学生在学习清单的引导下按照时间点完成视屏观看、作业和参加讨论。在课堂上教师进行课堂教授，处理网络课程答疑，并进行课堂测试。SPOC利用MOOC技术支持教师将时间和精力转向更高价值的活动中，如讨论、任务协作和面对面交流互动等。

SPOC是融合了实体课堂和在线教育的混合教学模式，既融合了MOOC的优点，又弥补了传统教育的不足。在进行SPOC教学设计时，需要注意网络教学平台只是传授的载体，课堂授课才是巩固教学效果和掌握教学节奏的关键。

技能三　其他教学支持

任务1　网络办公协作：钉钉、TIM

任务描述

小郭老师是某高校计算机学院专职教师，寒假期间，小郭老师想帮助自己所教授的班级完成下学期Java程序设计课程设计的前期准备工作，由于寒假期间学生都放假在家，小郭老师现在需要借助互联网办公、教学协作工作完成此项工作任务，请你帮助小郭老师完成此项工作前期的网络教学准备工作。

任务目标

- 了解常用的网络办公、网络教学协作平台。
- 了解不同常用的网络办公、网络教学协作平台的特点。
- 至少掌握一种网络办公、网络教学协作平台的操作方法。

知识介绍

随着计算机及网络通信技术的飞速发展，学生的学习意识和学习环境都发生了巨大变化，教师的教学与学生的学习不再受时间、地域、环境等因素限制，借助网络办公、网络教学协作平台可以轻松完成以前受时间、地域等因素限制的教学任务。在网络上办公协作、教学协作平台层出不穷，部分平台不仅功能丰富，界面美观，甚至有些功能是免费向教育工作者和学生开放的，例如钉钉、TIM、腾讯课堂、腾讯会议等。

(1) 钉钉是中国领先的智能移动办公平台，由阿里巴巴集团开发，免费提供给所有中国企业，用于商务沟通和工作协调，现在也多用于网络教学，网址为 http://www.dingtalk.com/(访问于 2021-01-30)，主要功能模块包括统一通讯录、智能人事、沟通、DING、智能电话、移动办公、钉钉安全、钉盘，如图 4-57 所示。

(2) TIM 是由腾讯公司于 2016 年 11 月发布的多平台客户端应用。TIM 支持 QQ 和微信登录，除了主打轻聊之外，还更方便办公，网址为 https://office.qq.com/(访问于 2021-01-30)，风格简约，QQ 好友和消息无缝同步。支持多人在线协作编辑 Word、Excel 文档。轻松安排事务，还可发送会议邀请。TIM 有 iOS 版、Android 版、Windows 版(Mac 版 QQ 拥有 TIM 的功能，但不算 TIM)，如图 4-58 所示。

图 4-57　钉钉

图 4-58　TIM

任务实施

一、如何使用钉钉

第一步，通过钉钉官网下载软件进行安装(手机端可通过手机应用市场搜索进行下载)。

第二步，运行钉钉软件，进行账号注册，如果已有账号，则可输入账号密码登录即可(若无账号使用手机号即可注册，类似于微信、QQ、微博等账号注册方法)，如图 4-59 所示。

图 4-59　钉钉登录界面

第三步，创建用于教学的群聊(班级)，如图 4-60 所示。添加学生至群聊(班级)，建议使用快速邀请(学生需提前注册号钉钉账号)。

第四步，计算机端打开教学群，单击发起直播按钮，如图 4-61 所示。

第五步，在直播窗口输入直播主题，直播模式建议选择

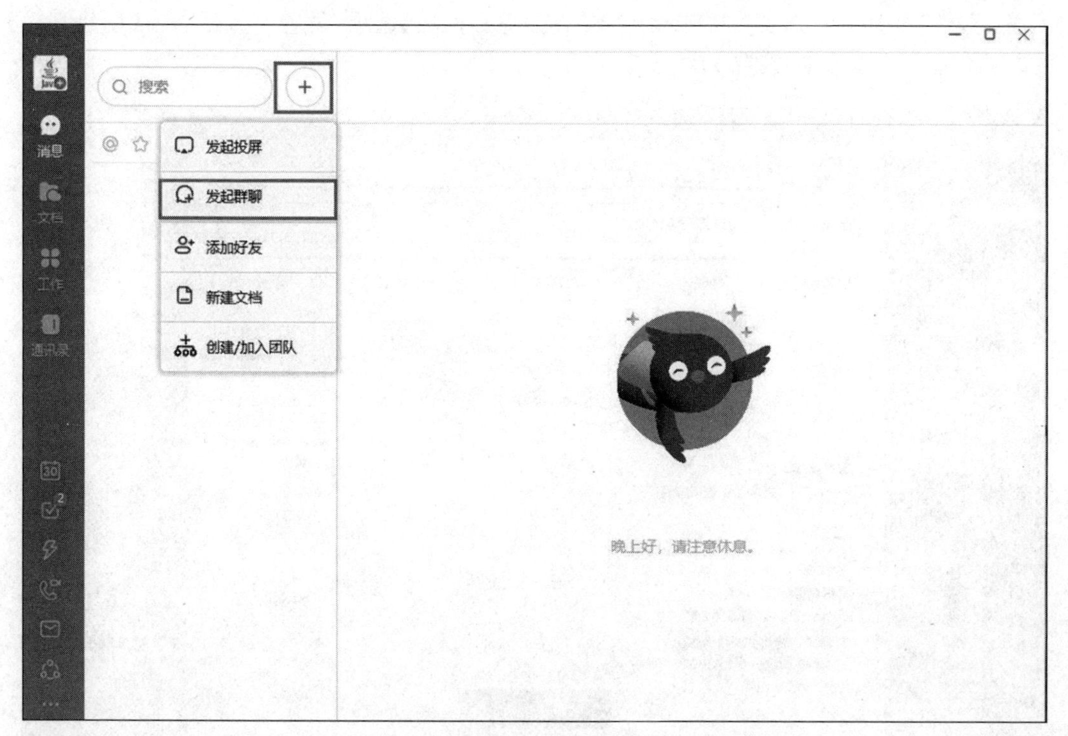

图 4-60　钉钉运行界面

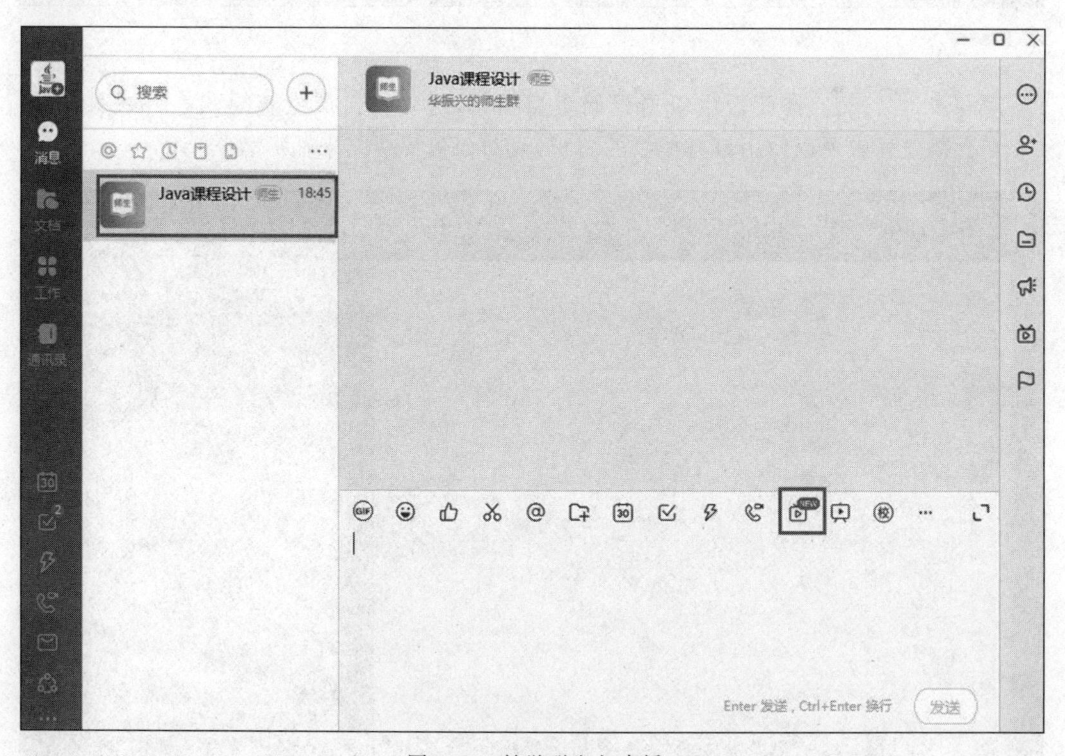

图 4-61　教学群发起直播

【屏幕分享模式】，并根据实际需求将勾选【直播保存回放】选项，设置完成后单击【创建直播】按钮即可开启线上直播授课，如图 4-62 所示。

图 4-62　创建直播

第六步，在钉钉直播面板中单击开始直播按钮，进入钉钉课堂直播状态，如图 4-63 所示。在直播过程中可以使用钉钉提供的白板、互动面板等功能来辅助教学。

图 4-63　开始直播

二、如何使用 TIM

第一步，通过 TIM 官网下载软件进行安装（手机端可通过应用市场搜索进行软件安装）。

第二步，运行 TIM 软件，进行账号注册，如果已有账号，则可输入账号密码登录即可，也可使用已有 QQ 账号或微信账号登录（若无账号使用手机号即可注册），如图 4-64 所示。

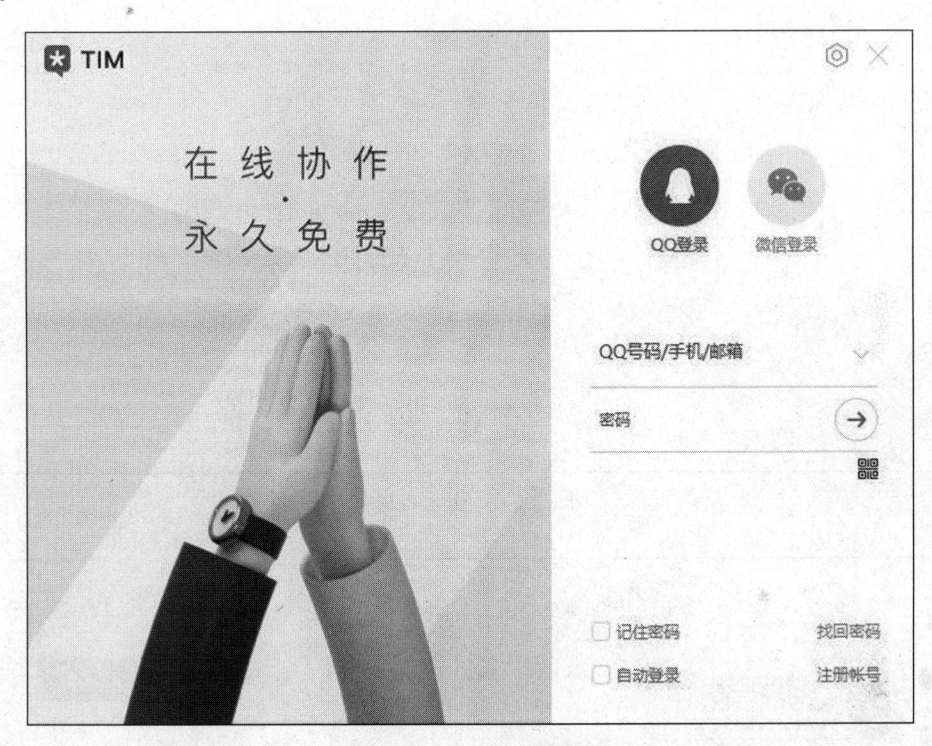

图 4-64　TIM 登录界面

第三步，登录成功后，单击【加好友/加群】按钮或单击【创建群聊】按钮，与好友完成协作办公、远程教学等工作，如图 4-65 所示。

第四步，选择好友或群聊，可轻松借助 TIM 提供的远程协助、视频通话、文件传送、多媒体工具等完成工作交流或远程教学功能，如图 4-66 所示。

知识拓展

腾讯课堂是腾讯推出的专业在线教育平台，聚合大量优质教育机构和名师，下设职业培训、公务员考试、托福雅思、考证考级、英语口语、中小学教育等众多在线学习精品课程，打造老师在线上课教学、学生及时互动学习的课堂，如图 4-67 所示。

腾讯会议是腾讯云旗下的一款音视频会议产品，于 2019 年 12 月底上线。具有 300 人在线会议、全平台一键接入、音视频智能降噪、美颜、背景虚化、锁定会议、屏幕水印等功能。该软件提供实时共享屏幕、支持在线文档协作，如图 4-68 所示。

为了满足用户日益增长的云上办公需求，腾讯会议也不断对重点功能和服务进行升级。

图 4-65　TIM 运行界面

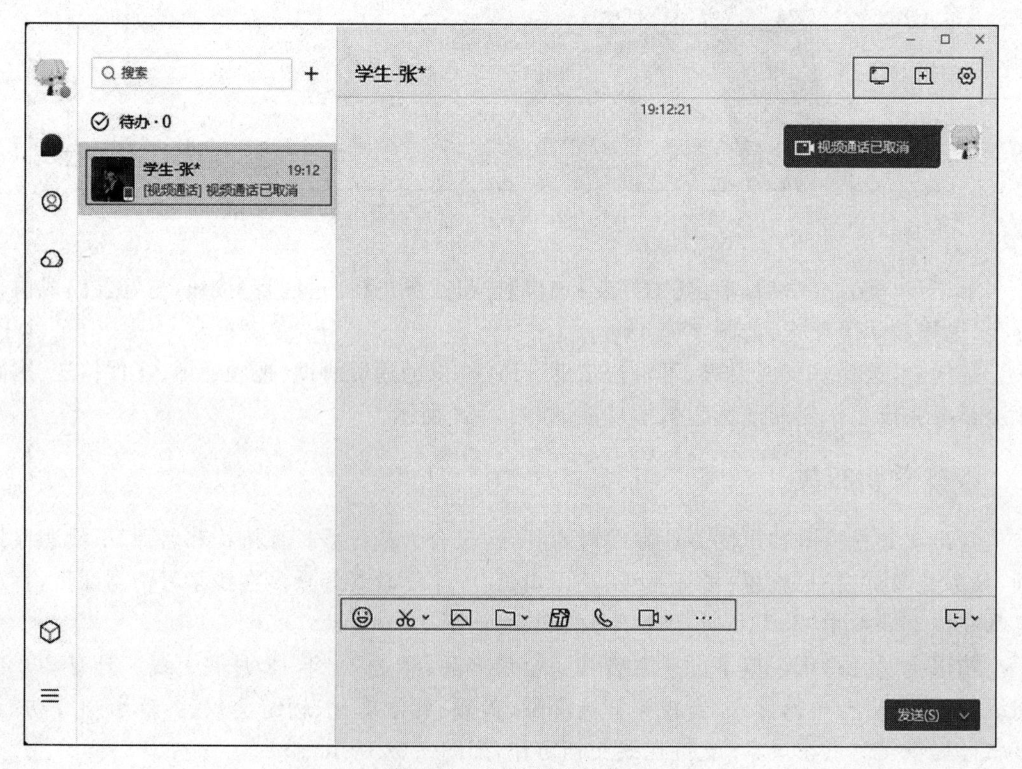

图 4-66　TIM 远程协作

图 4-67　腾讯课堂

图 4-68　腾讯会议

任务 2　人工智能类使用技术

人工智能(Artificial Intelligence,AI)是研究、开发用于模拟、延伸和扩展人的智能的理论、方法、技术及应用系统的一门新的科学技术。

随着计算机硬件技术的更新换代,计算机的运算能力大幅度提升,人工智能的语音识别合成、图像识别、人脸识别等技术也日趋成熟,进入到社会、生活的各个角落。

许多辅助教学、工作、生活的人工智能工具也层出不穷,利用本任务介绍一下在日常工作、学习中经常用到的人工智能技术。

知识介绍

一、讯飞人工智能系列工具

下面介绍的新技术应用程序,读者可在手机应用市场搜索,下载安装后即可使用。

1. 讯飞输入法

讯飞输入法(原讯飞语音输入法),是由中文语音产业领导者科大讯飞推出的一款输入软件,集语音、手写、拼音、笔画、双拼等多种输入方式于一体,可以在同一界面实现多种输入方式平滑切换,符合用户使用习惯,大大提升输入速度。率先推出方言语音输入,支持客家语、四川话、河南话、东北话、天津话、湖南(长沙)话、山东(济南)话、湖北(武汉)话、安徽(合肥)话、江西(南昌)话、闽南语、陕西(西安)话、江苏(南京)话、山西(太原)话、上海话等方言识别,开启语音识别新时代。创新推出“蜂巢”输入模型,支持拼音、手写、语音“云+端”立体输入引擎。讯飞输入法,创造极致输入体验。

注意:手机成功安装讯飞输入法后,进入设置——语言和输入法设置,将默认输入法设置为讯飞输入法即可使用(部分手机在下载安装后会进行提示切换)。

2. 讯飞系列人工智能语音工具

(1) 讯飞语记是一款说话就能变文字输入的云笔记,写文章、写日记、记者采访、会议记录、课堂笔记、记事的 App。讯飞语记主要特点:①说话变文字输入,支持普通话、英语、粤语输入,准确率高达 97%;VIP 可使用长时间语音输入,输入时间长达 2 小时;②计算机同步编辑,支持 iOS、计算机 Web 同步编辑,方便笔记整理导出;③轻松收藏,对有用的文章、链接、图片均可收藏进语记,支持微信、新闻类、浏览器等几乎所有 App;④图文排版,精心设计的编排工具条,可以方便而优雅的完成一篇图文并茂的笔记;⑤语音听书——有声小说，可将阅读软件里的电子书朗读给你听，支持多看阅读、熊猫看书、当当读书、阅读星等；⑥文字转语音-变声器，可将文字变成声音朗读出来，包括节日祝福语音、店铺促销声音，是听力学习资料制作神器。

（2）讯飞听见是由科大讯飞推出的以语音转文字为核心功能的系列产品和服务。讯飞听见 App 是一款语音转文字及多语种翻译的手机应用，同时支持多语种在线实时翻译、文档上传翻译。手机端一站式完成录音、转写、翻译、编辑、导出。适用于会议记录、授课演讲、媒体访谈、个人写作等应用场景。讯飞听见主要特点：中英语音转文字；机器快转、人工精转；语音在线实时翻译，多语语言自由切换；中文与英语、日语、韩语、法语、西班牙语等语言文档互译。

（3）讯飞配音能够实现从文本到语音的合成转换，转换时间短，操作简单，一键合成语音，标准播音员效果，简单高效，现在越来越多的教师使用讯飞配音制作微课配音。讯飞配音主要特点：①科技的语音合成技术，自然度和清晰度已经达到了专业主播水平，能帮助用户控制成本，提升效率；②业内资深配音老师组成专业配音和后期制作团队，辅以制作环境和设备，能高效提供优质的配音作品；③提供多场景的视频模板，只需简单替换视频中的文字和图片，就可以生成自己视频。

二、翻译类人工智能使用技术

随着近几年人工智能技术飞速发展，基于人工智能技术的翻译类应用程序也越来越成熟和实用，常用的翻译类应用程序基本都可以具备文字翻译、语音翻译、图片翻译等强大的翻译功能。除了常见的手机上的翻译 App，有的公司开专门开发了翻译机等硬件设备，翻译的速度更快、质量更高，有的甚至可以离线工作。常用的翻译类应用程序有百度翻译、有道翻译官、搜狗翻译、腾讯翻译官等，读者可以自行下载这些程序进行体验。

由微信构成的生态圈已经包含了基本的翻译功能，使用非常简单方便，不需要手机安装任何的翻译软件，只需要用户打开微信右上角【+】，选择【扫一扫】功能，进入【扫一扫】界面后在右下角选择翻译功能，即可实现翻译拍照。

除了使用微信【扫一扫】实现翻译功能外，在微信小程序里也提供了很多极为简单的翻译小程序，小程序具有无须安装软件、操作简单、满足基本常用功能、即开即用等特点。用户可以在微信小程序中搜索如腾讯翻译君、翻译器等小程序进行体验。

知识拓展

一、微信小程序使教学更精彩

微信小程序（WeChat Mini Program）是小程序的一种，是不需要下载安装即可使用的应用，它实现了应用“触手可及”的梦想，用户扫一扫或搜一下即可打开应用。

全面开放申请后，主体类型为企业、政府、媒体、其他组织或个人的开发者，均可申请注册小程序。微信小程序、微信订阅号、微信服务号、微信企业号是并行的体系。微信小程序是一种不用下载就能使用的应用，也是一项创新，经过将近两年的发展，已经构造了新的微信小程序开发环境和开发者生态。微信小程序也是这么多年来中国 IT 行业里一个真正能够影响到普通程序员的创新成果，已经有超过 150 万的开发者加入到了微信小程序的开发，微信小程序应用数量超过了一百万，覆盖 200 多个细分的行业，日活用户达到两个亿，微信小程序还在许多城市实现了支持地铁、公交服务的功能。

小程序的目标是“轻量级服务”，它是连接人与人、手机与应用软件、人与物、线上与线下、现实与虚拟空间的接口，是目前深受教师欢迎的极简教育技术之一。

打开手机微信，单击微信主界面下方的【发现】——【小程序】。在上方搜索框里输入要搜索的小程序名称或者关键字，选择需要的小程序即可打开使用。微信小程序用户只要使用过一次，以后就会自动罗列在小程序应用列表中。用户还可以把经常使用的小程序置顶或者【添加到我的小程序】，今后使用更加直观便利。微信小程序简单易学，几分钟就可以快速上手一个小程序，用户只需要知道某个小程序的名字或者名字中关键字，就可以在小程序搜索框中搜索并使用。

教学实用小程序推荐如下。

(1) “群里有事”小程序，使用此小程序可以在微信群里发布通知、活动、投票等，简单实用。

(2) “分组宝”小程序，在课堂上展开小组协作学习活动必定会涉及分组，分组有很多策略，微信小程序中的“分组宝”是基于微信群的一种新型分组策略，十分有趣，而且省时省力效率高。

(3) “小打卡”小程序，在中小学教育中，教师可以利用小打卡给学生布置主题作业，让班级同学通过小打卡上交作业，同伴之间可以相互点评鼓励，进行翻创式学习，教师可以检查点评作业，保存学习的历史记录，成为学生数字画像的电子档案袋。

(4) “班级成绩管理”小程序，此小程序由教评网开发，用于帮助教师进行学习自动统计、智能分析班级成绩，助理家校沟通的小程序。班级成绩管理小程序免下载，免安装，教师只需要在教评网上上传带有学生成绩的 Excel 成绩表，即可实现自动统计、多维度分析、多形式呈现，包括学生的分数区间、走势对比等精准分析，并且方便分享给家长仅查看自家孩子的成绩，即时反馈这阶段孩子的学习情况，促进家校沟通，及时了解学生学习情况。

二、草料二维码进行知识分享（和 H5 分享：PP 匠）

二维码又称二维条码，常见的二维码为 QR Code，QR 全称 Quick Response，是近几年来移动设备上超流行的一种编码方式，它比传统的 Bar Code 条形码能存更多的信息，也能表示更多的数据类型。

二维条码/二维码(2-dimensional bar code)是用某种特定的几何图形按一定规律在平面(二维方向上)分布的、黑白相间的、记录数据符号信息的图形；在代码编制上巧妙地利用构成计算机内部逻辑基础的“0”“1”比特流的概念，使用若干个与二进制相对应的几何形体来表示文字数值信息，通过图像输入设备或光电扫描设备自动识读以实现信息自动处理。它具有条码技术的一些共性：每种码制有其特定的字符集；每个字符占有一定的宽度；具有一定的校验功能等。同时还具有对不同行的信息自动识别及处理图形旋转变化的功能。

草料二维码是一个二维码在线服务网站(官方网址为 https://cli.im/，访问于 2021-01-31)，如图 4-69 所示。

草料二维码提供二维码生成、美化、印制、统计、管理等技术支持和行业解决方案。帮助用户在不同行业、不同场景下，通过二维码减少信息沟通成本。其主要功能如下所述。

(1) 二维码生成。草料二维码可以制作多种内容的二维码，可在二维码中添加图片、文

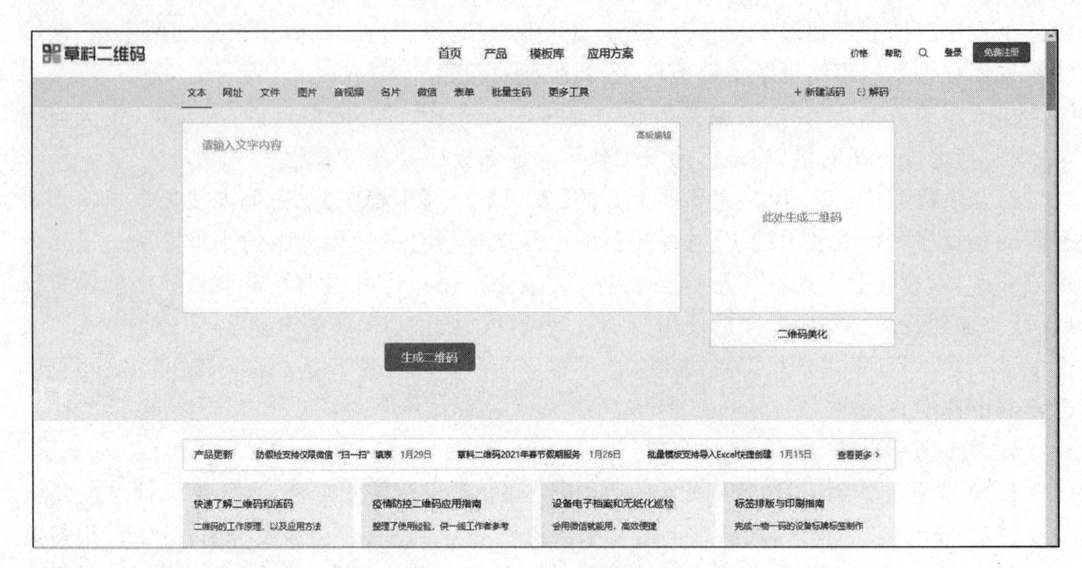

图 4-69　草料二维码官网

件、音视频等，通常用于展示商品详情、使用说明书、多媒体图书等。同时可实时统计扫描量。也可以进行二维码的批量生成，一次性生成几百几千个二维码，提高效率。

(2) 二维码内容实时更新。通过活码技术，二维码生成后，可以在二维码图案不变的前提下，随时更改二维码内的内容。

(3) 二维码美化。可为二维码添加 logo、更换二维码样式、颜色，添加背景图等。

(4) 二维码记录表单。草料二维码可以生成多种内容的二维码记录单，可添加定位、图片、音视频等信息。用户扫描二维码，就可以实现信息录入，将纸质表单电子化。

(5) 二维码解码器。二维码在线解码功能，上传二维码图片或利用计算机的摄像头扫描读取二维码，即可解析出二维码的内容。

(6) chrome 插件。草料 chrome 插件，是专为 chrome 核心的浏览器开发的一个二维码应用增强工具插件，自动将地址栏链接生成二维码。

三、PP 匠进行 H5 分享

PP 匠是一个将 PPT 转换成 H5 的在线平台(官方网站：http://www.ppj.io/，访问于 2021-01-31)，如图 4-70 所示。

PP 匠拥有行业领先的转换技术，图形、动画、音视频、嵌入字体统统不在话下，能够淋漓尽致展现你的创作。同时，表单、评测、语音等扩展功能可用于微课培训、企业营销、产品目录等，将 PPT 带入移动传播时代。

PP 匠具有以下特点。

(1) 便捷高效。PPT 一键转换，无须二次制作。生成微信二维码，移动端传播更方便。

(2) 精准控制。利用密码建立访问权限控制，让特定信息的分享更放心。详细的页面浏览数据、持续追踪传播。

(3) 功能延展。自行录制页面配音，信息传达更透彻。轻松插入问卷、作业，即刻收集受众反馈。

图 4-70　PP 匠官网

小　　结

这是一个飞速变化的时代，随着移动互联技术、人工智能技术、物联网、区块链、5G 等新兴技术的发展变化，越来越多的教育解决方案、教学平台、小程序等应运而生，更多地应用到教学之中，本模块所介绍的各类教学工具也都会随着时间的推移而更新迭代，有关现代教育技术的思想和理论也会随着时代的发展而不断进步，作为教育工作者，为了跟上时代的变化，要不断学习新知识、新技术，以更好地服务于我们的教育事业。当前形势下，我们更要把线上课程体系与线下常规课堂教学融合，改变传统的课堂结构，充分发挥线上优质教学资源和线下教学教师的各自优势，共同指导学生成才，这种“线上线下相融合的教学模式”正在改变着百年来教学的传统行为和习惯，这是一场深刻的社会革命。

习　　题

1. 利用智慧树或超星学习通等教学平台，创建一个属于自己的教学空间，建立属于自己的课程，尝试完成一节课程的模拟教学。

2. 利用“雨课堂”完成一个 PPT 的展示讲解。

3. 什么是微课？

4. 什么是 MOOC？常用的 MOOC 优秀平台有哪些？

5. 常用的网络办公、网络教学协作平台有哪些？使用这些平台有什么优势？

6. 什么是微信小程序？请至少列举出 5 种你所知道的微信小程序。

7. 什么是二维码？

图书资源支持

感谢您一直以来对清华大学出版社图书的支持和爱护。为了配合本书的使用，本书提供配套的资源，有需求的读者请扫描下方的“书圈”微信公众号二维码，在图书专区下载，也可以拨打电话或发送电子邮件咨询。

如果您在使用本书的过程中遇到了什么问题，或者有相关图书出版计划，也请您发邮件告诉我们，以便我们更好地为您服务。

我们的联系方式：

地　　址：北京市海淀区双清路学研大厦 A 座 714

邮　　编：100084

电　　话：010-83470236　010-83470237

资源下载：http://www.tup.com.cn

客服邮箱：tupjsj@vip.163.com

QQ：2301891038（请写明您的单位和姓名）

教学资源 · 教学样书 · 新书信息

人工智能科学与技术
人工智能|电子通信|自动控制

资料下载 · 样书申请

书圈

用微信扫一扫右边的二维码，即可关注清华大学出版社公众号。